Hello CEO

Hello CEO

초판 1쇄 2011년 4월 10일
　　2쇄 2011년 10월 15일

지은이 매일경제 기업경영팀
펴낸이 윤영걸　**담당PD** 이윤경　**펴낸곳** 매경출판(주)
등　록 2003년 4월 24일(No. 2-3759)
주　소 우)100-728 서울 중구 필동1가 30번지 매경미디어센터 9층
전　화 02)2000-2610(편집팀) 02)2000-2636(영업팀)
팩　스 02)2000-2609　**이메일** publish@mk.co.kr
인쇄·제본 (주)M-print　031)8071-0961

ISBN 978-89-7442-724-5
값 18,000원

경영의 신에게 듣는 실전MBA
Hello
CEO
How to make it to the Top
매일경제 기업경영팀 지음
매일경제신문사

한국이 2010년 '트리플 1조 달러 시대'를 열었다. 국내총생산(GDP) 1조 달러, 무역 1조 달러, 주식시장 시가총액 1조 달러. 이는 2008년 글로벌 금융위기 이후 경제협력개발기구(OECD) 국가 가운데 경기 회복속도 1위의 호평을 받은 결과물이라고 할 수 있다. 하나하나가 그동안 앞만 보고 달려온 한국 경제의 저력을 보여주는 실적이니 뿌듯한 느낌마저 든다.

개별적으로 살펴봐도 한국 기업들이 글로벌 경쟁력을 보여주지 않았다면 어느 것 하나 쉽지 않았을 것이다. IT와 자동차 산업을 필두로 그동안 바라만 봤던 세계적 기업들과 어깨를 나란히 하고 승부를 벌이는 수준에 와 있기 때문에 가능한 일이었다.

이 같은 한국 경제의 성장세는 과연 언제까지 지속될 수 있을까? 그리고 한국 기업들은 외적 성장 못지않게 내실을 다져가며 지속가능한 발전을 이룰 수 있을 것인가?

누구나 혁신을 노래한다. 그러나 우선 가죽이 벗겨지는 아픔을 딛고서야 비로소 가능할 수 있다는 혁신의 본뜻을 새겨볼 필요가 있다. 좀 더 체계적으로, 때로는 기존 격식을 철저하게 무너뜨린 다음에야 다가갈 수 있는 게 혁신이다.

스마트폰과 소셜네트워크서비스(SNS)는 사내외 소통과 대고객 마케팅 전략의 근본적인 틀을 뒤흔들어 놓음으로써 2010년은 '소셜(Social) 원년'이라는 평가를 받기도 했다. 기업들은 이제 종전 환경과는 상당 분야에서 단절을 경험하고 있다. 이는 곧 완전히 새로운 환경에서의 도전을 말한다. 좌절과 뒤이은 재도전 의지를 불태워야 지속가능한 성장을 이룰 수 있다는 것을 기업들은 몸소 체험 중이다.

매일경제신문 기업경영팀(애칭 매경 MBA팀)은 이러한 일대 변혁기의 흐름을 따라잡고 기업의 '소프트파워'에 주목하기 위해 2010년 2월 출범했다. 100년 역사의 기업들이 줄줄이 나락으로 떨어진 글로벌 금융위기 이후 경제·경영 환경은 급변하고 다변했다. 기존의 경영학이 더 이상 기업과 시장을 설명하지 못하자, 몇몇 학자들은 재빨리 호흡을 가다듬고 '완전히 새로운 시장'에 대해 '완전히 새로운 이론'을 내놓기 시작했다.

기업경영팀은 바로 이 같은 시장의 변화와 깨어있는 이론들에 주목했다. 비전 있는 글로벌 CEO(최고경영자)·석학들과 직접 접촉해 비즈니스와 매니지먼트에 대한 통찰을 끄집어냈다.

그렇게 태어난 것이 주말마다 발행되는 'MBA섹션'이다. 이 책은 MBA섹션 가운데 가장 반짝반짝한 커버스토리 20개를 골라 담은 것이다. 리더십과 일하기 좋은 직장, 협업, 아이디어를 얻는 방법, 마케팅, 전략 등 6가지 큰 주제를 포괄할 수 있는 내용으로 구성됐다.

20개의 커버스토리는 챕터 아래 장으로 나누었다. 그렇다고 해서 MBA섹션의 커버스토리들을 그대로 이 책에 담은 것은 아니다. 완성도를 높이기 위해 내용을 대폭 보강하는 작업을 거쳤다.

이 책을 읽는 정해진 방법은 없겠지만 필자들은 Part 1을 먼저 읽으라고 권하고 싶다. 필자들이 20개 소주제 가운데 '너 자신을 알라'는 소크라테스 경영학을 정한 데는 이유가 있다. 스스로가 어떤 사람인지도 모르는 채 높은 성과를 내는 리더로 성장하기란 불가능하기 때문이다. '자신을 알라'는 경구는 모든 성취의 출발점이다.

Chapter 1을 읽었다면 거울을 바라보며 자신에게 질문을 던져 보면 어떨까? 나는 어떤 사람이며, 무엇을 해야 하고, 나의 강점은 무엇이고, 약점은 무엇인가 등의 질문 말이다. 그래서 어렴풋이 자신이 누구인지 윤곽이 잡힌다면 이 책의 목차를 천천히 소리 내어 두세 차례 읽어보기를 권한다. 아마도 자신이 어떤 내용부터 먼저 읽어야 할지 감이 올 것이다.

이 책의 최대 강점 중 하나는 20개 소주제 가운데 무려 19개 소주제와 관련해 세계적인 석학 또는 글로벌 기업의 CEO 인터뷰를 실었다는 것이다. 세계에서 가장 영향력 있는 여성으로 손꼽히는 인드라 누이 펩시 CEO, 세계 최고의 CEO 멘토로 평가받는 마셜 골드스미스 박사, 전략적 직관 개념을 창안한 윌리엄 더간 미국 컬럼비아대 교수, 엔터프라이즈 2.0 개념을 만들어낸 앤드류 맥아피 미국 MIT 선임과학자, 모멘텀 리더십을 제안한 장 클로드 라레슈 프랑스 INSEAD 교수, 세계적인 베스트 셀러 《악질 금지 규정(*No Asshole rule*)》의 저자인 로버트 서튼 스탠퍼드대 교수 등 현대경영학의 물살을 바꿔놓은 세계적인 경영 사상가의 육성을 들을 수 있다. 게다가 이들 인터뷰는 특정 주제 한 가지만을 꼭 집어내 깊이 있게 다루었다는 점에서 중구난방(衆口難防)식의 다른 어떤 인터뷰보다 가치가 크다.

이 책은 경영학 서적이지만, '사람'에 대한 책이기도 하다. Part 1에서는 어떤 사람됨으로 어떤 리더가 돼야 하는지, 그 같은 리더를 육성하기 위해 조직이 어떻게 해야 하는지를 다루고 있다. Part 2에서는 직장 내 악질을 퇴치하고 직원들의 열정을 끌어내는 방법을 제시한다. Part 3에서는 남과 함께 일하는 협업을 강조하면서 어떤 사람이 임원으로 승진해야 하는지를 다룬다. 따라서 이 책의 핵심 키워드는 '사람'이라고 해도 과언이 아니다.

이 책이 사람에 대한 책이라는 점에서 필자들은 한 가지 소망을 갖고 있다. 이 책을 읽은 사람들이 직장에서 함께 일하는 다른 사람들과 더욱 긍정적인 관계를 맺기 바라는 마음이다. 그래야 사람도 성공하고 기업도 성공할 수 있다. 직장 문화가 야만적인 기업은 지속가능하지 않다.

직원들이 열정을 뿜어내면 직장은 이를 한 곳에 모아 혁신의 원천으로 삼고, 직원들은 더욱 적극적으로 아이디어의 원천(Part 4)을 캐낼 것이다. 직원들은 또 자신들이 만든 제품이 저절로 팔리도록 마케팅 전략(Part 5)을 세울 것이며, 최소한 100년은 지속하는 회사(Part 6)를 만들기 위해 새로운 성장 동력을 찾을 것이다.

아무쪼록 이 책이 기업 경영자는 물론, 개인과 조직의 발전을 바라는 많은 이들에게 조금이나마 도움이 되기를 바라는 마음이다.

매일경제신문 기업경영팀 발족을 이끌어주신 장대환 매일경제신문·매일경제TV 회장께 먼저 감사드린다. MBA섹션에 다양한 아이디어를 제공해주신 조현재 전 편집국장(현 매경닷컴 대표), 기업경영팀에 각별한 애정을 보여주신 박재현 편집국장, 그리고 팀 구성 초기 섹션 정착에 애를 쓴 최은수 차장, 섹션신문을 늘 돋보이게 편집해주는 서은석 차장, 공보상·양유창·허서윤·심상대 기자, 멋진 그래픽으로 지면의 품격을 높여준 유제민 씨 등 편집국 동료들에게도 고마운 마음을 전한다.

매일경제신문 기업경영팀의 인터뷰 요청에 흔쾌히 지식 나눔을 실천해준 외국 석학들은 이 책의 또다른 주인공이다.

매일경제신문 부국장·기업경영팀장 겸 지식부장

임규준

CONTENTS

Part 1

리더십, 자신을 아는 데서 시작하라

'리더십'은 영원히 기업경영의 핵심 화두일 수밖에 없다

모든 직장인들은 지위가 올라가면서 '좋은 상사', '존경받는 상사'가 되고 싶어 한다. 그들은 사장실의 블라인드를 걷어 올리고 '직원과의 대화' 자리를 만들고 직원 가족들을 초청해 단합대회를 열기도 한다. 하지만 머지않아 내가 그렇게 어려워했던(또는 싫어했던) 예전의 상사를 그대로 닮아가는 것 같아 내심 씁쓸해 한다.

한 사람의 리더는 조직의 목표를 지키고 직원들이 맡은 일을 '즐겁게' 달성할 수 있도록 분위기를 조성하는 참으로 중요한 존재다. 기업이 사람에 의해 굴러가는 한 리더십(Leadership)은 영원히 기업경영의 핵심 화두일 수밖에 없다.

학자들은 수십 년간 리더십을 연구해왔고 기업들은 몸소 성패를 겪어내며 값비싼 경험을 쌓았다. 그럼에도 불구하고 지금 이 순간에도 수많은 리더들이 실패를 거듭하고 있다. 도대체 무엇이 문제일까?

가장 큰 원인은 다름 아닌 '나', 리더 자신에게 있다. 수많은 '현재의 리더'와 그보다 훨씬 더 많은 '예비 리더'들을 위해 이 책의 첫 번째 챕터에 리더십을 골라넣은 것도 남을 탓하기 전에 나부터 돌아보자는 의미다.

Chapter 1 '소크라테스 경영학'에서는 일명 'CEO(최고경영자)병'에 걸려 객관적인 현실을 인식하지 못하는 리더들에게 날카로운 경종을 울린다. 리더의 권한을 아랫사람의 눈높이에서 비판하자는 것이 아니다. 요즘처럼 급격하고 빠르게 변하는 시장에서 의사결정권자가 자기 자신조차 제대로 알지 못한다면 어떻게 기업을 전도유망한 길로 이끌 수 있겠는가?

격랑의 시대, 기업에는 그 어느 때보다 싫은 소리를 경청하고 매사에 겸손하고자 자신을 채찍질하는 '소크라테스형 리더'가 필요하다. 이를 위해 실천할 수 있는 구체적인 방법들을 소개한다. 여기에는 '책임감 스트레스에서 벗어나라'와 같은 리더의 부담을 덜어주는 항목도 포함돼 있다.

Chapter 2를 따라가다 보면 CEO 역시 의사나 변호사처럼 공부와 훈련, 경쟁을 거쳐 '만들어지는' 자리임을 절감할 수 있다. 재벌 아버지가 아들에게 '당연하게' 대표직을 물려주는 사례와는 차원이 다른 이야기다. 2004년 맥도널드는 두 명의 CEO 중 한 명은 갑자기 사망하고 다른 한 명은 암 진단 선고를 받는 초유의 불운을 맞았다. 그러나 회사 내부적으로 '예비 CEO'가 준비돼 있었기 때문에 조직은 흔들림 없이 신임 CEO를 발표하고 영업에 매진할 수 있었다.

CEO사관학교라고 불리는 제너럴일렉트릭(GE)은 아예 직원들이 갓 입사하는 시점부터 CEO 리더십 교육을 시킨다. 현재 GE의 수장인 제프리 이멜트 역시 1993년 이사회에 CEO 후보로 보고된 뒤 무려 7년간 평가를 거쳐 지금의 자리에 올랐다. 세계적 '경영구루'인 램 차란 박사가 CEO를 "1톤의 원석을 제련해 얻은 1온스의 금(金)"이라고 표현한 것은 그래서 감동스럽다. 이제 한국도 CEO를 '찾아서 키우는' 일을 기업의 핵심 업무로 받아들여야 할 때다. 성공적이고 행복한 경영승계가 무엇인지 글로벌 기업들의 사례가 좋은 지침이 될 수 있다.

여성들이여, 여성성을 감추지 말고 활용해라. 이제 남성과 여성을 따로 구분 짓는 리더십은 한계에 부딪혔다. 여성도 남성과 마찬가지로 '리더'의 자리에 오르려면 극복하고 단련하고 이겨내야 할 숙제가 가득하다.

Chapter 3에서 다루는 '여성 리더십'은 과거에 비해 확연히 '자연스럽다'는 점에서 흥미롭다. 여성 리더는 더 이상 특출나게 억척스럽거나 독종으로 분류되지 않는다. 그녀들은 이미 자연스럽게 직장 내 동료, 또는 내 직장 상사로 바로 옆에 있지 않은가.

여성 리더십을 별도로 다룬 것도 다양성의 관점에서 여성이 지닌 리더로서의 장점을 배울 필요가 있기 때문이다. 어쨌든 세상의 반은 여성이니까 말이다. 여전히 보이지 않는 유리천장이 존재하지만 그 또한 받아들이고 이겨나가야 할 인생의 도전 대상이다. 오히려 여성들은 일반적으로 남성들이 갖지 못한 강점을 지녔다. 감성과 결단력, 조화를 중시하는 성향 등이 그것이다. 세계 최대 자선단체인 '빌&멜린다 재단' 운영자인 멜린다 게이츠나 화장품 회사 메리케이의 메리케이 애시, 펩시 CEO인 인드라 누이는 결코 '아내이자 엄마임을 포기하고 일에 매진하라'고 다그치지 않는다. 오히려 여성이 가진 고유한 특성이 리더가 될 수 있는 '신(神)의 선물'이라고 미소 짓는다.

Chapter 1

소크라테스 경영학 : 너 자신을 알라

당신은 CEO병에 빠져 있지 않습니까

중견 기업 최고경영자(CEO) A씨는 최근 큰 충격을 받았다. 퇴직한 전직 임원 B씨에게서 들은 이야기 때문이다.

평소 A씨는 스스로가 활기차고 신뢰할 수 있는 리더라고 생각했다. 그러나 B씨가 "임원들은 A씨가 변덕스럽고, 우울감에 빠져 조직의 사기를 떨어뜨린다고 느끼고 있다"고 털어놓은 것이다. 당황한 A씨는 인사 전문가를 만나 의견을 구했다. 그 전문가는 A씨가 'CEO(최고경영자)병'에 빠져 있다는 진단을 내렸다.

심리학 분야 석학인 다니엘 골먼 박사에 따르면 CEO병은 리더가 정보의 진공 상태에 빠져 있는 상황을 뜻한다. 직원들이 CEO에게 중요한 정보를 알리지 않기 때문에 발생한다.[1] A씨의 직원들은 평소 A씨가 듣고 싶은 정보만을 전달했다. 즉, 활기차고 신뢰받는 리더로 인정받고 싶은 A씨의 마음을 읽은 부하 직원들은 그에 부합하는 피드백만을 전달했던 것이다.

우리 주위에는 A씨처럼 CEO병에 빠져 '자기 인식(Self-awareness)'이 결여된 리더를 쉽게 찾아볼 수 있다. 이런 리더에게는 옛 그리스 철학자 소크라테스가 갈파한 '너 자신을 알라'는 깨우침이 필요하다. 스스로가 어떤 사람인지도 모르면서 조직을 이끌며 성과를 내기란 어렵기 때문이다. '자신을 알라'는 격언을 경영에 접목하는 '소크라테스 경영학'이 리더에게는 필수다.

CEO병에 빠진 리더는 사실상 '바보의 천국(Fool's paradise)'에 살고 있다고 할 수 있다. 각종 위험 신호가 차단돼 '내가 잘하고 있어. 회사가 잘 굴러가고 있어'라고 잘못 생각하는 '바보' 말이다. 상황이 좋다고 생각하니까 '천국'에 사는 듯 기분은 좋겠지만, 현실은 정반대다.

박광서 타워스왓슨 사장은 "오늘날처럼 위험이 상존하고, 변화의 속도가 빠를수록 CEO들은 더욱 철저한 자기 인식이 필요하다"고 강조했다.

거울테스트: 아침마다 거울을 보며 질문을 던져라

자기 인식을 위해 석학들은 여러 방법을 제안한다. 세계적인 마케팅 전문가인 세스 고딘은 "자기 자신을 8단어 이하로 묘사하라"고 강조한다. "그렇지 못하면 자신의 자리를 갖지 못한 것"이라는 게 세스 고딘의 진단이다.

로버트 스티븐 카플란 하버드대 경영대학원 교수는 듣기 싫은 진실을 말하는 부하 직원 5~6명을 둘 것을 권했다. 석학의 충고 가운데 가장 눈여겨볼 충고 중 하나는 세계적인 경영 구루(Guru, 스승) 피터 드러커가 제안한 거울 테스트다.

우리는 매일 아침 거울을 들여다본다. 얼굴을 씻기 위해서다. 거울 앞에서 이런 질문을 던져 보면 어떨까?

"거울 속 나는 누구인가? 어떤 비전과 목표를 갖고 있는가? 비전과 목표에 맞게 업무를 정해 놓고 있는가? 실제로 그 같은 업무를 하고 있는가?"

매일 아침 거울을 들여다보며 자신의 진실한 모습을 발견하는 시간을 가지라는 뜻이다.

왜 리더에게 거울 테스트가 필요할까?

첫째, '나'를 파악하지 못하는 리더는 조직에서 성과를 낼 수 없기 때문이다. 자신이 어떤 방향으로 가고 있는지, 자신의 직무에 맞는 업무가 무엇인지 모르는 리더가 조직을 올바로

이끌 수 없다는 것은 분명하다.

둘째, 자신의 진실한 모습을 모르는 리더는 올바른 리더십 스타일과 기술을 개발할 수 없기 때문이다. 자신을 속이는 리더를 신뢰하고 따르는 부하는 많지 않을 것이다. '진실한 리더십(Authentic Leadership)'이 중요한 이유다.

꼭 거울 테스트가 아니더라도 경영자는 자신을 되돌아보는 시간을 가져야 한다. 세계적인 화장품 회사 '에이본(Avon)'의 앤드리아 정 CEO는 '자기 인식(Self-awareness)'을 바탕으로 회사 턴어라운드에 성공했다.

앤드리아 정은 1999년 CEO로 취임한 뒤 에이본의 구식 이미지를 바꾸기 위해 혁신 조치를 단행했으나 효과를 발휘하지 못했다. 이때 앤드리아 정은 경영 코치로부터 소중한 충고를 듣게 된다. '금요일에 스스로를 해고하고, 월요일에 자신을 재고용하라'는 조언이었다. 주말을 활용해 객관적으로 자신과 회사를 들여다보라는 충고였다.

객관적으로 자신을 바라보는 시간을 가진 앤드리아 정은 자신이 단행한 조치의 문제점을 깨달았다. 또한 자신의 잘못을 인정하지 않으려 했기 때문에 정작 필요한 조치를 취하지 못했다는 사실도 알게 됐다. 경영 코치의 소중한 충고는 이후 앤드리아 정의 경영철학이 됐다.

그러나 거울 속의 나를 바라보며 '진실한 자아'를 발견하기란 쉽지 않다. 시인과 촌장이 '가시나무'라는 노래에서 '내 속엔 내가 너무나 많아'라고 읊었듯이 인간은 한 몸에 다양한 모습을 담고 있다.

그런 여러 모습 가운데 진실한 '나'를 찾으려면 어떻게 해야 할까?

옛 그리스 철학자 소크라테스가 말했듯이 자신의 '무지(無智)'를 깨닫는 게 첫걸음이다. 소크라테스의 '너 자신을 알라'는 경구는 '너의 무지를 깨달아라'는 뜻이었다. 소크라테스 경영학이야말로 훌륭한 리더가 되는 지름길이다.

무지에는 지적 무지만 있는 게 아니다. 정서적·감성적 무지는 더 큰 문제다. 자신이 어떤 정서적·감정적 상태에 있는지 파악하지 못하는 리더는 부하직원과 공감(Empathy)할 수 없다. 타인과 공감하지 못하는 리더는 타인의 열정을 이끌어낼 수 없다.

그렇다면 무지를 극복하는 출발점은 무엇일까?

질문을 던져야 한다. 거울을 바라보며 나에게 질문을 던지는 것만으로는 부족하다. 부하직원과 상사 등 자신을 둘러싼 여러 사람들에게 올바른 질문을 던지고 피드백을 받아야 한다.

심리학에서 쓰는 말로 '조하리의 창(Johari Window)'이라는 용어가 있다. 우리의 자아는 네 개의 창(Window)으로 이루어져 있다는 주장이다. 나도 알고 다른 사람도 아는 '열린 창', 나는 알지만 다른 사람은 모르는 '비밀의 창', 나는 모르지만 다른 사람은 아는 '장님의 창', 나도 모르고 다른 사람도 모르는 '미지의 창' 등이다. 믿을 수 있는 사람에게 받는 피드백은 우리를 장님의 창에서 벗어나게 한다.

앨런 조지 래플리 P&G 전 CEO "겸손한 자신감을 가지세요"

앨런 조지 래플리 P&G 전 최고경영자(CEO)는 '자기 자신을 알라'는 경구를 제대로 실천한 리더다. 미국 역사상 가장 위대한 CEO 가운데 한 명으로 꼽히는 래플리 전 CEO는 P&G를 위기에서 구한 최고의 구원 투수였다. P&G는 그가 CEO로 재임한 2000~2009년 동안 매출이 2배, 수익은 무려 4배나 늘어났다.

그러나 그는 수익만 추구한 차가운 CEO가 아니었다. 수익과 인간성이라는 두 마리 토끼를 동시에 잡은 CEO로 꼽힌다. 진실한 리더십으로 직원의 마음을 이끌어내 회사의 성과를 높였기 때문이다.

로버트 서튼 미국 스탠퍼드대 경영대학원 교수는 〈매일경제〉와 전화 인터뷰에서 "래플리는 수익과 인간성을 균형 있게 추구한 훌륭한 CEO였다"고 평가했다. '중성자탄 잭'이라는 별명이 붙을 정도로 냉혹한 모습을 보였던 잭 웰치 GE 전 CEO와 다른 점이다.

미국 펜실베이니아에 살고 있던 14세 소년이 CEO가 되는 방법을 가르쳐 달라며 당시 래플리 P&G CEO에게 편지를 보낸 적이 있었다. 이 편지에 대한 래플리의 답변은 그의 경영 철학이 잘 드러난다.

"겸손한 자신감(Humble Confidence)을 가지세요. 당신의 능력을 믿되, 그 능력은 절대 배움을 멈추지 않는다는 인식으로 단련돼야 합니다."

자신감은 자신의 강점이 무엇인지 알고, 자신이 지금껏 무엇을 성취했는지를 인식하는 데서 출발한다. 또한 겸손함은 자신의 약점이 무엇이며, 자신이 과거에 실패한 게 무엇인지, 약점과 실패로부터 무엇을 배워야 하는지 등을 인식하는 데서 얻어진다. 결국 '겸손한 자신감'은 자신을 제대로 알아야만 얻을 수 있는 덕목이다.

반대로 '겸손함이 없는 자신감'은 자신의 약점을 모르는 '무지'의 결과다. 이런 무지에 빠진 리더와 관리자는 부하직원을 학대하는 냉혹한 독재자형 리더로 전락할 수 있다.

'자신감이 없는 겸손' 또한 자신의 능력과 가능성을 인식하지 못하는 '무지'의 결과물이다. 이런 무지에 빠지면 결단의 순간에 결정을 내리지 못하는 우유부단하고 책임을 회피하는 리더나 관리자가 될 수 있다.

래플리는 P&G의 CEO로 재직하면서 스스로를 '최고 청취 책임자(Chief Listening Officer)'라고 불렀다. 좋은 아이디어를 얻으려면 질문을 던지고 주의 깊게 들어야 한다고 믿었기 때문이다. 실제로 래플리는 많은 사람들을 만나서 의견을 듣는 데 주저하지 않기로 유명했다. 진실된 마음으로 다른 사람에게 피드백을 구하는 것은 자신과 자신이 몸담고 있는 기업을 제대로 파악하는 첫걸음이다.

래플리가 CEO에 오른 2000년 6월, 당시 P&G는 위기에 빠져 있었다. 실적악화로 주가가 하루 만에 20% 이상 빠지기도 했다. 전임 CEO의 주도로 이뤄진 급격한 구조조정에도 불구하고 회사실적이 나빠지자 조직의 사기는 땅에 떨어졌다.

래플리는 이 같은 어려움을 어떻게 이겨내고 회사를 위기에서 구했을까?[2] 래플리가 회사를 구한 경영 전략을 살펴보면 '너 자신을 알라'라는 경구를 회사 차원에서 실천으로 옮겼다는 결론에 이르게 된다.

래플리는 CEO에 임명되자 먼저 P&G의 정체성을 묻는 질문을 던졌다. "P&G가 속해 있는 비즈니스는 무엇이며 무엇이어야 하는가, 그리고 어떤 비즈니스에 속해 있지 않으며 속해서도 안되는가"라는 질문이었다. 래플리 개인 차원을 뛰어넘어 P&G라는 기업 차원에서 "네 자신을 알라"는 질문을 던진 것이다.

이 질문에 답하기 위해 래플리는 P&G에게 가장 중요한 외부인은 누구인지, P&G가 이미 진출해 있는 비즈니스가 얼마나 매력적인지, 기존 전략이 P&G의 핵심역량과 맞아떨어지는지 등을 철저하게 분석했다.

그 결과 래플리는 'P&G가 어떤 비즈니스에 속해 있으며 또 속해야 하는 가'라는 질문의 해답을 찾았다. 첫째는 P&G가 근본적으로 고객이 왕인 비즈니스에 속해 있다는 깨달음이었다. 둘째는 P&G는 세계 시장에서 시장 점유율이 선두인 기저귀·세제, 여성·모발 관련 제품 등 기존 핵심 사업에 집중해야 한다는 것이었다. 셋째는 성장성이 높은 개발도상국과 저소득층 시장을 개척해야 한다는 것이었다.

"P&G의 존재 이유는 P&G의 제품과 브랜드로 소비자를 감동시키고 생활을 개선하는 것입니다. 모든 이해 관계자 가운데 소비자가 가장 중요합니다. 우리는 과거에 기존 핵심 사업에서 벌어들인 현금을 새로운 사업에 투자했습니다. 성장을 위한다는 명분이었죠. 그러나 틀렸습니다. 우리가 가장 잘 알고 있는 비즈니스에서 (경쟁자보다) 더 잘할 수 있기 때문입니다."

'P&G는 누구이며 누구여야 하는 가'라는 질문에 대한 답을 찾게 되면서 P&G가 추구하는 가치와 행동규범도 자연스럽게 재정립됐다.

예를 들어 '신뢰'라는 가치는 'P&G에 대한 고객의 신뢰'로, '승리'라는 가치는 '고객에 대한 약속을 지키며 소매업자와 상생한다'는 가치로 재정립됐다. 모든 가치가 '고객이 왕'이라는 P&G의 정체성과 일치됐다.

핵심 사업에 집중하며 브라질 등 개도국 시장을 개척한다는 전략도 시장에서 큰 성공을 거두었다. 시장이 포화상태에 이른 선진국 시장과 달리 개도국 시장은 P&G에 새로운 수입원이 됐다.

래플리가 CEO로 재직하는 동안 P&G는 10억 달러가 넘는 브랜드가 10개에서 22개로 증가했으며 5~10억 달러 미만 브랜드는 5배로 늘어나는 놀라운 성과를 올렸다.

소크라테스형 리더가 키워야 할 3가지 기술

인간은 불완전한 존재다. 신이 아니다. 모든 것을 할 수 없다. 경영자·리더도 인간이기에 모든 업무를 잘할 수 없다. 리더는 자신이 해야 할 일과 그렇지 않은 일을 구분해야 한다. 자기 자신을 제대로 알고 있는 '소크라테스형 리더'에게는 이 같은 구분이 어렵지 않다. 자신의 직위가 무엇이며 그 직위가 요구하는 업무가 무엇인지 파악하고 있기 때문이다.

:: 창조적 무능을 활용하라

조직 내 리더는 숱한 업무에 시달린다. 그 가운데 상당수 업무는 중요도가 떨어진다. 부하 직원에게 넘기려고 하니, 부하 직원도 더욱 중요한 다른 업무를 진행하고 있을 때가 많다.

어떻게 해야 하나. 로버트 서튼 미국 스탠퍼드대 경영대학원 교수는 '창조적 무능 (Creative Incompetence)'을 활용하라고 조언한다.[3] 사소한 업무 처리에는 무능함을 보이는 게 창조적이라는 뜻이다. 실제로 중요성이 떨어지는 업무는 아예 무시하거나, 대충 넘기는 게 현명할 때가 많다. 그래야만 가치 있는 일에 역량을 집중할 수 있기 때문이다.

:: 책임감 중독에서 벗어나라

마음 착한 리더 가운데 '책임감 중독'에 빠져 있는 리더들이 있다. 혼자서 묵묵하게 모든 책임을 떠안고는 고민의 바다에 빠져 있는 리더 말이다. 그러나 책임감 중독 상태에서 지속적으로 성과를 올릴 수 있는 리더는 없다. 인간은 신이 아니기 때문에 '책임감 과잉'이라는 스트레스 상황을 버티는 데는 한계가 있기 때문이다. 책임감 중독에 빠진 리더일수록 실패를 경험하게 되면, 걷잡을 수 없이 책임 회피형 인간으로 돌변한다는 게 로저 마틴 캐나다 토론토대 경영대학원장의 얘기다.

거울 속 자신을 들여다보라. 모든 업무를 자신의 등 위에 올려놓은 채 무거운 책임감에 짓눌려 있지는 않은지 말이다. '백짓장도 맞들면 낫다'는 속담이 있다. 남과 책임을 나누어야 한다.

팀원 간에 책임의 균형을 이뤄내는 리더야말로 훌륭한 리더다. 책임감이 강한 팀원이 남의 성과를 빼앗으려는 하이에나형 직원의 먹잇감으로 전락하지 않도록 막는 것도 중요하다.

:: 감성 의지를 키워라

리더는 고통스러운 결정을 해야 하는 자리다. 구조조정으로 팀원들에게 해고를 통보하는 악역도 맡아야 한다. 잘못을 저지른 직원은 냉정하게 벌을 내려야 할 때도 있다. 제갈공명이 아꼈던 부하장수 마속의 참수를 명령했듯이 말이다.

고통스러운 결정을 실행에 옮기기란 쉽지가 않다. 마음 속 한쪽이 편치 않고, 부하 직원들의 차가운 시선을 받아야 할 때도 있다. 이 때문에 감성적·정서적으로 나약해져 고통스럽지만 꼭 필요한 결정들을 차일피일 미루는 리더들이 꽤 있다. 하지만 이는 리더 스스로 조직의 성과를 떨어뜨리는 원인이 된다.

리더는 정서적·감정적으로 강인해지는 '감성 의지(Emotional Fortitude)'를 키워야 한다. 거울 속 자신을 들여다보라. 마음이 약해져 꼭 필요한 결정을 내리지 못하는 잘못을 범하고 있지는 않은지 말이다.

소크라테스가 남긴 '너 자신을 알라'는 경구의 가치는 언제나 유효하다. 리더 또는 경영자가 되고 싶은 사람이라면 누구에게나 말이다. 스스로가 누구인지, 자신이 어떤 일을 하고 있는지도 모르면서, 어떻게 부하 직원들을 이끌고 높은 성과를 올리겠는가? '너 자신을 알라'는 말로 요약되는 소크라테스 경영학은 올바른 리더십의 원천이다.

〈매일경제〉는 세계 최고 투자은행 중 한 곳인 골드만삭스 부회장을 거쳐 하버드대 경영대학원 교수로 재직 중인 로버트 스티븐 카플란 교수와의 전화 인터뷰에서 '나 자신을 아는 방법'에 대해 물었다. 이에 대해 카플란 교수는 "(내가 누구이며 무엇을 하고 있는지) 계속해서 질문을 던지고 배워야 한다"고 답했다. "올바른 질문이 해답보다도 더욱 중요할 때가 많다"는 게 카플란 교수의 얘기다.

직언하는 부하가 없다면 리더의 잘못

인터뷰를 준비하면서 카플란 교수가 〈하버드 비즈니스 리뷰〉에 기고한 '거울 속 자신에게 물어봐야 할 질문들'[4]이라는 글을 읽어 보았다. 질문의 유형은 모두 7가지. 이 중 부하로부터 받는 피드백 질문이 눈에 띄었다. '내가 듣고 싶지 않은, 그러나 들을 필요가 있는 것들을 내게 말할 수 있는 5~6명의 부하 직원을 두고 있는가'라는 질문이었다. 그런 부하 직원을 한 명이라도 두는 게 어디 쉬운 일이겠는가.

그러나 카플란 교수는 인터뷰에서 "상사 입장에서 직언하는 부하를 두는 게 쉽지 않겠다"는 기자의 말에 "동의할 수 없다"고 분명히 선을 그었다. "(부하가 직언하지 않는 것은) 리더·관리자의 책임이기 때문"이라는 게 카플란 교수의 설명이다. 부하가 직언하지 않는다고 부하를 탓할 게 아니라 그런 부하를 키우지 못한 스스로를 탓해야 한다는 게 카플란 교수의 결론이었다.

그렇다면 카플란 교수는 어떻게 직언하는 부하를 키웠을까? 그는 골드만 삭스에서 22년 동안 일하며 부회장까지 오른 인물이다. 그는 '거울 속 자신에게 물어야 할 질문'이라는 글에서 자신의 경험담을 풀어 놓았다.

"내가 부하 직원에게 피드백을 요청할 때면 그들의 첫 대답은 뻔합니다. '내가 매우 잘하고 있다'는 답이 돌아옵니다. 그러면 나는 다시 묻습니다. '내가 무엇을 바꾸었으면 좋겠느냐'고 말입니다. 돌아오는 답은 '생각나는 게 없다'는 것이죠. 다시 물어봐도 답은 똑같습니다. 나는 직원들에게 '우리는 시간이 많으니까 잠시 앉아서 생각해보자'고 말합니다. 이때쯤이면 직원들의 이마에는 땀이 흐르기 시작합니다. 어색한 침묵의 시간이 흐른 뒤에 부하 직원들이 드디어 무엇인가를 말하기 시작합니다. 가끔은 충격적입니다. 듣기 싫은 비판이지만 그것이 '진실'이라는 것을 알기 때문입니다."

늦은 피드백이 두렵다

그러나 때로는 진실이 두려울 때가 있다. 남들이 말하는 '내 자신의 본모습'에 마주서는 게 말이다. 필자도 선배·후배 직원에게 한 차례 문서로 된 피드백을 받아 보았을 때 마음 한 쪽에 두려움이 일었다.

"코칭 또는 충고라면 두려워할 필요가 없습니다. 피드백이 코칭이나 충고가 되려면 일찍 주고받아야 합니다. 연말이나 공식적인 평가 시즌에 나오는 피드백은 (승진이나 보수 산정의 기준이 되기 때문에) 두려움이 대상이 됩니다. 늦은 피드백이 문제인 것이죠."

요즘은 웬만한 기업이면 다면평가를 실시한다. 상당수 리더·관리자들이 다면평가 결과에 놀라며 좌절을 경험한다. 카플란 교수의 말을 빌리면 '늦은 피드백'에 당황하는 것이다. 결국 연말 등 공식적인 평가 시즌을 기다리지 말고 부하 직원들에게 질문을 던져 진실한 피드백을 조기에 받으라는 게 카플란 교수의 충고다.

시간 배정 훈련을 해라

많은 리더·관리자에게 "당신이 해야 할 일은 무엇입니까"라고 물으면 대부분 "팀을 이끌고 업무를 기획하고 감독하는 일"이라고 답할 것이다. 그러나 위대한 경영학자 헨리 민쯔버그는 관리자들이 온갖 잡동사니 같은 일에 시간을 쓴다는 놀라운 조사결과를 발표한 바 있다. 누구든 민쯔버그의 조사에서 예외일 수 있을까?

"종이를 꺼내세요. 당신이 지난 일주일 동안 무엇을 했는지 쪼개어 한 쪽에 적으세요. 그런 다음 당신의 업무 우선순위와 비교해 보세요. '시간할당 훈련(Time Allocation Exercise)'을 해보란 뜻이죠."

이렇게 하면 우선순위가 높다고 생각하는 업무와 실제로 하고 있는 업무 간 놀라운 차이점을 발견할 수 있다는 게 카플란 교수의 얘기다.

흔히 철학자들이 말하듯이 '나'는 나의 행동을 통해 정의된다. 따라서 자신이 우선순위가 떨어지는 사소한 일에 시간을 쓰고 있다면 '사소한 사람'으로 전락하는 것이다. 그런 '사소한 나'를 발견하고 개선하는 데 시간할당 훈련은 매우 효과적이다. 카플란 교수는 "그처럼 단순한 훈련을 많은 리더들이 하지 않고 있다는 게 안타깝다"고 말했다.

실천 가능한 우선순위를 정하라

여기서 한 가지 질문이 떠오른다. 많은 리더들이 업무 우선순위를 제대로 파악하고 있을까? 우선순위를 제대로 정하지 못한다면 시간할당 훈련도 효과가 떨어질 게 분명하다.

실제로 카플란 교수는 "상당수 관리자들이 자신의 업무 우선순위를 제대로 파악하지 못하고 있다"며 "매일 매일 일상에서 부딪히는 업무를 반복하고 있을 뿐"이라고 지적했다.

"스스로 업무 우선순위를 안다고 생각하지만 실제로는 모를 수가 있어요. 업무 우선순위는 실천 가능(Actionable)해야 합니다. 예를 들어 '세계 평화'가 업무 우선순위가 될 수 있을까요? 아닙니다. 그 자체로 실천 가능하지 않기 때문입니다. 실천 가능한 업무로 쪼갤 수 있어야 업무의 우선순위를 파악하고 있다고 말할 수 있는 것이죠."

당신이 시간할당 훈련을 위해 종이 한 쪽에 적은 우선순위를 큰 소리로 읽어보아라. 실천 가능한 우선순위인가, 아니면 공허한 메아리인가? 스스로가 부끄러운 리더나 관리자들이 많을 것 같다.

자신에게 진실해져라

주변을 둘러보면, 자신의 성격이 리더에 맞지 않는다고 생각하는 사람들이 있다. 예를 들어 수줍은 성격이 리더에 맞지 않는다며 성격을 고치려는 사람들도 있다. 그러나 카플란 교수는 "수줍은 사람도 얼마든지 훌륭한 리더가 될 수 있다"며 "자신의 성격에 맞는 리더십 스타일과 기술을 개발하는 게 중요하다"고 말했다.

"해마다 많은 사람들이 회사를 옮깁니다. 그중 상당수는 자신의 성격에 맞지 않기 때문에 회사를 떠납니다. 당신은 자신이 아닌 다른 사람이 될 수는 없습니다. 스스로에게 진실해야 합니다."

과거 수십 년 동안 리더십 연구가들은 위대한 리더들의 스타일·성격·특징을 정의하기 위해 노력했다. 이런 목적의 연구만 1,000개가 넘었지만, 성공한 연구는 없었다고 해도 과언이 아니다. 이유는 간단하다. 사람마다 성격과 스타일이 다르듯이 위대한 리더의 성격과 스타일이 제각각이었기 때문이다. 자신을 들여다보고 자신에게 맞는 리더십 스타일을 개발해야 한다. 그러기 위해서는 어떻게 해야 할까? 결국 '너 자신을 알라'는 소크라테스의 경구로 돌아온다.

Who he is

로버트 스티븐 카플란 교수는 골드만삭스에서만 22년을 일했다. 아시아·태평양 투자은행 부문 책임자, 기업금융 부문 책임자 등을 거쳐 부회장에 이르렀다. 골드만삭스에서 다양한 임원 리더십 프로그램을 주관했으며 이사진의 승진·평가·개발 업무를 담당하는 파트너십 위원회의 공동 의장을 맡기도 했다. 2005년 하버드대 경영대학원 교수로 옮겨와 리더십 분야를 집중적으로 연구하고 있다. 그가 쓴 '거울 속 자신에게 물어봐야 할 질문들'이라는 글은 자기관리 분야에서 반드시 읽어야 할 10편의 글 가운데 하나로 꼽히기도 했다.

CEO 승계: CEO도 만들어진다

CEO는 귀한 존재, 원석 1톤에서 얻는 1온스의 금과 같아

2004년 4월 맥도널드의 짐 칸탈루포 최고경영자(CEO)가 심장마비로 갑작스럽게 사망했다. 맥도널드의 턴어라운드를 이끌며 2003년 한 해 동안 주가를 두 배로 올려놓는 등 뛰어난 업적을 보인 CEO가 사망했지만, 맥도널드는 혼란에 빠지지 않았다. 맥도널드는 칸탈루포 CEO 사망 2시간 만에 벨 찰리 최고운영책임자를 다음 CEO로 발표했다.

찰리 CEO 역시 같은 해 11월 결장암 진단을 받고 갑작스럽게 물러났지만, 맥도널드는 금세 짐 스키너 부회장을 새 CEO로 선임한다. 7개월 만에 2명의 CEO가 바뀌었지만 맥도널드는 침착하게 대응하며 성장세를 이어갔다.

맥도널드가 CEO의 잇단 유고에도 CEO 승계(Succession)에 혼란이 없었던 것은 CEO감을 조기에 찾아내 발굴하는 CEO 개발(Development)에 미리 투자했기 때문이다. 맥도널드 뿐만 아니라 GE 등 글로벌 기업은 CEO 개발을 위해 리더십 파이프라인을 구축해 놓는다. 파이프라인을 따라 물이 흐르듯이 하위급 인재가 자연스럽게 경영자급 인재로 성장하는 시스템이다.

유능한 CEO란 참으로 귀한 존재다. 회사의 운명을 좌우할 수 있기 때문이다. 그러나 한국 기업은 CEO 개발에 별다른 관심이 없다. CEO 개발이라는 용어 자체도 생소하다. CEO 승계를 놓고 '왕자의 난', '형제의 난' 같은 오너 일가의 다툼이나, '보이지 않는 손' 등 권력기관의 개입 의혹이 제기되는 배경이다.

'왕자의 난'은 옛 현대그룹의 CEO 승계를 놓고 고 정주영 현대그룹 회장의 아들들이 벌인 싸움을 비유한 말이다. '형제의 난'은 두산그룹 경영권을 놓고 오너 일가 형제들이 벌인 다툼을 뜻한다. '보이지 않는 손'은 금융기관과 포스코, KT 등 지배주주가 없는 기업의 CEO 승계에 관여한다는 의혹을 받는 권력기관을 뜻하는 비유다. 모두 한국에서 CEO 승계가 제대로 이뤄지지 않고 있다는 사실을 방증한다. CEO는 기업의 성과를 좌우하는 핵심역량인 만큼 한국의 CEO 개발과 승계에는 큰 개선이 필요하다.

CEO 개발은 쉬운 일이 아니다. GE의 리더십 파이프라인 구축에 참여한 세계적 경영 구루(Guru, 스승) 램 차란 박사는 "1톤의 원석을 제련해 1온스의 금을 얻는 것"에 비유했다.[5] 직원 7만 명에 매출 250억 달러 회사라면 리더급 인재는 3,000명 정도이며, CEO 등 최고위직 10개 자리를 맡을 수 있는 인재는 겨우 50~100명에 불과하다는 게 램 차란의 얘기다. 한국 기업이 CEO 승계와 개발에 투자를 아끼지 않아야 하는 근본적인 이유다.

지금 당장 이건희 삼성 회장이 갑자기 사고를 당해서 CEO로서 역할을 할 수 없다고 가정해보자. 이 회장이 삼성에 미치는 절대적 영향력과 한국 경제에서 삼성이 차지하는 높은 위상을 감안한다면 아찔한 일이다. 기업들은 CEO 개발에 미리 투자하고 승계 계획을 철저하게 세워야 한다.

선진기업은 CEO 개발 · 승계에 100년 전통

2010년 국민은행은 1,300명의 직원 투표를 통해 3명의 행장 후보를 뽑은 바 있었다. 투표로 최고경영자(CEO) 후보를 뽑는 것은 GE 등 외국의 글로벌 기업에서는 상상하기 힘든 일이다. 이들 기업은 조기에 인재를 발굴해 CEO감으로 키우는 'CEO 개발(Development)'에 철저하기 때문이다.

글로벌 기업의 시각으로는 KB금융지주 회장 선임 과정도 낯설다. 2010년 4월 말 사외이사로 회장후보 추천위원회가 결성된 지 두 달 보름여 만에 어윤대 전 고려대 총장을 CEO로 낙점했다. CEO 승계 모범 기업인 콜게이트 등은 이사회가 몇 년씩 CEO 후보를 관찰하고 평가해 다음 CEO를 낙점한다. 글로벌 기업이 CEO 개발과 승계에 관심을 둔 지는 100년 이상이 되었을 정도로 오랜 전통이다. 듀폰과 GE가 대표적 기업이다.

듀폰은 1889년 헨리 듀폰 당시 CEO가 후계자 없이 갑자기 사망하자 경영권이 크게 흔들려 경쟁회사에 매각될 뻔 했다. 이때부터 듀폰은 회사의 장기적 성장이 유능한 경영자의 개발에 달려 있다는 사실을 인식하고 CEO 개발에 투자를 아끼지 않고 있다. 2008년 듀폰이 찰스 홀리데이에서 앨런 쿨먼으로 모범적인 CEO 승계를 이뤄낸 것도 CEO 개발의 전통이 있었기 때문이었다.

〈비즈니스 위크〉에 따르면 홀리데이는 아시아·태평양 지역을 책임지던 1990년대 초 쿨먼을 처음 만난 이래 계속 경영 멘토 노릇을 했으며, 특히 2000년대부터는 쿨먼을 잠재적인 후계자로 점찍었다.[6] 2004년 홀리데이가 쿨먼에게 GM 이사회에 참여하도록 권한 것도, 성급한 성격을 다스리기 위해 외부 전문가의 코치를 받도록 한 것도 CEO 개발의 일환이었다.

GE의 CEO 개발 역사도 1892년 찰스 코핀이 CEO에 선임되면서부터 시작되었다. 코핀은 철저한 성과 평가를 통해 핵심 인재를 길러냈다. 코핀이 만든 성과주의 문화는 GE가 'CEO 공장'으로 거듭나는 원동력이 됐다.

미국 기업은 CEO 개발이 체계화되면서 내부 인재가 CEO로 선임되는 경우가 대부분이다. 〈포춘〉이 선정한 100대 기업 CEO의 80%가 내부에서 발탁된다. 인재를 조기에 내외부에서 발탁해 내부에서 CEO감으로 키우기 때문에 CEO를 외부에서 발탁할 필요가 크게 줄어든다. 박광서 타워스왓슨 사장은 "외국 기업은 큰 변화나 혁신이 필요한 경우가 아니면 외부에서 CEO를 발탁하는 경우는 드물다"고 말한다.

내부 승진 CEO가 외부 영입 사례보다 높은 실적을 보이는 것도 CEO 개발 프로그램의 효과다. 컨설팅 회사 부즈&컴퍼니에 따르면 지난 10년간 2,500개 기업 CEO의 성적을 조사한 결과, 내부 승진 CEO가 올린 수익률이 2.5%로 외부 영입(1.8%)보다 훨씬 높았다.

글로벌 기업은 CEO 개발 · 승계 어떻게 하나

그렇다면 글로벌 기업은 구체적으로 어떤 방법으로 CEO 개발과 승계를 진행하는 것일까? 콜게이트(Colgate-Palmolive)와 GE 등 글로벌 기업의 사례를 살펴본다.[7] 이 두 기업은 최고경영자(CEO) 개발과 승계에서 모범사례로 꼽히기 때문이다. 이들 기업은 20대 후반과 30대 초반의 어린 인재를 찾아내 지속적으로 개발하고 경쟁을 시켜 CEO감으로 키운다. 특히 GE는 CEO사관학교로 불릴 정도다.

:: 입사 첫 해부터 평가

GE의 리더십 프로그램 구축에 참여했던 세계적인 컨설턴트 램 차란 박사는 'CEO 승계 위기를 끝내며(Ending the CEO Succession Crisis)'라는 글에서 "콜게이트는 CEO감을 찾고 키우는 데 최고"라고 격찬했다.

램 차란 박사에 따르면 세계 200개국에서 사업을 하는 콜게이트는 글로벌 차원에서 다양한 인재를 발굴한다. 콜게이트의 가장 큰 특징은 입사 첫 해부터 리더십 평가를 한다는 것. 갓 입사한 직원들을 대상으로 CEO 리더십을 논한다는 것 자체가 이상하게 들리겠지만 콜게이트의 설명은 다르다.[8]

"인재를 일찍 찾아낼수록 CEO 후보에게 필요한 광범위한 경험과 지식을 쌓는 데 필요한 업무를 부여할 수 있기 때문이죠."

인재를 조기에 찾아내는 노력은 GE도 마찬가지다. GE의 현 CEO인 제프리 이멜트도 GE 입사와 동시에 핵심 인재로 분류돼 리더로 성장하는 데 필요한 업무를 부여받았다.

:: 인재 리스트 작성

콜케이트는 각각의 자회사마다 잠재 인재 리스트를 작성해 지역 담당 매니저에게 보낸다. 매니저는 이름을 넣고 빼서 새 리스트를 재작성해 사업부 책임자에게 보낸다. 리스트는 최종적으로 CEO 등이 참여하는 인사관리 위원회에 보내진다. 위원회는 해마다 리스트를 재작성해 하나의 통일된 리스트를 만들어 매니저들에게 내려 보낸다.

GE도 인재 리스트를 작성한다. 특히 1993년에는 매우 중요한 리스트가 작성됐다. 당시 CEO인 잭 웰치를 이을 CEO 후보 20명의 명단이 작성돼 이사회에 보고됐다. 이 명단에는 현재 CEO인 이멜트도 포함돼 있었다.

:: CEO 개발을 위한 맞춤형 업무

램 차란 박사에 따르면 콜게이트의 인재 리스트에 포함된 인재들은 세 가지 트랙 가운데 한곳에 배치돼 잠재적인 CEO 후보로 성장해나간다. 첫째 트랙은 소지역(Local) 인재를 위한 것이며, 둘째 트랙은 대지역(Regianal) 인재를 위한 것으로 아시아 등 대지역별로 중요한 직책을 맡는다. 마지막 트랙은 글로벌 인재가 배치되며 대부분의 고위직을 채우게 된다. 3개 트랙을 거치면서 인재들은 CEO로 성장하기 위해 경험과 지식을 쌓는 데 필요한 업무를 부여받는다.[9]

GE도 인재들이 CEO감으로 성장하는 데 필요한 직책을 부여하기 위해 'C세션'이라는 제도를 운영한다. 인사 담당자는 C세션에서 GE의 잠재 인재들을 만나 장시간 대화하며 평가한다. 평가 결과는 인재들이 CEO 후보로 성장하기 위해 필요한 업무를 맡기는 데 바탕이 된다. 이멜트 GE CEO 역시 C세션에서 받은 평가를 토대로, 제품 매니저, 판매 매니저, 글로벌 마케팅 매니저 등의 업무를 차례로 부여받으며 성장했다.

:: 이사회의 장기간 CEO 후보 평가

CEO는 사실상 이사회에서 선임한다. 따라서 이사들이 일찍부터 CEO 후보들을 관찰하고 평가하는 시스템을 갖추는 게 중요하다.

램 차란 박사에 따르면 콜게이트의 사업부 책임자들은 사업부별로 최고 인재들을 이사들에게 소개한다. 인재들의 장단점에 대한 세밀한 분석자료도 함께 제공한다. 덕분에 이사들은 200명에 이르는 핵심인재의 성장 과정을 면밀하게 오랫동안 관찰할 수 있다. 콜게이트 이사회가 CEO 승계 때 오랜 관찰 결과를 토대로 최적의 CEO를 선택할 수 있는 이유다.

GE 이사회도 마찬가지다. 1993년에 이사회에 보고된 CEO 후보자 20명 가운데 이사회가 최종 CEO 후보를 가려낸 시기는 2000년 추수감사절 직전이다.

결국 GE 이사회는 무려 7년 동안 CEO 후보들을 관찰하고 평가한 셈이다. 이 과정에서 CEO 후보들은 강성노조 사업부에서는 인사관리 능력을, 운송사업부에서는 생산관리 능력을, 의료기기 사업부에서는 인수·합병과 글로벌 경영 능력 등을 테스트받았다. 1997년부터는 이사들이 직접 정기적으로 후보들의 사업장을 직접 방문해 평가하는 절차를 거쳤다.

최종적으로 이사회는 2000년 추수감사절 직전에야 잭 웰치 당시 CEO의 후계자로 이멜트를 지정했다. 1993년에 CEO 후보를 20명으로 압축한 지 무려 7년 만이었다. KB금융지주처럼 사외이사로 구성된 추천위원회가 두 달 만에 새 CEO를 뽑는 한국과는 매우 다르다.

:: 공정하지만 치열한 경쟁

글로벌 기업은 CEO 후보들이 치열하되 공정한 경쟁을 할 수 있도록 주도면밀한 평가 장치를 마련한다. 대표적인 사례가 글로벌 제약사인 GSK다.

데니스 캐리 콘&페리 인터내셔널 시니어 파트너가 쓴 'CEO 승계를 위해 올바른 내부자 고르기'라는 글에 따르면, GSK는 CEO 후보를 공정하게 평가하는 시스템을 만들었다.[10] 이 글에 따르면 2007년 GSK는 3명의 CEO 후보를 압축해 이들에게 CEO 수준의 능력이 필요한 사업을 맡겨 역량을 테스트했다. 장 폴 가르니에 당시 CEO와 3명의 이사의 감시 아래 후보 한 명에게는 공급망 관리 개선을, 다른 한 명에게는 제품 안전 개선을, 마지막 한 명에게는 판매와 마케팅·재정 업무를 맡겼다.

관건은 후보 3명에게 맡겨진 업무가 제각각인데 어떻게 공정하게 평가하느냐는 것. 이 문제를 해결하기 위해 GSK는 후보 3명과 직접 함께 일한 14명의 임원들에 대한 심도 깊은 인터뷰를 외부 전문가들에게 맡겼다.

인터뷰 결과는 가르니에 당시 CEO와 이사회가 후보 3명의 강점과 약점을 공정하게 평가할 수 있는 근거를 제공했다는 게 캐리 파트너의 평가다.

"최고경영자(CEO)를 육성하기 위한 프로세스는 없어요. 연구는 하지만 실행은 안 되네요."

(대기업 A사 관계자)

"국내 기업으로 CEO 개발 또는 승계 프로그램을 실행하는 곳이 있다고 들어본 적은 없는데요."

(시중은행 B사 관계자)

A사와 B사는 국내에서 업종 대표 기업이지만 CEO감을 찾아내 공들여 키우는 데는 관심이 없어 보인다. 그래서인지 두 회사는 CEO 승계 때마다 '보이지 않는 손'의 개입 논란을 빚는다. 반면 선진국 대표 기업들은 CEO 승계를 철저히 준비한다. 갓 선임된 CEO가 곧바로 다음 CEO를 길러내는 데 착수한다는 것은 상식이다.

한국 기업 CEO라면 '무슨 소리냐'고 할 것이다. '이제 사장이 돼 어깨에 힘 좀 주려고 하는데 물러날 준비부터 하라는 것이냐'하고 반문할 게 뻔하다. 그렇다면 GE 등 선진국 기업들이 CEO 승계를 철저히 준비하는 까닭은 무엇일까? CEO의 역량에 회사 운명이 달려 있기 때문이다. 지금 CEO가 유능하다고 해도 다음 CEO가 무능하면 계속해서 성과를 내기란 불가능하다는 사실을 잘 안다.

세계 15대 경영사상가 중 한 명으로 꼽히는 마셜 골드스미스 박사는 〈매일경제〉와의 인터뷰에서 "수십 억 달러 규모 기업에서 CEO의 결정이 미치는 영향력은 엄청나다"며 "이와 비교하면 CEO감을 찾아내 개발하는 비용은 아무것도 아니다"라고 강조했다.

한국 기업도 이젠 규모가 크다. CEO의 잘못된 투자 결정의 위험도 그만큼 커졌다. 골드스미스 박사가 "CEO감을 찾아내 키우는 'CEO 개발(CEO Development)'을 기업의 핵심 업무로 인식하라"고 충고하는 이유다.

다음은 골드 스미스 박사와 일문일답이다.

CEO감 키우는 데 10~20년 걸려

Q. CEO 승계를 '승계 계획(Succession Planning)'이라는 표현 대신에 '승계 개발(Succession Development)'로 불러야 한다고 주장하는데.

"CEO 승계는 어떤 사람이 CEO라는 자리를 이어받을 수 있도록 준비시키는 것이기 때문이다. 계획을 짠다고 해서 준비될 사람은 없다. 중요한 활동에 참여해서 스스로를 개발(Development)해야 준비가 된다."

Q. CEO감을 찾아서 준비시키는 'CEO 개발'은 언제부터 시작해야 하나?

"현재 CEO보다 훨씬 아래 단계(Level)부터다. 해당 인재가 CEO가 되기 2~3세대 이전부터 시작해야 한다. 그래야 CEO 승계와 관련된 위기를 예방할 수 있다. CEO 개발에는 10~20년 걸린다. 현재 CEO의 손자 또는 증손자뻘 CEO라고 할 수 있는 차차기 또는 차차차기 세대 CEO감을 지금부터 찾아내 키우라는 뜻이다. 결국 CEO 개발은 30대 초반에 시작해야 한다."

Q. 장기간의 CEO 개발에는 비용이 많이 들지 않나?

"CEO가 내리는 의사결정의 영향과 비교해보라. 그 영향은 수십억 달러에 이를 수 있다. 이에 비하면 CEO 개발은 비용이 없다(Nothing)."

한국에서 지배주주 경영 기업들이 상대적으로 CEO 승계가 체계적으로 진행된다. 지배주주가 자녀에게 CEO 자리를 넘겨주기 위해서 노력하기 때문이다.

Q. 한국은 상당수 기업이 지배주주 경영이다. 이 때문에 CEO의 자리가 자녀에게 승계되는 경우가 많다.

"후계자가 누구인지 안다고 해도 그를 훌륭한 후계자로 준비시키는 일은 쉽지 않다. 지배주주의 아들이라고 해서 훌륭한 후계자가 되지는 않는다. 그래서 가족기업이라고 해도 CEO 승계는 매우 도전적인 문제다."

Q. 삼성전자는 한국 최대 기업이다. CEO의 아들인 이재용 사장의 CEO 승계에 관심이 크다. 삼성과 이 부사장에게 권고할 말은 없나?

"CEO 자리를 아들이 승계하든 아니든 나의 조언은 크게 달라질 게 없다. (이건희 삼성 회장은) 핵심인물들을 아들에게 소개해서 지속적인 관계를 맺도록 도울 필요가 있다. 또 자신의 아들이 발전할 수 있도록 계속해서 코치하는 게 좋겠다."

Q. 일각에서는 CEO 자리를 자녀가 물려받는 데 비판도 있다.

"(세계적인 경영학자인) 피터 드러커에게 배운 교훈이 있다. 의사결정은 논리가 아니라 힘에 의해서 이뤄진다는 것이다. 만약 회장이 이사회를 통제하는 상황에서, 이사회가 CEO 후계자를 결정한다면, 회장은 자신의 아들을 후계자로 결정할 수 있다. 세상이 그것을 좋아하든 싫어하든 상관없는 일이라고 할 수 있다."

행복한 레임덕이 돼야

현재 CEO가 다음 CEO를 키우지 못하는 이유 중 하나는 '레임덕'을 걱정해서이다. 절름발이 오리라는 뜻의 레임덕은 임기 만료를 앞두고 힘이 빠진 권력자를 비유한 말이다.

Q. 레임덕을 염려해 후계자 발표를 마지막 순간까지 미루는 경우가 많다. 특히 지배주주가 CEO인 회사는 CEO의 사망에 임박해서야 자녀에게 CEO 승계를 하는 경우가 있다.

"아들에게 CEO 자리를 물려주려는 가족기업에서 승계 시점은 아버지가 CEO 자리에서 얼마나 기꺼이 물러나느냐에 달려 있다. 이는 아버지가 퇴임 후에도 흥미를 갖고 할 일이 있느냐에 크게 좌우된다. 레임덕은 피할 수는 없다. 현실을 직시해야 한다. 그렇다고 레임덕이 늘 나쁜 것은 아니다. 행복한 레임덕이 되는 게 중요하다."

Q. 행복한 레임덕이 되기란 매우 어려운 것 같다.

"쉬운 일은 아니다. 자신의 자아(Ego)를 버려야 하기 때문이다. 먼저 자신에게 정직해야 한다. 물러나고 싶지 않은 사람이 물러나는 법은 없다. 남들에게 물러나는 척해서는 안 된다. 자신의 후계자가 자신과 다르다는 사실도 받아들이고 후계자가 성공하는 데 시간과 노력을 투자해야 한다. 내가 함께 일했던 한 위대한 CEO는 퇴임하던 때에 매우 중요한 장기투자를 결정했다. 퇴직하던 해의 경영 실적 숫자를 크게 악화시키는 결정이었지만 후계자에게는 큰 도움이 됐다. 좋은 모습으로 물러나고 싶은 지도자는 후계자에게 유리한 환경을 만드는 데 방해가 되는 경우가 많다."

Q. 훌륭하게 물러난 CEO의 예를 들어 달라.

"(1993~2000년까지) 아메리칸 익스프레스 CEO를 맡았던 하비 골럽이 대표적이다. 하비 골럽은 당초 발표보다 일찍 CEO에서 물러났으며 켄 체놀트가 매우 행복한 상황에서 다음 CEO에 올랐다."

하비 골럽과 켄 체놀트는 모범적인 CEO 승계 사례로 유명하다. 1999년 초에 골럽은 2001년 4월에 CEO에서 물러나겠다며 후계자로 켄 체놀트를 이사회에 추천했다. 이때부터 골럽은 CEO 업무를 체놀트와 나누며 후계자 수업을 시켰다. 골럽은 계획보다 이른 2000년 말 CEO 자리를 체놀트에게 물려줬다. 2000년은 회사가 최대 호황을 누리던 때였다. 체놀트가 순탄하게 CEO 업무를 시작하기에 최적이었다.

주요 한국 기업들은 이제 글로벌 기업이다. 삼성전자는 해외 매출 비중이 90% 안팎에 이를 정도다. 국내뿐만 아니라 해외에서 핵심 인재를 발굴해 키워야 한다.

Q. 해외에서도 CEO 후보를 찾을 필요가 있는가? 그렇다면 외국인 CEO도 받아들일 자세가 필요한 것 아닌가?

"물론이다. 시간문제라고 본다. 일본 기업은 소니를 비롯해 여러 기업이 이미 외국인 CEO를 받아들였다. 소니 CEO인 하워드 스트링거는 영국 출생의 미국인이다."

Q. 이사회 이사로 능력 있는 외국인을 영입할 필요가 있나?

"확실히 그렇다. 글로벌화된 세계에서는 어느 회사든 훌륭한 외국인 이사를 확보할 필요가 있다. 단지 한국회사만 그렇다는 게 아니다. 미국회사도 그래야만 한다."

Q. 한국 기업의 이사회에는 교수들이 너무 많다는 지적이 많다. 사외이사의 20~30%가 대학교수다.

"교수들이 (CEO를 뽑는 이사회에서 나오는) 10가지 목소리 가운데 한 목소리라면 교수가 이사회에 참여하는 것도 좋다고 생각한다. 좀 더 객관적이고 좀 더 다양한 시각을 반영할 수 있기 때문이다. 30%는 좀 높은 듯하다."

Q. 지금 당장 한국의 한 기업이 CEO 개발을 시작한다고 가정하자. 무엇부터 시작해야 하나?

"조직 내 여러 단계에서 훌륭한 인재를 찾아내 개발하는 것부터다. 이것을 부서별 우선순위가 아니라 기업 전체의 우선순위로 삼아야 한다. 부서별 우선순위로 삼으면 기업의 리더가 아니라 부서의 리더가 개발될 것이기 때문이다."

Q. 인터뷰에서 빠진 것으로 당신이 중요하다고 생각하는 부분이 있다면?

"글로벌 비즈니스는 점점 더 비슷해지고 있다. 자녀를 CEO 후계자로 정하는 사례는 점점 사라질 것이다. 단지 시간문제일 뿐이다. 미국도 과거에는 가족이 경영하는 기업이 많았지만, 적어도 메이저 기업은 더 이상 그렇지 않다."

Who he is

마셜 골드스미스 박사는 리더십과 인사 분야에서 세계적인 석학이다. 2009년 11월 〈타임〉과 〈포브스〉의 후원으로 실시된 조사에서 세계에서 가장 영향력 있는 경영사상가 15인 중 한 명으로 꼽혔다. 미국경영협회(American Management Association)는 지난 80년 동안 경영 현장에 가장 큰 영향을 끼친 50대 경영 사상가와 리더 가운데 한 명으로 선정했으며 〈월스트리트저널〉도 10대 경영자 코치 중 한 명으로 꼽았다.

미국 UCLA에서 박사학위를 받았으며 다트머스대에서 학생들을 가르쳤다. 컨설팅 회사인 '마셜 골드스미스 그룹'을 설립해 120개 주요 기업의 CEO를 컨설팅했다. 《미래의 리더》 등 29권의 책을 저술했으며 이 중 상당수가 〈월스트리트저널〉, 〈뉴욕타임즈〉 등에서 베스트셀러로 꼽혔다.

Chapter3

여성 리더십: 그녀들에게는 男다른 것이 있다

결국 여성들이 정상에 서다

'결국, 여성들이 정상에 서다(At Last, Women on Top)!'

2010년 9월, 〈타임〉은 이 같은 제목의 기사를 큼직하게 보도했다.[11] 미국 내 20~30대 초반 직장여성의 평균 연봉이 같은 또래 남성들의 연봉을 넘어섰다는 게 기사의 주요 내용이다.

〈타임〉에 따르면 미국 150개의 주요 도시를 조사한 결과 3곳을 제외한 모든 곳에서 젊은 여성 직장인이 같은 또래의 남자들보다 8%나 많은 임금을 받는 것으로 나타났다. 애틀랜타 와 멤피스에서는 여성이 20% 더 높은 임금을 받는다. 기사의 제목대로, 결국 여성들이 정상 에 서는 시대가 온 것이다.

이제 여성시대(女性時代)는 미래형이 아니라 진행형이다. 모든 면에 있어서 남성을 능가 하는 여성인 알파 걸과 알파 우먼들이 사회 곳곳에서 왕성한 활동을 벌이고 있다. 힐러리 클 린턴 미 국무장관이나 한국의 박근혜 전 한나라당 대표의 리더십이 낯설지 않게 된 지는 이 미 오래다.

하지만 이처럼 여성들의 '보이는' 약진에도 아직 '보이지 않는' 유리천장은 두껍기만 하다. 기업의 세계는 정치의 세계보다 훨씬 더 여성에게 보수적이다. 젊은 여성의 평균연봉이 남성의 평균을 넘어선 미국이지만, 조사 범위를 확대하면 전체 여성 직장인 임금의 평균은 아직도 남성의 80%에 불과하다. 위로 올라갈수록 여성의 비율이 줄어들기 때문이다. 한국 기업은 특히 더 심하다. '여성 리더'라는 타이틀을 가지는 게 하늘의 별 따기다. 인사 경영 전문지 〈HR인사이트〉에 따르면 국내 100대 기업에서 전문직과 오너일가를 제외한 여성 임원은 21개사 51명에 불과하다.[12]

그러나 많은 제약에도 극소수에 불구한 여성 리더들이 세계 곳곳에서 보여주고 있는 여성 리더십은 느리지만 부드럽게 세상을 변화시키고 있다. 과거에는 여성 리더를 편견의 눈으로 바라봤다면 이제는 보다 분석적인 시각으로 이들의 리더십 DNA를 해부해봐야 할 때가 됐다.

여성이라 차별받는다면 더욱더 '완전한' 여성이 되라

"세상이 당신을 사랑하지 않는다고? 당신이 세상을 사랑하라. 무엇을 두려워하는가?"

브로드웨이의 세계적 여성 연출가 이브 앤슬러는 주눅 들어있는 여성들에게 이렇게 외쳤다.[13] 그러나 이는 이브 앤슬러 혼자만의 이야기가 아니다. 그녀를 포함한 이 시대의 모든 여성 리더들이 던지는 이야기다.

세상이 두껍고 높은 유리천장으로 그들을 막을 때, 그들은 더 높이 올라가 세상을 품었다. 그들을 천장 넘어 창공으로 날아오르게 한 것은 '여성성'이었다. 여성이라는 이유로 차별당하고 거절당한 세상을 품기 위해 그들은 더욱더 완전한 여성이 되기를 선택한 것이다.

이들이 단순히 여성이라는 이유로 그들을 가로막고 있는 수많은 차별의 벽을 뚫고 당당히 성공했다는 상징적인 의미만 있었다면, 그들의 이야기를 담은 전기가 베스트셀러가 되는 정도의 선에서 이야기는 끝나고 말 일이다. 지금 그녀들이 주목받고 있는 이유는 그들이 새로 만들어가고 있는 새로운 리더십의 세계 때문이다.

과거 〈포춘〉은 미국 마이크로소프트 사 빌 게이츠의 아내이자 세계 최대 자선단체 빌 &

멜린다 재단 운영자인 멜린다 게이츠가 객관적으로 볼 때 빌 게이츠보다 더 낫다는 평가를 내렸다.[14) 학력, 체력 등 눈에 보이는 요건뿐 아니라 리더십 측면에서도 그렇다는 분석이었다. 사업적으로는 크게 성공했지만 늘 독점 시비에 휘둘리던 빌 게이츠를 자선 사업가로 변신시킨 것은 멜린다의 지치지 않는 설득이었다.

멜린다는 후원자나 봉사자에게 직접 전화나 편지를 통해 감사를 표시하는 것으로도 유명하다. 엄청난 기금을 운용하는 공룡 재단임에도 누구나 거부감이나 거리낌 없이 자신의 재산을 기부하는 데는 그녀의 인간적인 면모가 큰 역할을 했다는 분석이다.

미국 최대의 화장품 회사 메리케이의 창업자 메리케이 애시의 리더십도 '핑크 리더십'으로 명명되며 많은 리더들의 교본이 되고 있다. 메리케이는 대통령이 주재하는 백악관 리셉션 초청을 신입사원 미팅을 이유로 거절한 일화로 유명하다[15). "만약 내가 신입사원이었다면 회사의 회장과 눈을 마주치고 대화할 수 있는 일생일대의 기회를 손꼽아 기다릴 텐데 그들에게 실망을 줄 수 없다"는 게 그의 생각이었다. P & L을 '손익계산서(Profit & Loss)'가 아닌 '사람과 사랑(People & Love)'이라고 설명하는 것 역시 메리케이의 따뜻한 리더십을 보여준다.

만년 2등이던 펩시를 1등으로 끌어올리는 데 큰

공을 세운 인도 출신의 CEO 인드라 누이의 리더십은 '감성지능 리더십'으로 정의된다. 그는 일벌레를 지양한다. 일과 가정의 조화를 중시한다. 아침마다 '좋은 CEO가 되어야지'라는 생각과 함께 '좋은 아내와 좋은 엄마가 되어야지'라는 결심을 하는 인드라 누이는 자신의 직원들에게도 일과 가족이 조화되는 삶을 추구하라고 조언한다.

시대도, 피부색도, 분야도 다르지만 이들 여성 리더들의 리더십에는 분명한 교집합이 존재한다. 감성, 결단력, 조화가 그것이다. 이들에게 여성이라는 타이틀은 성공을 가로막는 벽이었지만, 이들을 성공하게 만든 것 역시 여성성이었다. 누군가의 엄마로서 나타나는 강한 모성은 감성과 섬세함, 따뜻한 경청의 자세라는 본연 그대로 직원들에게도 적용된다.

하지만 이성적 판단을 해야 하는 순간에는 찬 바람이 불 정도로 매섭다. '훈계'와 '따뜻함'을 구분할 줄 아는 모습이다. 일과 가족 간의 조화를 중시하고, 훈계 뒤에는 따뜻한 위로로 상처를 감싼다.

남성적인 카리스마와 결단력이 지난 산업의 역사에서 기업 성장의 큰 축을 담당했다면, 여성 리더들이 보여주는 '+α'는 앞으로 기업과 직원들이 더욱 안정된 성장을 할 수 있도록 지탱하는 또 하나의 축이 되고 있다.

가장 위대한 여성사업가, 메리케이 애시의 '핑크 리더십'에 주목하라

1963년 어느 날, 48세의 '아줌마'가 일을 냈다. 그녀는 갓 스무 살 된 아들의 도움으로 자기 이름의 작은 화장품 가게를 차렸다. 25년간 동료 남자직원들의 절반밖에 되지 않은 연봉을 받으면서도 모으고 모았던 적금 5,000달러를 털어서였다. 9명의 여성 직원과 함께 시작한 화장품 가게는 이제 전 세계 37개국에 180만 뷰티 컨설턴트를 거느린 연매출 24억 달러의 대기업으로 성장했다. 미국 내 스킨케어 화장품 점유율 1위를 달리며 '가장 일하고 싶은 기업 100위'에도 매년 이름을 올린다. 회사 메리케이와 그 창업자 메리케이 애시의 이야기다.

마더 리더십, 기업이 아니라 가족을 위해 일한다

그녀는 '일하는 여성은 여성다워서는 안 된다'는 고정관념이 가득했던 시대에 '가장 여성다운 것이 가장 강한 것'이라는 목표로 사업을 일궜고 결국 성공했다. 가정주부를 여자의 미덕으로 여기던 시대에 세상에 나와 '마더(Mother) 리더십'을 전파했다. 그래서 메리케이 애시의 리더십은 여성 리더십의 고전이라고도 불린다.

미국 〈포브스〉는 그녀를 록펠러, 헨리 포드, 빌 게이츠 등과 함께 '미국을 만든 비즈니스 영웅 20인'에 선정하기도 했다.

"보통의 기업들은 회사의 성장을 비전으로 삼지요. 하지만 우리는 함께 회사를 키우기 위해 일한다고 배우지 않아요. 일을 하는 것은 가족을 위해서입니다. 소중한 가족을 지키기 위해서이지요. 그러다 보면 자연스럽게 최선을 다 하게 되고 나아가 더 큰 목표도 가지게 됩니다."

메리케이 코리아의 최정숙 시니어 내셔널 세일즈 디렉터(SNSD)는 메리케이 애시 리더십의 전도사다. 그녀는 메리케이 리더십을 활용해 3,700명의 컨설턴트를 키웠고 2007년에는 메리케이 본사에서 '세일즈 여왕'에게 수여하는 분홍빛 벤츠 자동차를 받았다. 평범한 주부였던 그녀가 벤츠 자동차를 모는 파워우먼으로 변신한 데는 메리케이 애시가 남기고 간 무형의 유산이 큰 역할을 했다.

따뜻한 공감은 직원을 춤추게 한다

가정에서 어머니는 주로 자식을 보듬고 격려하는 역할을 맡는다. 자식이 의기소침해 있으면 위로를 해주고, 작은 발전에도 진심으로 기뻐하며 축하해 주는 게 어머니다.

최정숙 SNSD는 메리케이 애시가 이러한 어머니의 리더십을 기업 경영에 접목했다고 설명했다.

"최근 감성리더십의 중요성이 많이 강조되고 있잖아요. 여성들이 가지고 있는 감성적인 부분은 리더십에서 많은 역할을 해요. 누군가가 지나칠 때 표정이 어두우면 '왜 표정이 저럴까' 생각해본 뒤 나중에 전화해 확인해보곤 합니다. 상대방조차도 잊고 지나갈 순간을 놓치지 않고 챙겨주는 따뜻함이 메리케이 애시가 강조하는 리더십이에요."

논현동 최정숙 SNSD의 사무실에는 매리케이 애시의 사진과 함께 레드카펫에서 왕관을 쓰고 있는 자신의 사진이 걸려있다. 판매왕이 됐을 때 매리케이 본사에서 주최한 행사에 참석해 찍은 것이다. 이들은 매년 좋은 실적을 올린 직원들을 선정한 후 이들에게 고급 드레스를 입고 레드카펫을 거닐 기회를 준다.

판매왕이 되면 그 만한 대우와 칭찬을 받아야 한다는 매리케이 애시의 신조에 따라 창업 초기부터 시작된 행사가 50여 년 가까이 지켜져 오고 있다.

"직원들이 좋은 실적을 올리면 그들을 진심으로 축하하기 위해 성대한 파티를 열어 주는 것입니다. 그날만큼은 여왕 대접을 받습니다. 정말 특별한 사람으로 인정을 받는다는 느낌에 동기부여도 되고요."

확실한 거절 뒤에도 따뜻함을 보여줘라

공감과 포용을 모토로 하는 마더 리더십은 '퍼주기 문화'와는 다르다. 회사의 기본적인 목적인 이윤추구에 반하는 요구는 거절을 해야 한다. 대신 거절에서조차 따뜻함을 느끼게 해주는 게 중요하다. 실제 메리케이 사에서는 가정 사정을 이유로 무리한 임금인상을 부탁하는 직원들이 있었다. 그럴 때마다 메리케이 애시는 '안 된다'고 단호하게 말하는 대신 면담을 통해 임금 인상이 아닌 다른 방향으로 그 문제를 해결하는 방법에 대해 함께 고민하고 격려했다.

일에 적응하지 못하는 사람은 이윤추구의 목적에 반하기 때문에 역시 해고할 수밖에 없다. 그럴 때는 직접 그들의 성향을 파악하고 상담하며 새로운 일자리를 함께 알아봐 준다. "항상 마주보고 있는 사람이 목에 '나는 정말 중요한 사람이에요(I'm very important)'라는 문장이 쓰여 있는 목걸이를 걸고 있다고 생각하면 그 사람을 더 많이 존중할 수 있어요. 누군가가 원하는 것을 얻을 수 있게 도와주면 나 역시 원하는 것을 얻게 되기도 하고요. 핑크 리더십이라고도 부르는 메리케이 애시의 따뜻한 리더십이 오랜 시간이 지나도 계속 지켜지는 이유입니다.”

여성 리더가 되고픈 그대를 위한 한마디

메리케이 애시와 인드라 누이를 비롯한 뛰어난 여성 리더들은 세상에서 여전히 강력한 영향력을 발휘하고 있다. 하지만 여성을 향한 벽도 분명히 존재한다. 이를 이겨낸 리더들의 성공스토리는 마음에 와닿지만 ‘예비 여성 리더’들은 막상 본인에게 닥친 벽 앞에서 당황하고, 또 망설이기 마련이다.

《여자로 태어나 미친년으로 진화하다》의 저자 이명희 씨는 여성들이 당당히 리더로 서기 위해서는 “본인이 벽에 가로막히고 있다고 느끼는 것에 그치지 않고 그것을 해석해내는 능력이 필요하다”고 조언한다.

“다른 직종, 다른 연령대의 많은 여성 리더들을 인터뷰했지만 그들은 항상 같은 메시지를 던지더군요. 사회생활을 하다 보면 여성이기 때문에 차별을 받을 때도 있고 그것으로 상처를 받을 수도 있습니다. 하지만 이것을 ‘나만 겪는 문제’라고 생각하고 끝내버리는 건 안 된다는 거죠.”

그는 본인이 느끼는 벽을 혼자만의 문제로 생각하지 말고 ‘아직 조금은 더 변해야 하는 사회 시스템의 문제가 스스로에게 닥친 것’이라고 받아들이며 이겨내야 한다고 조언했다. 이를 이겨내지 못하면 다른 모든 것도 이겨내지 못할 것이라고 생각해야 한다는 것이다.

“성공한 여성들을 만나보면 불행한 과거를 가진 사람이 많아요. 나쁜 아버지 밑에서 자랐거나 환경이 불우했거나, 인종 차별을 받은 경우가 있습니다. 이들이 불행 속에서 영웅이 됐다는 것보다는 이러한 불행을 극복하는 과정에서 여성으로서 겪게 되는 또 다른 문제를 극복하는 힘이 생겼다고도 볼 수 있지요.”

그는 여성이 리더가 되는 데 오는 한계가 여성 자신의 책임이라고도 설명했다. “많은 이들이 조직에서 여성이 보스가 되면 지나치게 개인적으로 행동한다는 생각을 하지요. 그게 편견이라고 볼 수도 있지만 사실은 편견이 아닙니다. 조직문화에 있어서 여성들이 개인적으로 행동하는 경우가 많기 때문이에요. 개인적인 성공을 위해 달려왔기 때문에 생긴 결과일 수 있습니다. 하지만 각개전투를 하기보다는 조직 내에 있는 사람들을 인정하고 받아들이기 위해 인성공부를 먼저 해야 합니다.”

특히 사회생활 등에 있어 여성에게 필요한 건 ‘멘토’이지만 사회생활을 하는 여성들 사이에서는 그런 문화가 부족한 것이 현 실정이다. 한국여성정책연구원이 발표한 자료에 따르면 조직 내 여성 핵심 인력 비율이 높은 조직에서 오히려 여성들이 육아휴직제도와 본인병가제도를 자유롭게 쓰지 못하고 있는 것으로 나타났다.[16] 조직에서 핵심 여성 인력의 비중이 높다면 그 조직이 운영되는 데 여성 역할 비중이 크고 여성 친화적인 조직 문화가 다른 조직에 비해 더 강하게 형성돼 있을 것이라는 기대를 깨는 결과다.

한국여성정책연구원은 “보다 많은 여성에게 권력이 주어지고 있지만 이들이 ‘여성 후배’가 일을 하는 데 사회적 지원을 돕는 역할을 맡으려는 의지가 부족하다는 것을 나타내는 결과”라고 분석했다.

이진희 이화여대 사회학 교수는 “여성이 개인 리더십을 함양하는 것은 다 함께 가야 가능한 것”이라고 말했다. “여성들은 커리어 목표를 더 높게 잡아야 할 필요성이 있습니다. 여성들은 남성보다 직장에서의 최종 목표를 더 낮게 잡는 경향이 있습니다. 가사 등 더 높은 지위로 가기 위해 이겨내야 할 제약이 많기 때문이지요. 하지만 이게 여성 개인들만의 문제라고는 치부할 수 없습니다. 여성이 톱클래스로 상승하기 위해선 국가 제도 개선이 필요합니다.”

이 교수는 그럼에도 불구하고 여성들이 리더가 되기 위해서는 단순히 자신의 전문분야의 전문성을 높이는 것뿐 아니라 네트워크에도 많은 관심을 기울여야 한다고 조언한다. 전문성뿐 아니라 관계적인 문제도 리더로 올라서기 위해서는 중요한 요인으로 작용하기 때문이다.

함인희 이화리더십 개발원장은 "여성들은 인사고과에서 정서적으로 미성숙하다는 평가를 많이 받는 편"이라며 "이는 여성들이 현실을 의식하면서도 의연하게 직장 문화에 대응하는 능력이 떨어지기 때문"이라고 설명했다.

"여성들은 실제 정서적으로 미성숙한 것은 아닙니다. 그렇지만 사실 여성이 남성보다 감성적인 성향이 많은 편이고, 이 부분이 남성 중심의 직장 문화에서 '의외'로 받아들여지는 경우가 많습니다. 하지만 이런 부분이 반복되다 보면 실질적으로 여성의 업무적 역량이 뛰어난데도 이 문제가 여성의 역량이나 전문성 자체의 문제로 해석되는 경우가 있습니다. 개인의 문제라고 생각하고 직장 문을 뛰쳐나가지 말고 문화를 감당해낼 능력을 키우는 것이 중요합니다. 그게 결과적으로는 남성위주의 문화를 점차 개선해나가고 많은 여성 리더들이 사회에 서는 데 큰 버팀목이 될 것입니다."

> **" 여성다움은 약점이 아니라
> 리더가 될 수 있는 신의 산물이다 "**

"나는 오랜 직장생활을 하면서 전 세계를 돌아다닐 수 있었습니다. 국가와 기업, 또 여러 시장을 둘러보며 최고의 성과를 내는 곳을 봤어요. 그곳에는 공통점이 있었습니다. 여성들이 자신들의 능력을 깨닫고 꿈을 향해 갈 수 있는 조건들이 갖춰진 곳이었지요."

유색인종이자 여자, 그리고 두 딸의 엄마이기까지 한 여인이 가장 미국적인 기업인 펩시의 CEO가 됐다. 그녀는 현재 세계에서 가장 연봉을 많이 받는 여성이자 세계에서 가장 영향력 있는 여성으로 꼽힌다. 바로 인드라 누이다. 코카콜라에 밀려 만년 2등이던 펩시를 업계 1위로 세운 여걸이다. 많은 차별의 벽을 딛고 일어선 그는 '차별'보다는 '선물'에 대해 말했다.

"여성들은 선천적으로 갖고 태어나는 선물이 있습니다. 그걸 깨닫고 잘 활용한다면 사회에서 더 큰 일을 해낼 수 있는 거지요."

일과 가족의 조화를 중시하는 가치관, 기업문화에도 적용

그녀는 자신을 펩시 CEO라고 소개하기보다는 '프리타와 타라의 엄마'라고 표현한다. 사회적인 성공을 위해 달리는 엄마들이 가족들에게는 무심할 수밖에 없다는 공식을 세계적 기업의 CEO인 그녀가 당당히 깬 것이다.

그녀는 자신이 깬 룰을 기업에서 새로운 룰로 적용했다.

"나는 펩시에서 일하는 직원들에게 펩시는 살기 위해 일하러 오는 곳이 아니라고 늘 강조합니다. 펩시는 오히려 삶을 만들어 주는 곳이지요. 흥미로운 건 이런 일을 해나가기 시작하니 직원들이 변했다는 것입니다. 직원들은 자신이 펩시의 직원이기 이전에 자신이 아내이고, 엄마이며, 아빠이고, 남편이라는 것을 깨닫더라고요. 그러다 보니 일을 하는 데도, 삶을 살아가는 데도 더 즐거워하고 큰 힘을 얻는 것을 봤습니다."

글로벌 기업을 경영하는 데 그런 사소한 부분에 신경을 쓸 필요가 있냐는 질타도 많이 받았다. 하지만 그녀의 결심은 확고했다.

"펩시처럼 크고 영향력이 있는 회사일수록 사람을 생각하고 그들에게 힘을 주는 것이 무엇보다도 중요하다고 봅니다. 처음에는 엉뚱해보일 수 있어도, 결국 언젠가는 이 기업 문화를 따르고 싶어 하는 기업이 생기도록 할 거예요."

인드라 누이가 이러한 가치관을 가지게 된 데는 어머니의 역할이 컸다. CEO가 된 날 인드라 누이가 소식을 전하기 위해 자신의 어머니에게 찾아가자 어머니가 다짜고짜 '우유부터 사오라'고 말한 일화는 유명하다. 인드라 누이가 서운해하자 그녀의 어머니는 "집에 들어올 때는 네가 밖에서 썼던 왕관을 벗고 들어와야 한다. 집에서 너에게 가장 중요한 것은 아내이자 엄마라는 자리다"라고 말했다. 그녀는 어머니의 가르침을 자신의 삶과 기업 경영에 적용했고, 결과는 성공적이었다.

감성과 포용, 감성지능 리더십 발휘

인드라 누이의 리더십은 '감성지능 리더십'으로 표현된다. 그는 권위적인 모습을 지양하고 직원들에게 편안하게 다가가기를 원한다. 회의시간에도 의자보다는 책상에 걸터앉아 편안하게 대화를 시도하고 사내 강연에도 인도 전통 의상을 입고 깜짝 쇼를 해 분위기를 살린다. 인드라 누이가 이러한 리더십을 추구하게 된 비결은 무엇일까? 그녀는 "나만의 것을 찾았더니 어느새 그렇게 돼있었다"고 말한다.

"자신한테 꼭 맞는 길은 자신이 가장 잘 알아요. 모든 리더는 자신만의 스타일을 가지고 있어야 한다고 생각해요. 제가 사람들을 리드하는 방법은 저의 삶에서 찾은 거죠. 제가 다른 리더가 하는 방법을 그대로 따라했다가는 오히려 낭패를 봤겠죠. 내 자신이 남들과 어떤 식으로 관계를 맺을 때 가장 말이 잘 통하는가를 분석해 보는 게 가장 중요합니다."

그녀의 리더십 키워드는 '포용'이다. 인드라 누이는 회장직을 두고 끝까지 경합을 벌이던 마이크 화이트 전 부회장을 눈엣가시가 아닌 동반자로 여기며 직접 찾아가 계속 펩시에 머물러 달라고 요청했다. 위협적인 존재로 보일 수도 있지만 인드라 누이는 그를 '가르침을 주는 사람'으로 생각하며 2010년 말 그가 퇴임할 때까지 옆에 두며 존중했다. 조직을 끌고 가는 방식도 그녀답다.

"조직을 끌고 가야겠다고 생각하기보다는 조직이 어떻게 운영되고 있는지를 보고 받아들이는 게 먼저라고 생각해요. 제일 위부터 제일 아래까지, 어떤 직함의 누가 있느냐를 파악하는 게 아니라 조직이 지금 어떤 식으로 움직이고 있는지를 충분히 이해해야 한다는 거죠."

단순히 직원들을 끌어안는 게 아니라 사회를 끌어안는 것이 그녀의 포용 방식이다. 이는 인도 여성인 인드라 누이를 스카우트 한 펩시의 경영 방향이기도 하다.

"저는 사회가 성공해야 그 안에 있는 기업들도 성공한다고 믿습니다. 그래서 더 넓은 목표를 두고 있어요. '펩시가 속해있는 사회는 성공한다'와 같은 인식을 사람들에게 심고 싶다는 생각이에요. 비즈니스적으로나 도덕적으로 깨끗한 기업이 되고 다른 기업들이 본받는 기업이 된다면 그건 사회적으로나 기업 모두에게 이익인 거니까요."

인드라 누이는 미국 자동차 회사 포드의 창업자 헨리 포드의 말을 즐겨 인용해 "돈 이외의 것을 만들지 못하는 비즈니스는 수준이 낮은 비즈니스"라고 말했다. 그녀는 이 말을 '기업의 기본은 사람'이라는 뜻으로 해석했다.

"기업의 기본은 사람이고 사람들은 사회에 속해있다는 걸 항상 잊으면 안 되죠. 각 나라의 수천 또는 수백만 현지인들과 그들의 가족이 함께하는 게 글로벌 기업입니다. 그들이 속한 사회를 발전시키지 않으면 우리도 발전할 수 없어요."

여성이라는 차별을 선물로 만드는 힘

여성이 사회적으로 차별받는 점에 대해 묻자 인드라 누이는 '다양성'에 대해 말했다.

"사회에서 여성이 차별받을 이유는 없어요. 여성, 혹은 국적이 다른 사람들을 수용하는 다양성은 기업에게 엄청난 혜택을 주기 때문이지요. 펩시 가족들의 다양성은 우리를 매우 강하게 만들었습니다. 세계가 우리를 바라보는 눈도 많이 부드러워졌고, 세계의 문화를 이해할 수 있는 이해심도 높아졌어요. 그래서 나도 다양성을 우선순위에 두고 있어요. 전 세계의 많은 젊은 여성들이 커리어를 쌓을 수 있도록 도와주는 프로그램을 실행하고 있는 이유도 그 때문이에요."

인력의 다양화는 글로벌 시장 확대에도 유리했다. 제품 개발에 있어서는 다양한 시각이 필수이기 때문이다. 펩시의 '도리토스 과콰몰리'라는 스낵은 애초에 히스패닉 시장용으로 출시됐지만 독특한 맛으로 전 세계 시장의 호응을 얻었다. 펩시가 최근 잡고 있는 웰빙의 키워드에는 가족을 먼저 생각하는 여성들의 감각이 큰 역할을 하고 있다.

인드라 누이는 기업 내 여성의 근무요건 등을 생각하기 이전에 사회 전체에서 여성의 위치에 대해 생각해 보라고 조언했다. 직장에서의 차별을 생각하기보다는 지구 전체에서 여성의 중요성과 여성의 문제를 돌아보자는 의미다.

"전 세계적으로 가난의 가장 큰 피해자가 여성이지요. 여성이 피해를 입으면 아이들도 피해를 입고, 그 아이들이 자라나면서 또 차별을 받겠지요. 생각해보면 여성은 사회라는 천 조각을 잇고 있는 실이라고 볼 수 있어요. 여성의 실타래가 풀리면 사회는 무너지기 마련입니다. 나와 펩시는 이런 문제를 해결하기 위해 최선을 다 하고 있어요. 여성의 뒤에서 여성의 힘이 되어주는 게 우리의 할 일입니다. 조금씩 걷다 보면 결국 많은 길을 걸을 수 있을 거예요."

Who she is

인드라 누이 펩시 CEO는 1955년 10월 28일 인도 첸나이에서 태어났다. 1974년 인도 마드라스대 상대를 졸업하고 1976년 콜카타 경영대에서 석사과정을 밟았다. 존슨 앤드 존슨에서 첫 직장생활을 하다 1978년 예일대에서 입학허가를 받은 뒤 미국행을 택했다. 예일대 경영학 석사를 수료하는 동안 부즈 & 컴퍼니(Booze & Company)에서 인턴십을 하고, 1980년 졸업 후 보스턴컨설팅그룹(BCG)에 입사했다. 모토롤라와 아시아 브라운 부버리(Asea Brown Boveri)에서 전략 담당을 거친 뒤 1994년 펩시에 입사해 2001년 최고재무책임자(CFO)로 승진했다. 그리고 마침내 2007년 다섯 번째 펩시 CEO 자리에 올랐다.

Part 2

일하기 좋아야 성과가 좋다

직원들이 일할 의욕이 나지 않는 직장에서는 좋은 성과가 나올 수는 없다

'아…또 월요일이네. 출근하기 싫다.'

맡은 일이 너무 어렵고 싫어서 '월요병'에 걸린 직장인은 별로 없다. 십중팔구 동료나 상사, 부하 등 직장 내 '인간관계'에서 말 못할 어려움을 겪고 있는 경우가 대부분이다. 일의 강도가 문제일 수도 있다.

주중 야근에, 주말도 반납해야 할 정도로 일이 많아 거의 쉬지 못하거나 이런저런 이유로 일을 피해가면서 남의 성과물에 얹어가려는 프리라이더(Free Rider)들 때문에 업무가 특정 몇 명에게만 몰리는 상황도 왕왕 있다.

결론부터 말하면 직원들이 일할 의욕이 나지 않는 직장에서 좋은 성과가 나올 수는 없다. 흔히 경영자들은 직원들이 '편한 직장', '오락·복지시설이 완비된 직장'을 원한다고 생각한다. 심지어 '재택근무 하겠다고? 내 눈을 피해 땡땡이치려는 것 아냐?'라는 그야말로 '구시대적 저질발상'을 하는 상사들도 적지 않다.

대다수의 직장인이 꿈꾸는 일터는 열정이 가득한 그런 곳이다. 기업이 나를 채찍질하더라도 그 바탕에는 '가족의 마음'이 깔려있길 바란다. 회사가 직원을 감동시킬 때 '충성심, 의욕, 성과'라는 3가지 기적은 자연스럽게 현실이 된다.

여기에서 독자들은 일하기 좋은 직장이 회사 주가와 성과도 뛰어나다는 구체적인 증거들을 만날 수 있다. 〈포춘〉이 선정한 일하기 좋은 100대 기업들의 평균 시장가치는 미국의 대표적 기업 500개(S&P500) 평균보다 통상 60% 이상 높았다. 경영자 입장에서도 직원들에 대한 투자는 수익률이 꽤 훌륭한 셈이다.

좋은 직장을 만드는 비결은 의외로 간단하다. 직원들이 업무에 집중할 수 있도록 잡무를 덜어주고, 마지막 한 방울까지 쥐어짜는 대신 자기계발의 기회를 제공하고, 직원의 가족들까지 내 식구처럼 배려하며, 회사가 어려울 때 월급은 줄이더라도 결코 내치지 않는 부모의 모습이 바로 그 비결이다.

2010년 미국에서 가장 일하기 좋은 직장으로 선정된 소프트웨어 회사 SAS의 짐 굿나잇 회장이 한국의 경영인들에게 말한다. "직원을 대우해 주면 회사는 반드시 그 이상으로 돌려받습니다."

Chapter 2 '악질 금지의 경영학'은 기사로 게재될 당시에 내외부 독자들로부터 가장 뜨거운 호응을 얻었던 주제 중 하나다. 미꾸라지 한 마리가 물 전체를 흐리듯 직장 내 '악질' 한 명이 선한 사람 5명의 의욕을 꺾는다는 연구결과에 동의하는 사람이 그만큼 많았다는 얘기다.

여기에서 악질은 결코 업무능력으로 정의되는 용어가 아니다. 자기보다 힘없는 사람을 교묘히 이용해 자기 잇속을 채우고 다른 사람의 의욕을 꺾어버리는 그런 인간이다. 이런 악질에는 리더나 보스가 많다는 것이 첫 번째 불행이요, 악질 보스는 결코 '자기 밑에서 일한다는 것이 어떤 느낌인지 깨닫지 못 한다'는 것이 두 번째 불행이다.

로버트 서튼 스탠퍼드대 교수가 들려주는 '악질 금지 규정'에 귀를 기울여보자. 국가 위상과 삶의 수준이 달라졌는데 무턱대고 '헝그리 정신'을 강요할 수는 없다. 하지만 '신바람 나게 일해 보고 싶은' 직장 만들기는 21세기 한국 기업들이 도전해야 할 중요한 과제다. 누가 시키지 않아도 구성원들이 열정적으로 업무에 몰입하는 기업은 당연히 성과도 좋을 수밖에 없기 때문이다.

Chapter 3의 주제는 제목만 들어도 힘이 솟구치는 '열정 컴퍼니'다. 2002년 월드컵이 열렸을 때 우리 국민들은 말 그대로 열정적으로 승리를 바라고 열정적으로 응원했다. 그 결과 선수들도 예상을 뛰어넘는 성적을 거뒀다. 하지만 정작 우리가 그때를 그리워하는 것은 4강이라는 성적보다도 '그때의 열정을 다시 한 번 느껴보고 싶기' 때문이 아닐까? 기업도 얼마든지 직원들의 사기와 열정을 북돋울 수 있다. 회사의 비전을 '나의 비전'으로 공유하는 것이 그 첫 번째 관문인데 역시 리더의 역할이 중요하다.

마지막 장에서는 최근 뜨거운 화두로 떠오른 '스마트 워크(Smart Work)' 사례를 분석해본다. 바야흐로 '일터'의 정의가 일이 이뤄지는 모든 장소와 환경으로 변하고 있다. 하지만 시간과 장소에 구애받지 않고 일의 목적에 맞게 효율적으로 일하자며 도입된 탄력근무제는 한국에서는 여전히 허울뿐인 제도다.

스마트한 IT기술과 스마트한 사람이 많은 한국에 진정한 스마트 워크가 정착되려면 두 가지가 필요해 보인다. 첫째 스마트 워크를 취지에 맞게 사용할 줄 아는 직원들이 있어야 하고, 둘째 이런 정직하고 스마트한 직원들을 믿는 기업의 열린 마인드와 리더십이 반드시 필요하다.

Chapter 1

일하고 싶은 직장

직장이 천국이면 직원도 천사가 된다

공자는 《논어(論語)》 옹야편(雍也篇)에서 '지지자(知之者)는 불여호지자(不如好之者)요, 호지자(好之者)는 불여락지자(不如樂之者)'라고 말했다. 이는 '아는 자는 좋아하는 자만 못하고, 좋아하는 자는 즐기는 자만 못하다'는 의미다.

뜻이야 좋지만 실천하기는 힘든 게 공자님 말씀이다. 심지어 직장생활에서는 '즐긴다'는 표현보다는 '견딘다'는 표현이 더 자주 사용된다.

'부장 싫으면 피하면 되고, 못 참겠으면 그만 두면 되고, 견디다 보면 또 월급날 되고…, 생각대로 하면 되고'라는 한 통신사 CF의 CM송이 공자님 말씀보다 더 마음에 와 닿는 현실이다. '일하기 좋은 직장', '일하고 싶은 직장'이 과연 있기나 할까라는 물음표를 달고 사는 요즘이지만 〈포춘〉이 선정한 '일하기 좋은 100대 기업'을 분석해보면 그렇지만도 않다.

구글은 드라이클리닝, 저녁식사 예약, 세차 같은 귀찮은 일을 회사가 대신 처리해준다. 2010년 일하기 좋은 직장 1위에 빛나는 소프트웨어 회사 SAS는 아예 해고와 정년이 없다. 에드워드 존스는 급전이 필요한 직원에게 보너스 명목으로 그냥 돈을 준다. 이쯤 하면 직장이 '천국'이라는 말이 절로 나온다.

기업은 자선업체가 아니다. 이들이 이렇게 직원들을 하늘처럼 모시는 데도 이유가 있다. SAS의 경영철학처럼, 대부분 일하기 좋은 기업들은 '행복한 젖소가 더 많은 우유를 생산한 다'는 신념을 가지고 있다. 직원이 행복하면 고객의 만족도도 높아진다. 결과적으로는 기업 이익률에도 좋은 영향을 미친다.

'마른 수건도 또 짜라'는 식으로 성과를 올리는 기업들이 보기에는 이들의 투자가 낭비로 느껴진다. 하지만 10년간 일하기 좋은 기업에 선정된 기업들은 빙긋 웃으며 반문한다. "이 미 말라버린 젖을 아무리 비틀어 봤자 무엇을 얻을 수 있을까요? 질 좋은 우유를 얻어내기 위해서는 잘 먹여야지요."

제조업, 서비스업, IT 등 분야는 다양하지만 이들에게는 공통된 DNA가 있다.

:: 일하기 좋은 직장의 DNA

1. Freakanomy DNA: 괴짜가 돼라

당신의 회사에 중학교를 갓 졸업한 아르바이트생이 들어왔다고 가정해보자. 그는 가정사 정이 좋지 않아 고등학교는 입학할 엄두조차 내지 못한다. 그는 당신의 체인 슈퍼마켓에서 파트타임으로 일한다. 당신은 그에게 장학금을 줄 용의가 있는가? 단순한 측은지심 때문이 아니라 투자의 관점에서 말이다.

일반적인 기업이라면 이 질문에 당연히 'No'라는 대답을 할 것이다. 하지만 '일하고 싶은 기업'에 2005년 1위로 선정된 미국 식료품 유통회사 웨그먼스 스토어는 다르다. 그들은 중 졸 계약직 사원은 원한다면 고등학교를 졸업할 수 있도록, 고졸출신과 대졸출신은 각각 대 학과 대학원을 갈 수 있도록 장학금을 지급한다. 그리고 이들이 학교를 다닐 수 있도록 업무 시간에 대한 배려도 아끼지 않는다.

웨그먼스 스토어는 직원들의 학업만 돕는 게 아니다. 직원이 다른 직종을 원하면 직종을 변경하는 데도 도움을 준다. 지난 2004년 새로운 매장을 오픈하며 식료품을 배달하는 트럭 운전사가 필요할 때, 그들은 새로운 직원을 뽑는 대신 100만 달러를 운전교육에 투자했다. 캐셔 등 기존 업무를 맡고 있는 직원 중 직종을 바꾸고 싶은 사람들에게 기회를 주기 위해서였다. 이들은 결국 한 명도 고용하지 않고 24명의 트럭 운전사를 얻었다.

기존 업무 전문성을 높이는 데도 절대 돈을 아끼지 않는다. 와인 매대 앞에서 손님을 맞는 직원은 프랑스에서 현지 교육을 받게 하고, 치즈 담당 직원은 스위스 낙농업 현장을 견학하도록 돕는다.

다소 쓸데없어 보이는 곳에 지나친 비용을 쓰는 그들의 모습을 보면서 '왜 이런 낭비를 하지?'라고 의아하게 생각할 수 있다. 하지만 이들의 '괴짜 투자'는 실제 이윤이 되어 돌아온다. '고객 만족보다 직원 만족이 우선'이라는 독특한 경영 철학을 가지고 있는 웨그먼스 스토어의 이직률은 업계 평균의 1/3도 되지 않는다. 장학금을 받는다고 반드시 직장에 남아야할 의무는 없지만 웨그먼스 스토어로부터 혜택을 받은 직원들은 회사를 절대 떠날 생각을하지 않는 것이다. 웨그먼스 스토어에 한 번 방문한 고객들은 바로 이 가게의 충성고객으로전환된다. '와인 빈티지(생산년도)까지 소상히 알고 있는 친절한 직원'을 통해 잊지 못할 경험을 했기 때문이다.

'가장 일하고 싶은 직장'에는 괴짜 투자가들이 꼭 존재한다. 그러나 이들은 괴짜 투자가인동시에 성공한 투자가다. 남들이 "왜 이런 곳에?"라고 물을 만한 곳에 돈과 노력을 쏟아 붓지만 결국 그 이상을 얻기 때문이다.

생명공학업체 제넨텍(2006년 1위)은 채용 과정에 엄청난 비용과 노력을 투자한다. 지원자를 5~6번씩 직접 방문해 그들의 인성과 실력을 살피고 최소 20회의 인터뷰를 거친다. 급여나 개인적 발전보다는 끈기와 열정을 가지고 몰두할 수 있는 인재를 채용하기 위해서다. 연구원으로 채용하고 나면 1년에 한두 번씩 연구평가위원회에 평가를 받아야 한다.

10년 이상의 장기 프로젝트가 상당수인 이 회사에서 1년마다 연구평가를 한다는 건 불필요한 시간 투자일 수 있다. 채용을 위해 많은 지원자들을 직접 방문하는 것 역시 조금은 불필요한 행동으로 보인다. 하지만 이들은 이 과정을 통해 일하기 좋다는 입소문만 듣고 찾아오는 인재는 걸러내고, 끈기 있게 회사를 지킬 인재를 골라낸다.

연구평가를 통해서는 예산 배분 등 자원관리에 사내 정치가 작용해 불필요한 곳으로 돈이 새는 것을 막는다. 연구 진행과정을 파악하며 연구원들이 궁지에 몰리지 않도록 돕는 역할을 해 결과적으로 회사 운영에 긍정적인 역할을 한다.

다소 의아한 일들을 대행하기 위한 시스템을 가진 곳들도 있다. 인터넷 검색 엔진 업체 구글(2008년 1위)은 드라이클리닝, 저녁식사 예약, 세차 등 다소 귀찮은 일을 회사가 대신 해준다. IT기업 넷앱(2009년 1위)은 세차장을 운영하는 것은 물론 사원들의 고장 난 자전거를 직접 고쳐주기도 한다.

SAS(2010년 1위) 역시 미용실, 보석 세공실 등 편의시설을 회사 내에 두고 있다. 이들은 사내에 직원들의 소소한 업무를 대신 처리해 주는 프로그램을 만듦으로써 도리어 직원들이 잡무에 시간을 낭비하지 않고 업무에 집중할 수 있도록 도와준다. 미용실 운영비용과 저녁 식사 예약에 드는 시간은 직원들의 높은 업무효율도로 보상받는다는 사고다. 이 괴짜들의 예상은 적중했고 이들은 높은 업무 효율을 얻는 동시에 '일하고 싶은 직장'이라는 타이틀도 함께 얻었다.

2. Motherhood DNA: 대모가 돼라

첫 출근 날. 청운을 품은 신입사원들은 회사에 들어서며 자신들이 새로운 조직에 소속됐다는 꿈에 부푼다. '우리 회사의 가족이 된 것을 진심으로 환영합니다'라고 크게 붙은 현수막을 보면서 '나도 이제 XX 사의 가족이 됐구나'라며 실감한다. 하지만 그들이 나부끼는 현수막에 또렷이 보이는 '진심'이라는 글자처럼 마음을 다해 신입사원들을 가족처럼 대하는 회사는 얼마나 될까? 역으로, 직원들이 회사에서 가족과 같은 따뜻함을 느끼는 경우는 또 얼마나 될까?

일하고 싶은 기업들의 경우는 단순히 직원을 가족같이 대하는 데 그치지 않는다. 이들은 직원들의 '대모'가 되는 방법을 고민한다. 마치 부모처럼 작은 일에도 마음을 쓰고, 직원들의 아픔과 고민을 나누며 해결책을 함께 고심한다. 엄마의 마음으로 식사를 챙기고, 맞벌이를 하는 아들딸을 위해 아이도 돌본다. 하고 싶은 일이 있다고 하면 기꺼이 도와준다.

넷앱은 불임으로 고통받는 직원들을 위해 치료비를 준다. 지난 2006년부터는 자녀 중에 자폐아가 있을 때 치료비로 최대 2만 5,000달러를 지급하고 있다. 직원들이 자녀를 입양할 때는 매년 1만 달러씩 총 2만 달러의 보조금도 지급한다.

웨그먼스 스토어의 경우도 직원들이 입양을 원하면 2만 달러 보조금을 준다. SAS는 자녀가 있는 직원에게 아이를 돌볼 수 있는 비용으로 월 300달러를 지원하기도 한다. 수납공간 판매업체 컨테이너 스토어(2001년 1위)는 취학 아동이 있는 직원들에게 오전 9시부터 오후 2시까지만 일을 하도록 하고 있다. 자녀들을 본인의 차로 통학시키도록 하기 위한 배려다. 이 회사 역시 불임으로 고통받는 직원이 있을 경우에는 병원 진료비를 모두 지원한다.

투자자문회사 에드워드 존스(2002년 1위)는 직원을 돕기 위해 없던 보너스도 새로 만든다. 가정사로 급전이 필요한 직원들에게 보너스 명목으로 돈을 줘 일을 해결하도록 돕는 것이다. 일하고 싶은 기업들은 직원들의 영양상태도 꼼꼼히 챙긴다. 컨테이너 스토어는 직원들의 '영양 일기(Nutrition Diary)' 작성을 권장한다. 구글은 무료 뷔페를 통해 매일 직원들에게 '최고의 음식'들을 제공한다. 제넨텍도 취향에 따라 생선초밥이나 스파게티를 무료로 먹을 수 있게 했다.

또한 직원이 원하는 일은 적극적으로 돕는다. 넷앱은 직원들이 지역사회를 위해 자원봉사를 할 경우 5일의 유급휴가를 준다. 웨그먼스 스토어는 학업을 원하는 직원에게는 기꺼이 유학을 보내주고 언어의 불편함을 겪는 외국인 직원은 무료 언어 교육을 통해 적응을 돕는다.

이들의 '돌봄'은 직위의 차별이 없다. 임원을 위한 특별 식당, 임원들만의 1인 사무실 등은 있을 수 없다. 모두 같은 '가족'이기 때문이다.

구글의 경우에는 '사람 경영(People Operation)'을 전담하는 담당자도 있다. 가족을 챙기기 위한 고민에서 나온 결과다. 어머니는 어려움이 닥쳐도 자식을 버리지 않는다. 일하기 좋은 기업들도 꼭 그렇다. 최근 10년간 한 번도 빠짐없이 일하기 좋은 100대 직장 안에 들었던 IT 기업 퀄컴은 최악의 상황에서도 직원 해임율이 5%를 넘지 않는다. 직원을 떠나보내지 않기 위해 없던 직위도 만든다. 에드워드 존스는 34년간 회사에서 해임된 사람이 단 한 명도 없다. 이 회사는 최악의 상황에서도 사람을 자르기보다는 보너스를 조금 줄이는 선택을 한다. 식구들을 끌어안고 가기 위함이다. 웨그먼스 스토어 역시 창업 이래 해고된 사람이 없다.

3. Homorudens DNA: 놀이가 곧 창의

"우리를 슬프게 하는 것들이 어찌 이것뿐이랴. 오뉴월의 장의행렬(葬儀行列), 가난한 노파의 눈물, (중략) 휴가의 마지막 날, 사무실에서 때 묻은 서류를 뒤적이는 처녀의 가느다란 손."

《우리를 슬프게 하는 것들》의 안톤 슈나크가 자신의 수필에서 노래하듯 휴가나 휴일의 마지막 날은 많은 직장인들을 슬프게 한다. 회사에 출근해 일을 해야 한다는 두려움 때문이다. 많은 직장인들은 '일요일의 마지막 시간'에 슬퍼하고 월요일에 사무실로 출근해 '때 묻은 서류를 뒤적이며' 한 번 더 슬퍼한다. 꿀 같은 휴식 다음의 출근은 두려움을 넘어 공포로 다가온다.

하지만 퀄컴의 직원들은 다르다. 2003년 실시된 한 설문조사는 퀄컴의 직원 중 90%가 회사에 출근하기를 기대한다고 밝히고 있다. 컨테이너 스토어의 직원 97%는 회사의 문화에 만족한다. 이들이 직원들을 끌어당기는 비결은 놀이하는 인간의 특성, 즉 '호모루덴스'를 적극 활용하는 것이다. 호모루덴스는 네덜란드의 문화사학자 로버트 하위징아가 주창한 개념으로 인간이 다른 동물과 다른 본질은 놀이를 하는 것이라고 보는 인간관이다.

일이 취미가 될 수 있는 분위기를 조성해 직원에게는 즐거움을 주고 기업은 창의적인 아이디어와 높은 업무효율이라는 두 마리 토끼를 얻는다는 게 이들의 전략이다.

넷앱은 '근검절약하는 풍토가 중요하지만 1달러를 아끼기 위해 직원들이 녹초가 되도록 일을 할 필요는 없다'고 강조한다. 오히려 직원이 편안하게 일을 할 수 있도록 배려하는 게 이 회사의 '상식'이라는 설명이다.

구글과 제넨텍은 직원들의 위해 업무 시간의 20%를 평소 업무에서 벗어나 자신이 원하는 일을 하도록 배려한다. 업무와 상관없는 일을 하면서 직원들은 창의적인 아이디어를 쏟아낸다. 구글의 경우는 직원이 강아지 등 애완동물을 데리고 출근하는 것이 가능하며 회사

내에서 자전거와 스쿠터를 타고 다니는 것도 허용된다. 머리를 식히기 위해서 언제든지 활용할 수 있는 수영장, 스파, 마사지실, 당구장 등도 갖췄다.

컨테이너 스토어의 경우 매달 무료로 마사지를 받게 하고 스트레칭과 요가 클래스를 운영하는 등 업무로 인한 스트레스를 해소하기 위한 해방구를 마련해 놓고 있다.

생명공학 업체 제넨텍(2006년 1위)은 재충전을 위해 6주간의 안식휴가를 제공한다. 이 장기 휴가는 6년마다 한 번씩 돌아온다. 이 회사는 창업 이래 매주 금요일마다 맥주파티를 열어 직원들이 자유롭게 즐길 수 있는 기회를 준다.

일하기 좋은 기업들은 위계질서도 철저히 파괴했다. 웨그먼스 스토어는 말단 출납직원도 원한다면 사장과 직접 면담할 수 있는 문화를 갖췄다. 넷앱은 분기별로 전 직원이 한 자리에 모여 회사 경영에 대해 논의하는 장을 마련하고, 제넨텍은 대부분이 박사학위 소지자지만 '박사'라는 호칭 대신 이름으로 서로를 부르며 출근 복장도 자유복으로 통일했다. 에드워드 존스도 직책 없이 서로를 '파트너'라고 부른다.

이들은 노력이 즉각 성과나 보답으로 돌아올 때 일하는 즐거움이나 만족감이 배가 된다는 사실도 간파했다. 에드워드 존스는 프로젝트가 마감되면 한 달 반(6주) 내에 프로젝트에 대한 성과급을 지급한다. 일반적인 투자회사가 연 1회, 혹은 2회로 몰아서 성과급을 주는 것과 상반된다. 잼 제조 업체 JM 스머커(2004년 1위)는 팀장이 주기적으로 팀원들에게 감사 선물을 주고 식사를 함께 나누며 고마움을 표하는 문화가 정착돼있다. 제넨텍은 성과가 나거나 기념할 만한 일이 있을 때는 기념 티셔츠를 제작해 직원들에게 나눠주고 전 직원을 대상으로 하는 파티를 연다. 이 파티에는 엘튼 존도 초청됐다.

일하고 싶은 기업이 성과도 좋더라

'일하고 싶은 기업'이 과연 성과도 좋은 것일까? 직원들만 행복한 채 수익을 내지 못한다면 기업의 미래는 보장받을 수 없다. 연구 결과 직원 만족도가 높은 기업일수록 기업이 돈도 많이 버는 것으로 나타났다.

쿨런 고에너 미국 노스다코타대 교수가 1998년부터 2005년까지 8년간 〈포춘〉 선정 '일하고 싶은 100대 기업'과 성과 간 관계를 분석했다. 연구를 위해 그는 매년 〈포춘〉 100대 기업 주식을 사들였고, 수익률을 S&P500 평균과 비교했다.[17]

주가가 주당순자산[(자산-부채)/발행주식 수]에 비해 몇 배가 되는지를 비교한 결과 100대 기업 주가순자산비율(PBR)이 4.32배로 S&P500(2.86배)을 크게 앞질렀다. 특히 2000년은 S&P500 PBR이 3.07배인 데 비해 100대 기업은 5.62배에 달했다. 2005년에도 S&P500 PBR는 2.68배에 그쳤지만 100대 기업은 4.33배로 나타났다.

주가를 주당 순이익으로 나눈 주가수익비율(PER)도 100대 기업이 훨씬 높게 나타났다. 100대 기업 평균 PER가 25.25배로 S&P 기업의 21.20배를 앞섰다. 일하고 싶은 100대 기업 주식이 기업이익에 비해 25배나 높게 팔리고 있다는 계산이다. 마찬가지로 2000년 S&P500 PER는 20.40배에 그쳤지만 100대 기업은 26.76배를 나타냈다.

시장 가치(시장 가격을 결정하는 기초가 되는 가치로 사회 사정에 따라 수시로 변하는 수치)는 어떨까? 8년 평균 100대 기업 시장가치가 99억 9,325만 달러로 S&P500의 80억 7,825만 달러를 앞섰다. 2000년 S&P500 평균 시장 가치가 76억 9,800만 달러일 때 100대 기업 평균은 117조 2,300만 달러로 약 66% 이상 높았다. 2003년 S&P500 평균 시장 가치가 67억 9,400만 달러에 그칠 때 100대 기업 평균 가치는 106조 7,000만 달러로 약 64% 높았다.

결국 '일하고 싶은 기업'은 그렇지 않은 기업보다 훨씬 좋은 성과를 나타낸다. 고에너 교수는 〈포춘〉에서는 "일하기 좋은 100대 기업 순위에 들어간다는 것은 높은 성과를 이뤄내는 기업과 같은 의미"라고 말했다.

한국에도 일하기 좋은 기업 만들려면

한국에도 '좋은 기업', '일류 기업'은 존재한다. 하지만 안타깝게도 한국의 일류기업이 곧 일하기 좋은 기업이라는 방정식은 성립하지 않는다. 글로벌 경영 컨설팅 업체 타워스왓슨의 조사에 따르면 국내 기업의 직업 몰입도(직원이 기업의 성공을 위해 자발적인 에너지를 투입하는 정도)는 6%로 전 세계 평균(21%)의 1/3에도 못 미친다. 회사를 마지못해 다니는 직원의 비율이 절반(48%)에 달해 글로벌 평균인 38%보다 10% 이상 높았다.[18] 한국 기업들이 이렇게 부끄러운 성적표를 받게 된 이유는 무엇일까?

조사를 진행한 박광서 타워스왓슨 한국 대표는 원인을 소통에서 찾았다. 경영자의 말과 직원들의 말이 일치하지 않는다는 것이다. 박 사장은 "한국 기업의 경영자는 직원을 이해하려 하지 않는다"며 "직원들과의 밀접한 관계가 없기 때문에 직원과 경영자 사이에 말이 통하지 않는 것"이라고 말했다. 그는 "서로 소통하기 위해서는 단순한 노력보다는 평가·보상·직무와 같은 모든 부분에서 시스템을 점검하는 적극적인 자세가 필요하다"고 강조했다.

2008년부터 3년째 '한국에서 가장 일하기 좋은 기업' 조사를 진행하고 있는 능률협회 컨설팅(KMAC)의 한수희 부사장은 "이벤트성, 보여주기식 기업문화 개선에서 벗어나야 한다"고 조언한다. 한 부사장은 "탄력성 있는 인사제도를 통해 창의적인 기업 분위기를 만들면서도 안정성을 주는 방법을 고심해야 한다"며 "최근 한국 기업에서도 출퇴근을 조절하는 탄력근무제로 직원의 자율성을 높이려는 분위기가 나타나고 있는 것은 좋은 신호"라고 말했다.

하지만 그는 지난 1998년 IMF 금융위기 때 '조기 퇴직 문화'가 유행해 한국 기업이 일본 등 타 국가보다 조로한 측면은 안타까운 부분이라고 덧붙였다. 한 부사장은 "사오정(45세 정년), 오륙도(56세까지 직장에 다니겠다면 도둑이나 마찬가지)라는 이야기가 아직도 유행처럼 번지고 있는데 고용 불안은 기업 경쟁력에 악영향을 미치기 때문에 반드시 개선되어야 하는 사항"이라고 경고했다.

한편 한 부사장은 포스코와 현대카드 등 일부 기업이 회사 내에 자기계발을 할 수 있는 공간과 훈련코스를 만드는 등 사내 복지를 강화하고 있는 부분에는 높은 점수를 줬다. 서울대 리더십 센터 상임고문인 김광웅 명예교수는 "직원들이 즐겁게, 만족하며 일하도록 돕는 유인책은 금전이 아니다"라고 일침을 놨다. 그는 "때로는 억만금보다도 장미꽃 한 송이가 더 큰 감동이 되는 법"이라며 "물질적인 보상보다는 정신적인 격려가 필요할 때가 언제인지를 알아야 한다"고 말했다.

김 교수는 무조건 따라하기식으로 획일적인 기업문화개선 정책을 실시해선 안 된다는 조언도 곁들였다. 그는 "각 기업은 자신의 기업 성격에 맞는 복지와 문화 프로그램을 고민해야 한다"며 "위생과 차분함을 요구하는 생명공학연구소 내에 애완동물을 데리고 출근할 수는 없지 않냐"고 반문했다.

김 교수는 CNN의 한인 2세 여기자 엘리나 조의 대학 강연 내용을 인용하며 한국 리더들의 문제점을 꼬집었다. 그녀는 강연 중 "회사 수위도 사장을 대하는 것과 같은 태도로 대해야 한다. 수위가 언젠가는 사장이 될 수도 있다"고 언급한 적이 있다. 김 교수는 "다르게 말하면 사장 역시 수위에게 대하는 태도가 여타 직원들이나 임원들과 다르지 않은 수평적인 문화가 정착되어야 하는데 한국 기업 경영자들은 수평적 리더라기보다는 아직 임금과 같은 지위를 가지고 있다"고 말했다.

그는 "별도로 임원 엘레베이터가 있고 경영자 주위를 수많은 비서진들이 호위하는 수직구조형 한국의 기업문화가 개선되기 위해서는 리더 스스로가 먼저 직원들에게 다가서는 자세를 보여야 할 것"이라고 덧붙였다.

일주일에 35시간만 일하면 된다. 일하는 시간도 본인이 직접 스케줄을 짜면 된다. 모든 직원이 1인 1실에서 일한다. 직원들은 회사 내에 설치된 의료시설에서 무료로 건강진단과 치료를 받는다. 미취학 아동이 있으면 회사에 함께 출근해 사내에 설치된 2곳의 육아시설에 맡기면 된다. 일과 후에는 올림픽을 치러도 좋을 만큼 최신 시설을 갖춘 수영장에서 아쿠아로빅 수업을 받는다. 몸이 찌뿌듯하면 사내 전문마사지사의 마사지를 받으면 된다. 회사 내 미용실에서 일반 직원이 회장과 나란히 앉아 머리를 깎는 모습을 자주 볼 수 있다. 운전기사는 물론 말단 직원까지 모두 정직원이다.

구글을 제치고 미국에서 가장 일하고 싶어 하는 직장으로 선정된 세계 최대 비상장 소프트웨어 업체 SAS의 모습이다. 이 정도 복지 수준이면 수익 내기가 만만치 않을 것 같다. 그러나 SAS는 창립 이후 35년간 단 한 번도 적자를 낸 적이 없다. 직원 복지의 천국 SAS를 이끌고 있는 짐 굿나잇 회장을 만났을 때 그는 "기업 경쟁력의 원천은 사람이고 직원을 대우해 주면 그 만한 대가를 돌려받는다"고 강조했다.

Q. SAS가 미국에서 가장 일하기 좋은 직장으로 선정됐다. 비결이 무엇인가?

"SAS는 〈포춘〉이 1998년 '일하기 좋은 직장 100순위'를 정할 때부터 항상 상위권에 올랐다. 그러나 1위 자리에 오른 건 2010년이 처음이다. 글로벌 경제위기가 최고조에 달했던 2009년 1월, 이익이 다소 줄더라도 직원을 한 명도 해고하지 않겠다고 선언하는 등 고용 유지를 위해 노력한 점이 높은 점수를 받은 것 같다. 실제로 나는 2009년에 단 한 명도 해고하지 않았다. 오히려 2%가량 인력이 늘었다. 고용유지 정책 때문에 회사 수익이 줄어들 것으로 걱정한 직원들이 더 열심히 일하고 비용 절감에 나선 결과로, 2009년 매출(23억 1,000만 달러)이 전년 대비 2.2%가량 늘어났다."

Q. 직장일과 가정일의 균형에 대해 항상 강조하는 것으로 알고 있다.

"가정은 중요하다. 가정이 편안해야 직원들의 생산성이 더 높아진다. 이혼 등 가정사에 문제가 있으면 제대로 생산성이 나올 수 있겠는가? 이 때문에 직장일과 가정일(Work & Life)이 균형을 맞출 수 있도록 노력하고 있다. 아이들과 관련된 특별한 이벤트가 있을 때마다 직원들이 특별휴가를 사용할 수 있도록 하고 있다. 1981년부터는 사내에 육아시설을 설치했다. 직원들의 가정사를 도와주지 않으면 회사 일에도 부정적 영향을 미친다. 직원들의 건강도 중요하다. 사내에 의사 4명, 물리치료사 10명, 간호사 40여 명과 보조원을 갖춘 의료시설을 두고 있다. 직원들이 행복하고 건강해야 생산성이 높아진다."

Q. 창립 후 35년째 비상장 회사로 남아 있다. 인수 · 합병(M&A) 제안을 받은 적은 없나?

"M&A 제안을 받은 적이 있다. 제안을 받아들였다면 천문학적인 돈을 벌었을 것이다. 그러나 SAS가 대기업에 팔리면 아마 기존 직원 중 상당수가 해고될 수밖에 없을 것이다. 이런 점을 받아들이기 힘들었다. 또 굳이 돈이 필요하지도 않았다. 우리는 부채가 하나도 없다. 은행에 수십억 달러의 현금을 보유하고 있을 정도로 보유 현금도 많다. 또 지난 35년간 성장해 왔고 앞으로도 지속적으로 성장할 것이기 때문에 굳이 M&A에 응할 이유가 없었다."

Q. 치열한 경쟁 속에서도 세계 최대 비즈니스 분석 소프트웨어 업체로 성장했다. 원동력은 무엇인가?

"35년간 지속적인 성장을 할 수 있었던 데는 끊임없는 혁신이 가장 큰 원동력으로 작용했다. 해마다 전체 매출의 23~26%를 연구개발(R&D)에 투자하고 있다. 이는 동종 업계 평균의 2배에 달하는 수치다. R&D를 기반으로 쉼 없이 기업 데이터를 최적으로 가공·활용할 수 있는 소프트웨어를 개발하고 고객의 파트너가 돼 고객 요구에 맞는 제품을 생산했다. 물론 직원 복지에 힘써 회사에 대한 충성도가 높은 점도 기업 성장에 커다란 도움을 줬다."

Q. SAS의 비즈니스 분석 솔루션 사업에 대해 설명해 달라. 기업 성과 개선에 비즈니스 분석 솔루션이 어떻게 기여할 수 있는가?

"비즈니스 분석 소프트웨어는 기업이 생산하는 무궁무진한 데이터를 통합적으로 관리해 의미 있는 지식으로 활용할 수 있게 만들어 주는 도구로 보면 된다. 예를 들어 보자. 소매업체는 비즈니스 분석 솔루션을 활용해 특정 지역 고객 데이터를 분석한 뒤 매장 크기를 얼마만큼 할지, 제품 가격대는 어느 수준으로 할지 결정한다. 데이터마이닝을 통해 누구를 마케팅 대상으로 삼을지, 최적화된 마케팅을 위해 신문·TV 등에 얼마만큼 광고자원을 배정할지도 알 수 있다."

Who he is

SAS를 이끌고 있는 창업자 **짐 굿나잇** 회장은 1943년생으로 노스캐롤라이나 토박이다. 노스캐롤라이나 주립대 통계 교수 출신으로 1976년 SAS(Statistical Analysis System)를 창업했다.

SAS는 세계 최대 비상장 소프트웨어 업체다. 전 세계적으로 직원 1만 1,000명을 고용하고 있다. SAS캠퍼스로 불리는 본사(120만 평)가 위치한 미국 노스캐롤라이나 캐리시에는 4,200명이 근무하고 있다. 데이터를 가공해 의미 있는 가치를 갖도록 하는 비즈니스 분석 솔루션 소프트웨어를 판매하고 있다.

구글이 직원 복지와 관련 SAS를 벤치마킹 대상으로 삼을 정도로 직원 복지가 뛰어나다. 이 때문에 IT업계 평균 이직률이 22%지만 SAS는 4~5%에 불과하다.

Chapter 2

악질 퇴치의 경영학

악질 금지의 3원칙: 악질이 되지 말라, 악질은 뽑지 말라, 악질은 내쫓아라

국내 한 대기업에서 5년 정도 근무한 뒤 퇴사한 A씨는 가끔씩 예전 상사 B씨가 떠오를 때면 자신도 모르게 주먹을 불끈 쥔다. 그에게서 당한 정신적 고통을 생각하면 아직도 화가 풀리지 않는다. "강아지도 너보다 머리가 좋겠다", "회사를 망칠 직원이군" 정도의 모욕은 예사였다.

심지어 그는 악질 상사로부터 받은 스트레스가 가정불화의 원인이 됐다고 말한다. 직장 스트레스를 이기지 못해 거실에서 화난 표정으로 어쩔 줄 모르는 그를 보면서 아내의 스트레스 지수도 급속히 올라갔기 때문이란다. 직장 스트레스를 가정으로 그대로 옮겨오는 A씨를 보다 못한 아내는 그에게 "회사를 그만 두라. 그렇지 않으면 우리 가정도 파괴될 것 같다"고 말했다. 결국 그는 남들이 선망하는 대기업을 떠나 지인이 운영하는 중소기업으로 옮겨야 했다. A씨는 "B씨 때문에 팀원 모두가 고통 받았다"며 "1명의 악질 보스가 여러 사람들의 영혼을 갉아 먹은 것"이라고 회상했다.

이처럼 직장 내 악질은 인간의 삶을 파괴한다. 타인의 삶을 고통에 빠뜨리기 때문이다. 동료의 공을 빼앗고 수치감·모욕감을 안기는 악질은 직장을 순식간에 '지옥'으로 바꿀 수 있는 막강한 영향력을 갖고 있다. 지옥 같은 조직이 높은 성과를 내기란 불가능하다. 당연히 악질은 최종적으로 조직을 위기에 빠뜨린다. 로버트 서튼 미국 스탠퍼드대 경영대학원 교수가 "스스로 악질(Asshole)이 되지 말며, 악질은 뽑지도 말고, 악질은 직장에서 내쫓아라"는 3원칙을 강조하는 까닭이다.[19]

특히 냉정하게 계산된 악행을 저지르는 '전략적 악질'은 동료의 영혼을 갉아먹는다. 서튼 교수는 〈매일경제〉와 인터뷰에서 "전략적 악질은 다른 사람을 부정직하고 교묘한 방법으로 조종하는 방법을 알기 때문에 통제가 더욱 어렵다"고 경고했다. 악질 때문에 영혼에 상처를 입은 직원들은 업무 성과가 떨어지는 것은 당연한 일이다. 한 명의 '썩은 사과'가 팀 업무성과의 30~40%를 떨어뜨린다는 연구도 있다.[20]

글로벌 기업들은 악질의 폐해를 인식하고 악질 없는 직장을 만들기 위해 노력하고 있다. 세계 최고의 IT 기업이라는 구글(Google)이 그 같은 경우다. 구글은 '악해지지 말라(Don't be evil)'는 내부 모토를 정하는 등 악질 행위를 배격하고 있다. '악해지지 말라'는 IT기업의 모토로는 뜻밖이지만, 사람다운 회사를 만드는 게 성공의 기본이라고 인식하고 있기 때문에 이 같은 모토를 정한 것이다.

특히 직장 내 악질을 퇴치하기 위해서는 보스가 악질이 되지 않는 게 중요하다는 데 많은 전문가들의 의견이 일치한다. 악질 보스는 자신과 비슷한 사람을 채용하는 경향이 있어 악질을 재생산하는 데 핵심적인 구실을 하기 때문이다.

그러나 보스는 악질이 되기가 쉽다. 권력을 쥐면 악질로 변하는 경향이 있기 때문이다. 대셔 켈트너 UC버클리 교수는 "권력자들은 뇌의 전두엽 가운데 눈 뒷부분이 손상된 사람처럼 행동하는 경향이 있다"는 연구 결과를 내놓았다.[21] 뇌의 이 부위가 손상된 이들은 타인을 과도하게 압박하며 타인의 입장을 생각하지 못한다. 악질 가운데 보스가 많은 이유다. 직장 생활을 하면서 나쁜 보스를 만날 확률은 거의 90%가 넘는다는 통계도 있다. 직장인 가운데 80%는 나쁜 상사에게 복수를 꿈꾼다는 조사 결과도 있을 만큼 보스의 악행은 흔히 볼 수 있다.

하지만 보스는 스스로가 악질이라는 사실을 깨닫지 못한다. 오히려 스스로를 과대평가하고 부하들로부터는 듣고 싶은 얘기만 듣는 경향이 있다. 부하들도 보스가 싫어할 만한 얘기는 하지 않는다. 그 결과 악질 보스도 좋은 소식만 듣게 되고 자신이 훌륭한 리더라는 착각에 빠진다.

현대인은 깨어 있는 시간 가운데 가장 많은 시간을 직장에서 보낸다. 악질을 퇴치해 직장을 문명사회로 만드는 것이야 말로 삶을 행복하게 만들고 업무성과를 높이는 지름길이다. 지식경영과 혁신경영의 석학인 서튼 교수가 악질퇴치운동에 헌신하겠다고 결심한 이유다.

악질

로버트 서튼 교수는 악질(Asshole)을 판별하는 두 가지 테스트를 제시한다. 첫째는 다른 사람의 기운을 빠지게 하거나 초라한 느낌 또는 수치심을 안겨 주느냐는 것이다. 둘째는 자신보다 힘없는 이들을 대상으로 그 같은 행위를 하느냐는 것이다.[22] 일시적 또는 한두 차례 그 같은 행위를 했다고 해서 악질로 규정할 수는 없을 것이다.

특히 전략적 악질(Strategic Asshole)은 조직에서 위험하다. 치밀하게 계산된 의도된 악질 행위를 하는 '전략적 악질'은 감정을 통제하고 상황을 장악하는 방법을 알기 때문에 조직 차원에서 쉽게 정체를 파악해 대처하기가 쉽지 않다.

악질 1~2명 있다고 별일 있을까? 천만에! 조직성과 30~40% 갉아먹어

소규모 항공사로 출발한 미국의 대표적인 저가 항공사인 사우스웨스트 항공은 대형 항공사들의 치열한 견제를 뚫고 엄청난 성공을 거두었다. 사우스웨스트의 성공에 자극 받은 대형 항공사들은 잇따라 저가 항공 사업에 뛰어들었지만, 시장에서 참패했다. 이들 대형 항공사들이 참패한 이유는 여러 가지이지만, 이 가운데 하나는 대형 항공사는 사우스웨스트의 '직장 문화'를 모방할 수 없었기 때문이다.

사우스웨스트의 직장 문화는 '펀 경영(Fun Management)'으로 표현된다. 직원들 모두 즐겁게 일하고 고객과 즐거움을 나눈다는 것이다. 직원들은 모두 가족처럼 서로를 아껴야 한다는 게 사우스웨스트를 창업한 허버트 켈러허 전 회장의 생각이었다. 그는 사우스웨스트의 리더들에게 항상 긍정적이고 유머 넘치는 태도로 부하들을 대해야 한다고 강조했다. 이같은 펀 경영이 실천되려면 직장에서 악질이 자리 잡지 못하도록 해야 한다. 채용 단계부터 악질은 배격된다. 사우스웨스트가 '좋은 사람을 뽑는다(We hire nice people)'라는 매우 단순한 인재 채용 원칙을 정해 확고하게 실천하고 있는 것도 그래서다.

그렇다면 악질이 조직의 성과에 얼마나 해를 미칠까. 윌 펠프스 에라스무스 리더십 센터 연구위원은 단 1명의 악질이 있는 팀은 그렇지 않은 팀보다 성과가 30~40% 떨어진다는 연구 결과를 내놓은 적이 있다.

세계적인 베스트셀러 《악질 금지 규정(*No asshole rule*)》의 저자인 로버트 서튼 스탠퍼드 대학교 경영대학원 교수가 소개하는 의류소매업체 멘스웨어하우스의 일화도 펠프스 연구위원의 연구결과와 일치한다.

"멘스웨어하우스는 최고의 판매실적을 올리는 영업사원을 해고한 적이 있어요. 다른 사람의 공을 가로채는 자기중심적인 행동이 문제가 됐죠. 그런데 해고 뒤에 팀 전체 실적이 무려 30%나 늘어났어요. 해고된 영업사원은 악행으로 다른 사람의 업무 의욕을 꺾어왔던 것이죠."

특히 서튼 교수는 실리콘 밸리의 한 벤처기업에서 악질 1명의 폐해를 금액으로 계산했더니, 악질비용(One Asshole Cost)이 연간 16만 달러(1억 9,000만 원)에 이르렀다는 구체적인 수치를 제시하기도 했다.[23]

악행의 강력한 영향력도 악질이 위험한 까닭이다. 서튼 교수는 "부정적인 감정·관계는 긍정적인 감정·관계보다 5배는 강력하다"는 '5대 1의 법칙'을 인용한다. 조직 내 인간관계가 유지되려면 긍정적 감정의 횟수가 부정적 감정보다 5배는 많아야 한다는 것.[24] 결국 단 1명의 악질은 5명의 선한 사람의 영향력과 맞먹는다는 계산이 나온다. 1명의 악질이 조직을 파괴할 수 있는 이유다.

특히 악질 상사는 직원들을 병들게 하고 직장을 떠나게 만든다. 잘 알려진 대로 스트레스는 만병의 근원이다. 하루 중 가장 많은 시간을 보내는 직장에서 악질 상사로부터 스트레스를 받게 되면 병이 날 가능성이 커진다. 스트레스가 건강에 미치는 영향은 염색체 끝단에 위치해 세포 시계 구실을 하는 텔로미어 연구를 통해 잘 알려져 있다.

인간은 노화가 진행될수록 텔로미어의 길이가 짧아져서 암을 비롯한 여러 가지 병에 걸리고 결국 죽음에 이르게 한다는 연구로 2009년 노벨생리의학상을 받은 엘리자베스 블랙번 캘리포니아주립대 교수는 스트레스를 많이 받은 사람은 그렇지 않은 사람보다 텔로미어가 짧아지는 속도가 훨씬 빨라진다는 사실을 밝혀낸 바 있다. 결국 직장 스트레스가 사람을 병들게 하고 빨리 늙게 만든다는 것이다.

악질 금지 규정을 실천하는 회사들

점점 더 많은 기업들이 직장 내 악질의 폐해에 공감하면서 악질 행위를 막기 위한 여러 조치를 취하고 있다. 국내에서도 인천국제공항공사 등이 악질 행위를 막는 인사 규정을 실천하고 있다.

:: 팀원이 보스 선택

인천국제공항공사는 팀원이 팀장을 선택하는 '잡 포스팅' 제도를 운영하고 있다. 직원들이 1~3순위 희망팀을 써내는 방식이다. 능력 있고 인품 있는 팀장에게는 지원이 쏠리는 반면, 팀원을 존중하지 않는 이기적인 팀장 밑으로는 지원이 없게 된다. 악질 행위로 악평이 높은 팀장은 생존이 힘들게 되는 시스템이다. 공항공사 측은 "직원들이 괜찮게 생각하는 팀장과 함께 일할 수 있으니까, 능률이 올랐다"고 호평했다.

:: 협업 능력이 뛰어나야 인재

GE는 냉정한 성과주의 경영으로 이름이 높은 회사다. A등급을 받은 상위 20% 직원들이 보너스의 80%를 가져가는 반면, C등급을 받은 하위 10%는 해고되는 인사 정책으로 유명하다. 그러나 이 같은 보상 시스템은 직원 간 협력과 조화를 해쳐서 팀 전체의 성과를 떨어뜨린다는 부작용이 있다.

부작용을 최소화하기 위해 GE는 다른 사람과 함께 일하는 '연결 능력(Connective talent)'이 뛰어난 직원들만 A등급을 받게 하는 평가 원칙을 철저하게 고수하고 있다. 로버트 서튼 스탠퍼드대 교수는 〈매일경제〉와의 인터뷰에서 "GE에서는 남이 성공하도록 돕고, 함께 정보를 공유해야 한다는 규범을 어기면 가장 먼저 해고당한다"고 말했다.

:: 악질과는 거래하지 않는다

존경받는 투자자 워렌 버핏이 이끌고 있는 버크셔 헤서웨이는 오래 전부터 '악질 금지 규정'을 실천해 온 회사다. 찰리 멍거 버크셔 해서웨이 부회장은 "우리의 기본 원칙은 악질과는 거래를 하지 않는다는 것"이라고 말했다.[25] 버크셔 해서웨이가 투자 회사인 소스 캐피탈의 지분 20%를 인수한 뒤 이 회사 이사회에서 2명의 악질을 몰아낸 것도 '악질과는 거래하지 않는다'는 원칙을 지키기 위해서였다.

:: 변하거나, 떠나거나

미국계 투자은행인 바클레이스 캐피탈은 '악당 금지 규정(No Jerk Rule)'을 운영하고 있다. '악질(Asshole)' 대신 '악당(Jerk)'이라는 용어를 사용하고 있지만, 악질 금지 규정과 다를 바 없다.[26]

악당 금지 규정의 큰 원칙은 '아주 잘나가는 사람(Hotshot)이라고 해도 동료들을 소외시키는 이기적인 성격이라면 스스로를 변화시켜야 하며, 그렇지 못할 경우 회사를 떠나야 한다'는 것이다.

바클레이스 캐피탈의 이사 선임 방식도 '악당 금지 규정'원칙에 기반하고 있다. 〈비즈니스 위크〉 보도에 따르면 이사 선임을 놓고 30명의 선임 임원들이 장기간 토론 후에 찬반 투표를 한다. 적어도 85~90%의 찬성을 얻어야 이사에 선임될 수 있다.

:: CEO가 직접 채용 때 '악질은 해고' 경고

서튼 교수가 〈매일경제〉와의 인터뷰에서 소개한 금융회사 베어드(Baird)는 '악질 금지 규정'을 회사정책의 핵심에 두고 실천하는 회사다. 악질의 폐해를 몸소 체험한 폴 퍼셀 최고경영자(CEO)가 베어드의 지휘를 맡으면서 '악당이 없는 직장(No Jerk Workplace)'으로 만들겠다고 맹세했다.[27]

서튼 교수에 따르면 베어드는 신규 직원 채용 때, 경력 조사와 인터뷰 등을 통해 악질을 철저히 가려낸다. 심지어 퍼셀 CEO가 직접 지원자의 눈을 보고 "당신이 악질로 판명이 나면, 당신을 해고하겠다"고 통보한다. 퍼셀 CEO는 고객·동료·회사보다도 개인의 이익을 일관되게 앞세우는 이들을 최고의 악질로 꼽는다.

베어드는 악질 금지 규정 덕분에 〈포춘〉이 선정하는 일하기 좋은 직장 순위에서 2008년 39위, 2009년 13위, 2010년 10위로 껑충 뛰어올랐다. 2008~2009년 금융위기의 한파 속에서 매출액과 순이익이 건실히 성장하게 된 데에도 악질 금지 규정이 한몫했다고 본다.

:: 사장에게 직접 보고

식품회사 웨그먼스는 2010년 〈포춘〉이 선정한 일하기 좋은 직장 3위에 올랐다. '고객보다 직원을 우선시한다'는 모토를 통해 악질 없는 직장을 구현하고 있다. 고객들에게 최고의 서비스를 제공하려면 직원들이 자신이 하는 일에 신바람 나고, 즐거워해야 한다는 철학이 깔려 있다.

웨그먼스는 출납 직원이라도 기발한 아이디어가 떠오르면 언제라도 사장에게 직접 보고를 할 수 있다는 점이 특징이다. 덕분에 악질 상사에게 아이디어와 업적을 도둑맞을 일이 없다. 애로 사항도 직속 상사가 아니라 사장에게 이야기할 수 있기 때문에 악질 보스를 차단할 수 있다.

악질 스티브 잡스, 애플서 해고당한 뒤 개과천선

로버트 서튼 미국 스탠퍼드대 경영대학원 교수는 2007년 《악질 금지 규정(*No Asshole Rule*)》이라는 베스트셀러를 내놓아 세계적인 화제를 모았다. 직장 내 악질의 폐해와 대처법을 다룬 이 책은 세계 19개국에서 번역됐다. 책이 출간되자 전 세계에서 직장 내 악질의 폐해에 공감하고 해법을 묻는 편지와 이메일이 쏟아져 들어왔다는 게 서튼 교수의 얘기다.

서튼 교수는 미국에서 '악질 금지 규정'의 속편인 《좋은 보스, 나쁜 보스(*Good Boss, Bad Boss*)》를 2010년 5월 출간했다. 서튼 교수는 〈매일경제〉와 전화 인터뷰에서 "보스가 악질의 70% 이상을 차지한다는 점에 착안해 속편의 주제를 정했다"고 말했다. 그는 "악행은 선행보다 전염력이 5배는 강하기 때문에 악질 주위에 있으면 악질이 될 가능성이 크다"며 악질의 폐해를 강조했다.

다음은 서튼 교수와의 일문일답이다.

Q. 베스트셀러가 된 전작《악질 금지 규정》의 핵심은 무엇인가?

"스스로 악질이 되지 말라, 그리고 악질을 뽑지 말라, 악질은 해고하라 등 세 가지로 요약할 수 있겠다."

Q. 당신은 전작《악질 금질 규정》에서 스티브 잡스 애플 최고경영자(CEO)를 악질로 분류했다. 하지만 잡스는 위대한 CEO로 꼽힌다. 악질도 CEO로 성공할 수 있나(참고로 잡스의 이기적인 행동과 폭언·전횡에 얽힌 일화는 한두 가지가 아니다. 여러 직원들이 그의 말과 행동에 자괴감과 모욕감을 느끼고 회사를 떠났다)?

"금전적 성공이나 스포츠 게임의 승리를 성공으로 정의한다면 '그렇다'라고 말할 수 있다. 간혹 악질도 성공하는 CEO가 된다. 운이 좋거나, 재능이 뛰어난 경우가 그렇다. 그러나 악질은 승자가 된다고 해도 여전히 사람들에게 많은 피해를 준다는 점을 강조하고 싶다. 악질 CEO는 성과가 나빠지기 시작하면 금세 많은 적들의 공격을 받고 매우 빨리 쫓겨나게 된다."

Q. 스티브 잡스는 어떻게 평가하는가?

"잡스에 대해 사람들이 잊고 있는 게 있다. 그가 지난 1986년 악질이라는 이유로 애플에서 해고당했다는 사실 말이다. 당시 애플 이사회는 그를 '통제불능'이라고 판단했다. 그러나 잡스는 해고당한 뒤 훨씬 교양 있고 좋은 사람이 됐다. 더 이상 예전처럼 회사를 돌아다니며 사람들을 괴롭히지 않는다. 여전히 가끔은 나쁜 짓을 하지만, 과거보다 악질의 정도는 낮아졌다. 이는 잡스가 애플로 돌아와 성공한 이유 중 하나다."

악질은 전염병과 같다

Q. 당신은 악행의 전염성을 강조한다. 그렇다면 악질은 전염병을 퍼뜨리는 바이러스이거나 바이러스 보균자와 같은가?

"그렇다. 썩은 사과(악질)는 모든 사람을 감염시킨다. 누군가를 악질로 바꾸는 가장 확실한 방법은 악질들 곁에 두는 것이다. 어떤 그룹에서는 악행이 규범이 되기도 한다. 그런 그룹에서는 악질이 키워진다."

악행의 영향력이 선행의 5배라는 '5 대 1의 법칙'을 적용하면 악행은 선행보다 5배나 전염력이 강한 셈이다. 따라서 악질은 빠르게 번식해 나간다.

Q. 그렇다면 '악질 금지 규정'은 전염병 치료제 또는 백신이겠다.

"그렇게 되기를 희망한다. 일부 회사들은 '악질 금지 규정'을 만들고 실천하는 데 매우 적극적이다. 물론 일부 회사들은 단지 말만 하고 실천하지 않는다. 그들은 '우리 회사에는 악질이 없다'고 말하지만, 실제로는 그렇지 않다."

무관심이 때론 열정보다 중요

Q. 당신은 악질대처법으로 '무관심의 기술'을 키우라고 말한다. 악질과 감정적으로 거리를 두라고 조언하는 까닭은?

"악질이 당신의 '영혼'을 해치지 않게 하기 위해서다. (악질과 함께 일하면) 엄청난 정신적 에너지가 소모된다. 악질과 더 많은 시간을 보낼수록 더 많이 고통받는다. 무관심의 기술은 당신이 어쩔 수 없이 견뎌야 하는 힘든 상황에서 당신의 '정신'을 지켜줄 것이다. 악질의 파괴적인 행동과 말에 관심을 덜 쓰도록 스스로를 훈련해야 한다."

Q. 무관심의 기술을 구체적인 예로 든다면?

"일부 기술들은 기계적인 것들이다. 악질이 참여하는 회의에 가지 않거나, 가더라도 뒷자리에 앉는다. 얼굴을 마주보는 대화는 전화로 대신한다. 악질과는 물리적으로 거리를 두는 방법들을 찾는 것이다. 다른 기술은 정신적인 것이다. 내 제자 중 1명이 악질로 이름난 교수와 면담을 해야 했다. 그는 면담 전에 '악질 교수가 하는 말은 나의 가치를 결정하지 못 한다. 나는 좋은 사람이다. 악질 교수는 나 자신에 대한 나의 의견에 영향을 미치지 못 한다'고 되뇌었다. 악질 교수가 자신의 영혼에 손대지 못하게 하기 위해서였다."

　　그러나 무관심하라는 그의 조언은 '악질을 그냥 내버려두라'는 말처럼 들리기도 한다. 회사에 열정을 쏟고 싶은 직장인들에게는 아쉽기만 하다. 그러나 서튼 교수는 '무관심이 열정만큼 중요한 이유'라는 글에서 "악질에 둘러싸여 있을 때 열정은 자기 파괴적"이라고 단언한다. 악질이 조직을 장악한 상황에서 조직을 올바르게 이끌려는 열정은 자신의 영혼을 파먹을 뿐이다. 때로는 무관심이 열정보다 중요하다.

Q. 현실에서는 악질과 맞서려는 직장인들이 더러 있다.

"그럴 때는 여러 가능성을 '계산'해야 한다. 당신이 해고를 당하거나 다른 팀으로 물러날 가능성 등을 따져야 한다. 그런 다음, 당신을 보호할 사람이 있는지, 회사 시스템이 당신을 지켜줄 수 있는지 '평가'해야 한다. 사내 정치도 필요하다. 왜냐하면 (악질과 맞설 수 있느냐는) 정치적으로 당신이 얼마나 보호받을 수 있느냐에 달려 있기 때문이다. 악질에 대한 가장 강력한 저항은 사람들이 연대해 악질에게 반격하는 것이다."

최고의 보스는 누구일까

Q. 당신은 새 책 《좋은 보스, 나쁜 보스(*Good Boss, Bad Boss*)》에서는 악질 보스뿐만 아니라 좋은 보스도 다룬다. 최고의 보스는 어떠해야 하나?

"내 책 《좋은 보스, 나쁜 보스》에서 가장 중요한 질문 한 가지를 고르라고 한다면 '당신 밑에서 일한다는 게 어떤 기분인지 잘 알고 있느냐'는 질문이다(서튼 교수는 《좋은 보스, 나쁜 보스》에서 이 질문이야말로 좋은 보스와 나쁜 보스를 가르는 핵심 기준이라고 말했다). 당신이 보스로서 성과를 올리려면 사람들을 강하게 밀어붙여야 할 때가 있다. 동시에 사람들이 감정적으로 무엇이 필요한지 알고 대응해야 한다. 이를 위해 보스는 자기 밑에서 일한다는 게 어떤 느낌인지 잘 알아야 한다."

Q. 당신은 보스를 성과(Performance)로만 판단할 게 아니라 인간성(Humanity)으로도 판단해야 한다고 주장한다. 그런 기업이 있는가?

"세계 최고의 혁신기업이라는 IDEO의 회장이자 설립자인 데이비드 켈리는 돈과 사랑의 균형을 맞추라고 강조한다. 예를 들어 켈리는 IDEO의 한 디자이너가 수익을 위해 하기 싫은 프로젝트를 맡았다면 다음번에는 수익은 낮더라도 자신이 좋아하는 프로젝트를 맡게 한다. 사우스웨스트와 P&G, 픽사 등도 돈과 인간성의 균형을 추구하는 기업이다. 에니메이션 제작사인 픽사는 '창조적이기 위해서는 열심히 일하면서 인간성이 좋아야 한다'는 문화를 갖고 있다."

Q. 성과와 인간성의 균형을 추구하는 회사의 수익률이 더 높은가?

"그렇다. 증거 또한 많다. 〈포춘〉 선정 '일하기 좋은 직장 100곳'을 보라. SAS와 구글, P&G, 사우스웨스트 등 기본적인 인간의 가치를 추구하는 회사가 높은 성과를 내고 있다."

Who he is

로버트 서튼 스탠퍼드대 교수는 지식경영·혁신·조직행동 분야에서 석학이다. 2007년 〈비즈니스 위크〉가 선정한 '가장 저명한 비즈니스 스쿨 교수 10인' 가운데 1명으로 꼽혔다. 학계를 뛰어 넘어 동시대의 경영 사상에 큰 영향을 미쳤다는 이유였다.

여러 학문을 통섭해 통합적인 사고를 가르치고 훈련하는 스탠포드 디자인 연구소의 공동설립자이기도 하다. 서튼 교수는 2004년 〈매일경제〉가 주최한 세계지식포럼에 연사로 참여하기도 했다. 《생각의 속도로 실행하라(*The Knowing-doing Gap*)》, 《역발상의 법칙(*Weird Ideas That Work*)》 등의 저서가 국내에 번역·소개됐다.

Chapter 3

열정 컴퍼니를 만들어라

당신의 열정, 이미 무덤 속에 있는 것은 아닌가

'회사에 만족한다. 그러나 이직은 하고 싶다.'

말이나 행동의 앞뒤가 서로 맞지 않는 상황을 우리는 모순(矛盾)이라 부른다. 지금 다니는 회사에 만족한다고 하면서도 회사를 떠나고 싶다고 말한다면 이는 모순이다. 하지만 이 모순은 현실에서 그대로 드러나고 있다.

〈매일경제〉는 2010년 5월 1일부터 30일까지 한 달간 리서치 회사 GB컴퍼니와 함께 국내 30대 기업 근무자 1,500명을 설문조사했다. 이 결과 국내 대기업 근무자의 62%가 현재 다니는 회사에서 성취와 만족감을 느낀다고 응답한 반면, 이직을 원한다는 응답자 역시 61%에 달했다.

이 결과를 어떻게 해석해야 할까? 답은 '열정을 잃은 사회'에 있었다. 고도성장으로 한국의 기업들은 정상에 올랐지만 반면 직원들은 갈 길을 잃었다. '회사를 함께 키워가야겠다'는 열정보다는 '회사는 다닐만 하지만 더 편하게 일하고 싶다'는 안일한 생각이 이들을 사로잡는다. 사회와 직원 사이에 팽배한 '고장난 열정'이 기업의 도약을 가로막고 있는 것이다.

이는 회사의 문제에 국한된 게 아니다. 자칫 잘못하면 일본병(病)을 그대로 답습할 수 있다. 디플레이션과 경기침체라는 이중고를 10년 이상 끌어안고 있는 일본도 한때는 세계에서 가장 빨리 성장하는 경제 대국이었다. 하지만 어느 순간 성장을 멈춘 '무기력한 나라'로 전락했다. 저서 《하류사회》를 통해 일본의 현실을 지적한 작가 미우라 아츠시는 인터뷰에서 "1970년대 이후 태어난 일본의 젊은 세대들은 더 이상 잘 살아보겠다는 목표의식이 없다"며 "일본의 문제는 경기 침체보다는 국민들의 의욕상실"이라고 진단했다.[28]

고도성장기는 끝났지만 아직 이를 대체할 경제 모델과 의식의 변화가 오지 않는 비참한 현실은 더 이상 일본만의 것이 아니다. 한국사회와 기업도 직원들의 의욕을 끌어올리기 위해 최대한의 노력을 기울여야 할 때가 왔다.

당신의 열정과 능력 지금 다니는 회사에 모두 쏟아부었나요

"우리 목숨 걸고 일합시다. 실패하면 우향우해서 모두 영일만 바다에 빠져 죽읍시다."
(1968년 당시 박태준 포항제철 사장)

"이봐, 해봤어?"(고 정주영 현대 창업주)[29]

1960년대 말~1970년대, 우리에게는 기업가 정신으로 똘똘 뭉친 리더들이 있었다. 삼성 이병철, 현대 정주영, LG 구인회, 포스코 박태준…. 이들은 한국의 경제성장을 견인하며 기업을 키워온 창업1세대들이다. 이들의 리더십은 수많은 무용담과 함께 전해지며 현대 기업들에 귀감이 되고 있다.

그러나 창업주들의 이야기가 '전설'로 남는 데는 이들의 뛰어난 리더십만 존재했던 것이 아니다. 이러한 전설은 실패를 두려워하지 않던 과거 리더들의 불도저식 경영을 묵묵히 따르던 수많은 직원들, 대한민국의 국민들이 함께 만들어 낸 역사다.

가난했던 1970년대, 이들에게는 가족을 지켜야 한다는 뚜렷한 목표의식이 있었다. 열심히 일한 만큼 회사와 국가 경제가 빠른 속도로 성장하는 것에 대한 '성취'도 있었다. 목표와 성취감은 상대적으로 열악했던 업무환경에서도 이들을 더욱더 업무에 몰입하게 했다. 사회와 기업은 풍요로워졌지만 대신 열정을 가지고 절박한 마음으로 업무에 뛰어들던 직원들도 사라져 가고 있다.

존 R. 카첸바흐는 그의 저서《열정 컴퍼니(*Peak Performance*)》에서 "직원들은 자신이 속한 기업집단이 이룩한 성취와 이 집단에 기여한 자신의 구체적인 공헌에 대해 자부심을 느낀다"고 말한다.[30] 적어도 1970년대의 한국은 카첸바흐의 말대로 '열정 컴퍼니' 자체였다. 벼랑 끝에 몰려있는 듯한 위기의식과 회사를 함께 키워나가야 한다는 목표의식을 공유하던 때였다.

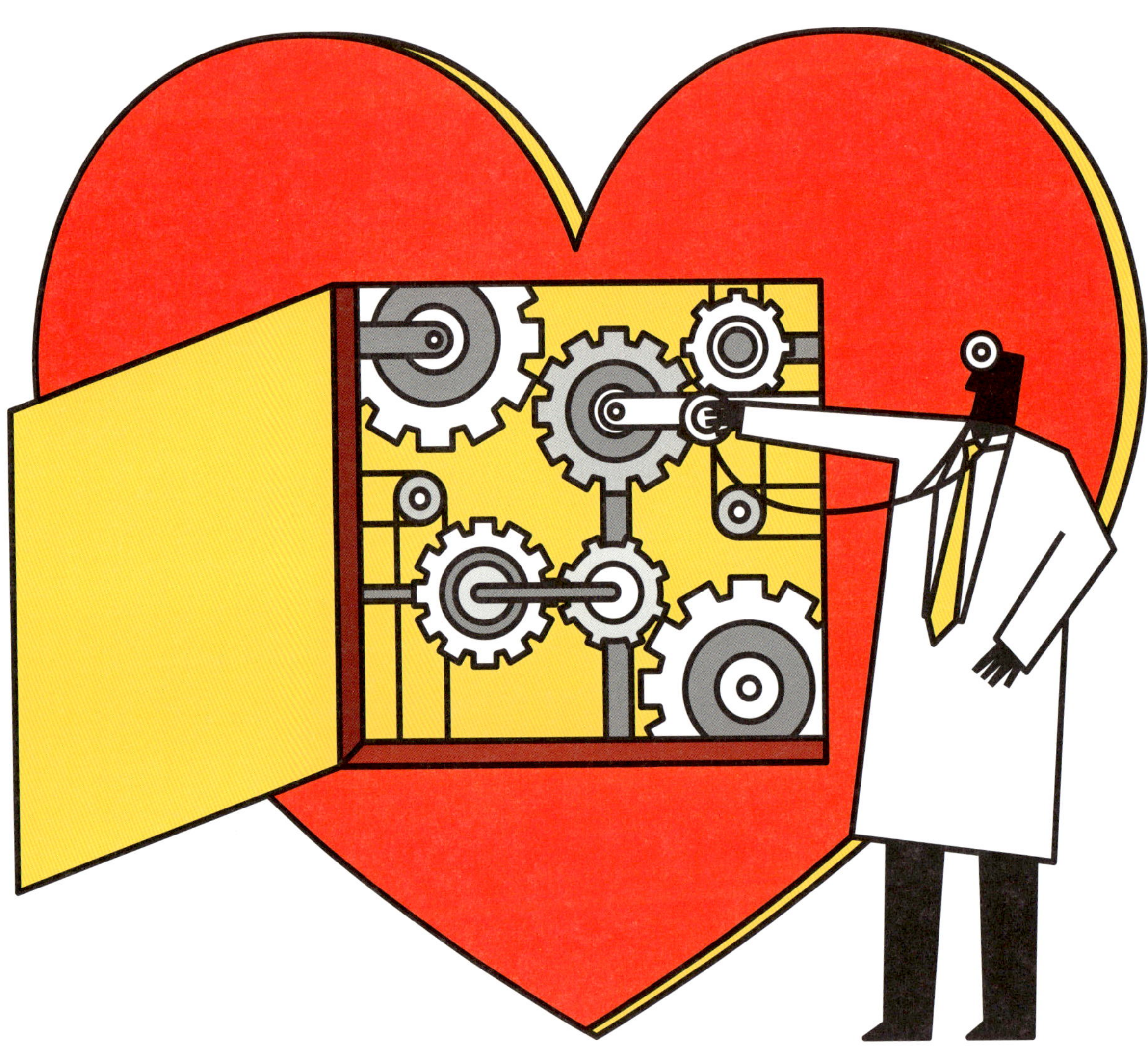

하지만 이제는 시대가 바뀌었다. 당시 임직원이 함께 키워가던 기업은 이미 덩치 큰 글로벌 기업이 됐고 대한민국은 세계 10위권의 경제 대국으로 성장했다. 반면 직원들은 열정을 잃었다. 회사를 키워가겠다는 도전의식은 사라진 지 오래다.

이는 한국을 비롯해 이미 경제 대국의 반열에 올라선 선진국들이 겪는 공통적인 현상이다. 글로벌 컨설팅 기업 타워스왓슨이 조사한 한국, 미국, 영국, 중국, 일본 등 22개국 2만여 명을 대상으로 직원이 회사에 대한 자발적 투자(시간과 노력, 에너지) 정도를 뜻하는 '직원 몰입도'를 조사한 결과도 이를 방증한다.[31]

이 조사에서 6년 연속 1위에 오른 국가는 근무환경과 복지환경이 좋은 유럽이나 경제대국 미국·일본이 아니다. 남미의 신흥시장 멕시코가 직원의 업무 몰입도 42%로 1위를 차지했다. 한국은 6%로 세계 최저 수준이다. 프랑스(11%)나 이탈리아(13%), 일본(5%) 역시 한국과 함께 최하위 집단에 속했다

박광서 타워스왓슨 코리아 사장은 "멕시코의 경우는 고도성장기의 한국이 그랬듯 직원들이 벼랑 끝에 매달린 기분으로 일과 회사에 매달린다. 한국의 취업이 생존과 직결되는 사회상황과 본인들이 회사를 키워나간다는 자부심이 합쳐져 강한 업무 몰입을 만들어 내는 것"이라고 말했다. 그는 "사회가 풍족해지고 생존이 즉 취업이라는 공식이 사라지면서 사회환경에 의해 조성되던 열정은 사라져 간다. 한국 직원들이 오너와 함께 회사발전을 고민하기보다는 개인이나 복지에 대한 불만을 토로하기 시작하는 게 단적인 예"라고 덧붙였다.

〈매일경제〉의 설문에 62%의 응답자가 회사에서 성취와 만족감을 느끼지만 61%의 응답자가 이직을 원한다는 아이러니한 결과가 나온 것도 '열정과 도전의식을 잃은 직원과 사회'를 보여주는 단적인 예다. 어느 정도 사회와 경제상황이 안정되자 직원들은 '끝까지 남아 회사를 함께 키우겠다'는 도전의식보다는 '다닐 만은 하지만 더 편하게 일하고 싶다'는 '나 위주'의 생각에 사로잡힌다.

이제 한국기업은 직원들의 숨겨진 열정을 깨우는 법을 고민해야 할 때가 왔다. 이들의 도전의식을 다시 불러일으켜야 한다. 과거 고도성장기 사회와 국가가 국민들을 열정과 도전으로

뭉치게 했다면 이제 바통은 기업에게 넘어왔다. 열정 없는 직원에게 도전의식을 불어 넣어 열정 잃은 회사를 구해내고 나아가 사회에 과거와 같은 활기를 불어넣는 것은 기업의 몫이다.

리틀 열정 컴퍼니로부터 배워라

'열정 컴퍼니'에는 크고 작음이 없다. 규모는 작지만 열정으로 꽉 찬 직원들이 모여 있는 기업들도 곳곳에 분명히 존재한다.

이제 과거의 박태준 포스코 명예회장처럼 조인트를 까거나 지휘봉으로 등을 때리며 직원들에게 긴장감을 불어넣는 리더는 없지만 이들에게는 회사의 발전과 성공을 위해 스스로를 헌신하는 직원들이 있다. 이러한 직원이 있는 회사에는 등을 때리는 몽둥이가 아닌 직원의 마음을 건드리는 지휘봉이 존재한다.

:: 우리만의 업무 몰입도 지표를 만들어라–런던 NHS

"컨설팅 업체에 일반화되어 있는 업무 몰입도로는 우리의 특수성이 반영되지 않습니다. 그래서 우리는 업무 몰입도의 의미와 해석 방법, 기준, 높은 업무 몰입도를 이뤄내기 위해 우선적으로 해야 할 일들을 직접 만들어 적용했습니다."

런던 NHS(영국 국립 의료원)는 지난 2006년 직접 업무몰입도 지표를 만들고 이를 적용하겠다는 결정을 내렸다. 의료 서비스의 질이 낮다는 비판이 매스컴을 타고 이곳저곳에서 들려오고, 직원들은 의욕 없이 꼬박꼬박 들어오는 월급을 받기 위해 출퇴근만 반복하던 때였다. 환자들의 불만을 해소하기 위해서는 당장 직원들의 사명감과 열정이 필요했다.

NHS 직원들의 열정을 끌어올리기 위해 선택한 전략은 '파트너십'이다. 병원의 입장을 직원에게 주입시키는 세미나와 포럼을 없애고, 직원에게 이들이 병원의 조직원이 아닌 하나의 파트너라는 개념을 심었다. 개개인의 파트너가 병원이 발전할 수 있는 방향에 대해 토론하고 논의하는 공간을 만들고, 업종이 다른 사람들과도 대화할 수 있는 기회도 꾸준히 제공했다.

직원들은 자신이 맡은 업무 외의 다른 업무에 대한 이해도에 대한 설문도 한다. 서로의 업무 몰입도가 어떻게 되며, 어떤 부서의 업무 몰입도는 왜 떨어지는가에 대해서도 직원들이 서로 토론해 결론을 내린다.

직원과 병원 자체의 노력으로 인한 업무 몰입도 연구 성과는 환자 만족도로 나타났다. 2004년 런던 NHS를 방문한 환자들의 64%가 병원 서비스에 불만족을 나타냈지만 2008년 재조사해 본 결과 77%의 환자들이 '서비스에 만족한다'고 답했다.[32]

:: 비전은 리더가 아닌 조직이 만든다–카길 애그리퓨리나 코리아

"비전은 리더만 만드는 게 아니지요. 많은 기업들이 비전을 만들고 미션을 만들지만 왜 활성화가 안 되는 줄 아시나요? 구성원들이 자기 비전이 아니라고 생각하기 때문이에요. 구성원에게도 오너십을 갖게 하려면 모든 직원이 참여하고 토론해 함께 비전을 만들어내야 합니다."

카길 애그리퓨리나 코리아(이하 카길 코리아)는 글로벌 곡물산업 업체 카길의 한국 지사다. 카길은 16만 명의 직원을 거느린 공룡기업이지만 카길 코리아는 전 직원이 500여명인 작은 기업이다. 그러나 휴잇이 조사한 카길 코리아의 업무 몰입도 수준은 91점에 달한다. 대기업을 포함한 한국 내 기업 업무 몰입도 평균이 40점에 불과한 데 비해 두 배가 넘는 점수를 받은 것. 카길 글로벌 업체보다도 10점이나 높다.

카길 측이 밝히는 높은 업무 몰입도의 가장 큰 비결은 '비전 공유'다. 카길 코리아는 매년 초 전 직원을 대상으로 비전 만들기 작업을 벌인다. 여러 달의 토론을 거친 후 만든 비전은 1년간 모든 직원들의 책상에 놓인다. 1년의 단기 비전과 10년의 비전을 직원과 함께 만들자 회사와 직원들이 공동으로 추구하는 가치가 생겼고 이들은 1997년부터 전 세계 지사 중 매출 순위 1위를 놓치지 않고 있다.

:: 가족친화경영으로 직원들의 사기와 열정을 북돋운다–유한킴벌리

사원들에게 외국어 교육 비용을 지불하는 것은 회사 자체를 위한 투자다. 그러나 굳이 사원들의 가족에게까지 외국어 교육을 지원하는 건 기업에 일종의 손실일 수 있다.

그러나 유한킴벌리는 이러한 비용이 '마이너스'가 아니라 '플러스'라고 말한다. 회사가 직원들의 가족을 배려하면 직원들은 회사에 당연한 주인의식을 가지게 될 것이라는 분석이다. 실제 유한킴벌리는 직원과 가족에게 많은 복지를 동시에 지원한다. 외국어 교육비 보조는 물론 종합검진제도와 24시간 연결 가능한 전문가 상담 프로그램도 운영한다.

유한킴벌리 측은 "가족 친화 경영을 통해 일과 삶이 균형을 이루면 직원들이 마음의 안정을 얻고 일에 대한 만족도도 향상된다"며 "가족의 만족도가 함께 향상되면 이직률도 자연히 줄어들고 생산성도 향상된다"고 말했다.

실제 2009년 유한킴벌리의 이직률은 0.14%에 불과했다. 단 한 번의 산업 재해도 없었다. 생산성은 가족친화경영 시작 이전인 1998년에 비해 106%나 늘었다. 가족에 대한 투자가 열정 있는 직원을 낳은 것이다.

의도적으로 위기와 도전을 만들어내라

집단이 한창 성장하고 있거나 큰 위기가 닥쳤을 때 사람들은 '캔 두 스피릿(Can do Sprit: 할 수 있다 정신)'으로 똘똘 뭉친다. 하지만 집단의 규모가 커지고 어느 정도 안정이 된 상황에서는 아무리 리더가 '캔 두(Can Do)'를 외쳐도 아랫사람들이 이에 호응하기는 쉽지 않다.

고도성장기의 한국은 벼랑 끝에 몰려 있는 듯한 위기의식과 회사를 함께 키워나가야 한다는 목표의식을 직원과 회사가 공유하던 때였다. 하지만 현실이 더 이상 벼랑 끝이 아닐 때 기업은 사회가 자연히 불러오던 '열정의식'과 '도전의식'을 직접 직원들에게 심어줘야 한다. 신입사원 교육 프로그램에 해병대 체험을 넣는 등 의도적으로 도전의식을 불어넣는 것은 대기업 사이에서 더는 단순한 트렌드가 아니다.

다음에서는 꺼져가는 직원들의 도전의식을 살리기 위한 국내 대기업과 글로벌 기업들의 분투를 유형별로 소개하려고 한다.

:: 극한을 느껴보지 못한 세대– 척박함을 경험하게 하라

SK텔레콤은 2010년 2월 신입사원 100여 명에게 경기도 이천에 있는 연수원에서 서울 을 지로 SK텔레콤 본사까지 걸어오라는 '특명'을 내렸다. 2박 3일 동안 이들은 70km를 걸었다. 본사에 도착할 때까지는 무조건 야외취침을 해야 했다. 산을 올랐고, 보트로 한강을 건넜다. 강을 건너다 물에 빠지기도 하고 누군가는 무릎 인대가 늘어났다. SK텔레콤이 신입사원에게 이러한 모험을 강행한 이유는 '야생형 인재'를 키우기 위해서다. 신입사원들이 도보행진이라는 매개체를 통해 어려움을 극복하는 법과 목표를 찾아내는 의지를 배우게 하기 위해 이러한 프로그램을 기획했다는 게 SK텔레콤 측의 설명이다.

삼성 역시 '온실 속의 화초'로 자라난 현 세대에게 도전정신을 배양하기 위한 프로그램을 실시한다. 삼성은 2009년까지 군대 유격훈련과 같은 형태의 한계능력극복훈련(MAT프로그램)을 진행했다. 팀을 짜 지도만을 가지고 산을 오르며 주어진 과제를 풀어가는 코스다.

에스원은 '벽을 넘어서(Over the Wall)'라는 이름의 도전 프로그램을 운영한다. 암벽 타기, 높이뛰기 그물망 넘기, 단체 줄넘기와 같은 프로그램을 통해 신입사원과 경력사원들에게 강인함을 부여하는 게 목표다.

현대기아차는 입사 2주차 교육기간에 16km의 주간행군, 지리산 천왕봉 등반, 10인 1조로 팀을 구성해 UDT보트로 강을 건너는 해상프로그램 등을 진행한다.

:: CEO들의 위기의식 공유

"지금이 진짜 위기다. 앞으로 10년 내에 삼성을 대표하는 사업과 제품은 대부분 사라질 것이다."

삼성 이건희 회장이 '위기'를 화두로 던지며 2009년 3월 퇴진 23개월 만에 경영일선에 복귀했다. 복귀 당시 그의 위기론에 대한 해석은 분분했다. 복귀시기를 노리던 그가 찾아낸 최고의 명분이라는 비아냥도, 사상 최대 수익이 예상되는 해에 무슨 '위기론'이냐는 비판도 있었다. 하지만 그의 위기론은 적어도 삼성의 직원들에게 긍정의 위기의식을 불어넣는 데 한몫 하고 있다.

회사가 당장 넘어야 할 고비가 있고, 이 고비를 함께 극복해 나가자는 리더의 발언은 직원을 회사에 몰입하도록 하는 데 있어 강력한 효과를 발휘한다. 정준양 포스코 회장도 2009년

2월 취임 이래 끊임없이 위기의식을 강조하는 대표적인 리더다.

그는 2010년 4월 포스코 창립 42주년 기념식에서 "오르막과 내리막이 한 길이듯 도약과 도태도 다른 길이 아니다"라며 위기의식을 환기시켰다. 포스코는 2009년 본격적인 위기경영 1년을 지낸 후 영업이익률이 8배로 뛰고 신일본제철 등 경쟁사들이 적자를 기록하는 상황에서 당기 순이익을 기록하는 등 안정을 되찾았다. 하지만 정 회장은 "한계상황에서도 생존할 수 있는 강인한 기업을 만들어야 한다"며 직원들에게 지속적으로 고삐를 풀지 말아야 한다고 당부한다.

:: 건강한 경쟁의식 불러일으키기

한 대형 금융사의 인사담당자 A씨는 최근 지방대 출신의 지원자를 스카웃하기로 결정했다. 소위 '스펙(입사학력, 학점, 토익점수 등의 자료)'을 철저히 따지기로 유명해 사원의 대부분이 명문 대학과 외국 대학 졸업 출신이던 사내에서는 반발이 거셌다.

하지만 A씨는 아랑곳하지 않았다. 그는 "항상 자신들이 최고라고 느끼는 '엘리트 의식'에 푹 빠진 사람들에게 일종의 자극을 주기 위함"이라며 스카웃을 결정한 속내를 비쳤다. "그들은 이 조직이 최고 엘리트 집단이라고만 생각하며 자신의 능력을 과신하고 되려 안이하게 행동하죠. 그들의 기준에서 엘리트가 아닌 직원이 조직 내에 들어올 때 기존 집단의 사람들은 새로운 경쟁의식과 열정을 느끼게 됩니다. 스펙이 전부가 아니라는 것에 대한 불안감도 생기고요."

한편 영국 브리티시 항공은 사내에 블랙리스트, 혹은 트러블 메이커 그룹을 만들었다. 물론 직원에게 명단을 공개하는 것은 아니다. 실제 그들이 직원 분류를 하는지도 구체적으로 알려진 바 없다. 윌리 월시 사장은 단지 그런 분위기만 전할 뿐이었다. 하지만 직원들 사이에는 이 정체 모를 그룹에 들어가지 않기 위한 보이지 않는 내부 경쟁이 시작됐다. 사람들은 회사를 위해 무언가를 하기 위해 자발적으로 노력하기 시작했다. 2009년 월시 사장이 "자발적으로 한 달간 무급으로 일할 사람을 지원받겠다"고 언급했을 때 그의 말이 끝나자마자 4만 명의 직원 중 1,000여 명이 그 자리에서 신청서에 사인을 했다.

일본을 통해 반추한 한국의 미래: 열정과 도전 없으면 정체뿐이다

박광서 타워스왓슨 사장 기고

'일본의 위기'라는 말이 심심치 않게 들린다. 그러나 미래의 일본 경제를 부정적이라고 단언하기는 아직까지 조심스럽다. 여전히 미국에 이은 전 세계 2위(2009년 IMF 명목 국내총생산 기준)의 경제 대국이며, 바이오테크나 그린테크 등 하이테크 분야에서 최첨단 기술력을 바탕에 둔 'Made in Japan'의 위세는 여전히 압도적이다.

그럼에도 불구하고 일본의 위기가 전혀 근거 없는 이야기가 아니라는 것 또한 부인할 수 없다. 최근 도요타 자동차의 대규모 리콜 사태는 '기술력이라면 미국도 부럽지 않다'는 일본인의 자존심에 생채기를 냈다. 일본의 국적항공사인 JAL은 법정관리에 돌입했으며, 2006년 이후 닌텐도의 신성장 동력으로 각광받던 닌텐도DS는 판매저하로 일본 내 판매 가격을 20%가량 낮추기도 했다.

문제의 원인은 일본인의 마인드 셋(Mind-set)

문제의 심각성은 최근의 부진이 일시적인 현상이 아니라는 데 있다. 많은 이들은 일본이 1980년대 중반 이래 만성적인 저성장의 늪에 빠져 있다고 지적한다. 그렇다면 이러한 만성적인 저성장은 어디서부터 비롯된 것일까?

우선적으로 지적되는 원인은 일본의 저출산과 고령화다. 저출산·고령화, 노동인력 감소 및 소비 시장 위축, 내수 중심의 일본 산업 기반 약화, 고용 환경 약화,

저출산 심화라는 일련의 악순환 고리(Vicious Circle)는 1980년대 중반의 버블 붕괴와 경제불황으로 오히려 강화되고 있다.

그러나 최근 일련의 학자와 보고서를 중심으로 '일본의 위기'를 설명하기 위한 새로운 패러다임이 제시되고 있다. 이들은 경제인프라와 거시경제 변화는 문제의 원인이라기보다는 문제가 드러나는 하나의 양태일 뿐이며, 일본인의 의식 구조(Mind-set)야말로 진정한 '위기의 원인'이라고 분석한다.

특히, 일본 연구에 정통한 석학들은 현 일본의 가장 큰 문제로 '도전과 열정의 결핍, 그리고 이에 대처할 수 있는 결단력 있는 리더십의 부재'를 지적한다. 일본의 석학 오마에 겐이치는 일본 경제 쇠락의 원인으로 도전 의식의 결여를 이야기했다. 그에게 있어 도전의식이 없는 남성들을 의미하는 초식계 남자 신드롬이야말로 일본의 오늘을 극명하게 대변하는 현상이다.

폴 케네디 미국 예일대 석좌 교수는 한 언론사와의 인터뷰를 통해 일본의 쇠망 원인 중 제일가는 것으로 현실에 안주하지 않는 결단력 있는 리더십의 부재를 손꼽았다. 현실에 안주하는 리더십이 일본의 굴욕을 가져왔다는 것이다.

전 세계 수만 명의 직원을 대상으로 진행한 타워스왓슨의 〈2010년 글로벌 인적자원보고서(Global Workforce Study, 이하 GWS)〉의 연구결과도 일본의 위기가 결코 허상이 아님을 입증한다. 조사 대상 22개국 중 일본의 직원 몰입도는 단연 최하위였다. 자신의 업무에 완전히 몰입(Fully Engaged)하는 직원의 비율은 고작 5%로 전 세계 가장 낮은 수준이며, 업무에 흥미를 잃거나(Disenchanted), 마지못해 회사에 다니는 직원(Disengaged)의 비율은 65%로 압도적인 1위다.

일본과 닮은꼴의 한국, 경영 전반의 개선을 통해 직원들의 열정을 되살려야

'일본의 위기'와 관련된 일련의 현상과 원인들이 한국에 시사하는 바는 적지 않다. 특히 우려되는 점은, 한국이 점차 '일본의 위기'와 유사한 단계를 밟아나가고 있다는 점이다. 더욱 문제가 되는 것은 한국 직원의 업무에 대한 열정이 떨어지고 있다는 점이다. 2006년 이래 한국 직원의 몰입도는 지속적으로 하락(2006년 9%, 2008년 8%, 2010년 6%)해왔으며, 2010년에는 조사 대상 국가 중 일본에 이어 두 번째로 낮은 몰입도 수준을 기록했다.

한국 역시 일본과 마찬가지로 장기 저성장의 덫에 빠져들고만 것일까? 지식 기반의 새로운 경쟁 체계 하에서 한국은 어떻게 경쟁력을 확보할 수 있을 것인가?

무엇보다 직원들의 열정을 이끌어내기 위한 경영 전반의 개선 작업이 필요하다. 직원들의 몰입, 즉 열정은 단순한 개인의 문제 이상이다. 업무에 대한 열정을 단순히 개인의 문제로 여겨, 직원 개개인의 각성만을 요구하는 것은 전체의 문제를 개인의 문제로 치부해버리는 무책임한 자세다. 인력운영상의 모든 과정상에 있어 기업은 개인의 열정과 몰입을 지원하는 체계를 구축해야 한다.

리더십의 회복 역시 관건이다. 분석에 의하면, 한국의 낮은 몰입도에 가장 큰 영향을 미치는 요인은 리더십이다. 국내 경영진들의 리더십에 대한 직원들의 평가는 역시나 만족스럽지 못한 수준으로 나타났다.

비즈니스 리더는 대화를 통해 임직원의 자발적 열정을 이끌어내고, 조직의 결속력을 강화해야 하며, 이를 통해 구축된 신뢰를 바탕으로 '위기를 기회로 바꾸는' 도전적인 전략을 구사해야 할 것이다.

바야흐로 혁신과 도전의 시대다. 아이폰의 신화를 일궈낸 애플의 스티브 잡스는 '비용 감소가 아니라, 일하는 방법의 혁신'이야말로 위기 극복을 위한 최선의 수단임을 역설한 바 있다. 바로 지금이 혁신을 위한 한국의 열정을 되살리기 위해 모든 경영진과 직원이 힘을 모아야 할 시점이다.

우리 회사도 열정 컴퍼니를 만들어 주세요–직원들의 쓴소리

〈매일경제〉는 리서치 회사 GB컴퍼니와 함께 30대 기업에 근무하는 직원 1,500명에게 '회사와 경영진에 대해 아쉬운 점이 무엇인지'를 물었다. 개인적인 불만사항도 있었지만, 더 나은 회사를 만들어달라는 애정 있는 쓴소리도 상당수 있었다. 이들의 쓴소리는 '우리 회사를 열정 컴퍼니로 만들어 달라'는 일종의 발전적 아우성이었다.

"회장님(미래에셋)을 지나가면서라도 볼 수 있는 기회가 없습니다. 늘 해외에 나가 계시니까요."

대기업 직장인들에게 오너와 경영진은 늘 '멀기만 한 존재'다. 하지만 때로는 직원들은 경영진과의 소통을 원한다. 사장과의 직접적인 대화를 원하는 것은 아닐지라도, 그들이 직원들을 향해 전하는 메시지를 듣기 원한다. 'CEO를 자주 볼 수 있었으면 좋겠다', '인사 등의 문제에 있어서 경영진과 직원들의 소통이 원활했으면 좋겠다(미래에셋)', '경영실무진과의 커뮤니케이션이 필요하다(현대)', '직원들의 사기가 떨어지고 있으니 이에 대해서도 관심을 가져달라(현대산업개발)' 등의 요구사항은 경영진과 CEO의 목소리를 공유하고 싶어하는 직원들의 마음이 담겨있다.

딱딱하고 수직적인 기업문화 철폐(현대건설) 등 소통할 수 있는 기업문화를 원하는 직원들의 의견도 많았다. '기업 분위기가 너무 강압적이다(KCC)', '독선적 분위기다(KCC)', '경영진의 일방통행이 아쉽다(효성)', '독선과 독단(효성)', '항상 말로만 관료주의 철폐라고 하는데 진짜 관료주의를 철폐해 달라(GM대우)' 등 직원들은 보다 수평적인 기업문화를 원한다는 목소리를 냈다.

경영자, 혹은 오너의 관점에서 회사의 투자방향에 대해 고민하고 있는 직원도 있다. '차종을 보다 세분화해야 한다(현대 자동차)', '승용 디젤을 확대 적용해야

한다(현대자동차)’, ‘신사업에 대해 보다 적극적으로 투자하고 과감한 성과주의를
도입해야 한다(LG)’, ‘중장기를 위한 투자에 대한 고민이 필요하다(LG)’, ‘경력사
원 등 인재 확보에 보다 많이 투자해야 한다(STX)’, ‘홍보에 더 많은 예산 책정(동
국제강)’ 등 회사가 어느 부분에 투자를 하는 게 좋은지를 함께 고민하고 있었다.

경영진의 리더십이나 활동을 주의 깊게 살펴본 후 더 나은 리더십에 대해 고민
하고 내놓은 이야기도 많았다. ‘보다 과감한 경영 마인드를 가져야 한다(동부)’,
‘한결같은 리더십이 필요하다(두산)’, ‘보여주기식 경영이 아닌 진짜 경영을 보여
달라(GM대우)’, ‘경영의 일관성이 필요하다(포스코)’, ‘투명경영(하이닉스)’, ‘보다
활발한 대외활동이 필요하다(한화)’, ‘강한 카리스마를 보여 달라(현대산업개발)’,
‘감성 리더십을 확대해 발휘해달라(LG)’, ‘공평심이 부족하다(현대자동차)’, ‘융통
성이 필요하다(한진)’, ‘보다 과감한 경영마인드 필요하다(동부)’ 등의 의견은 오
너와 경영진의 리더십이 어느 방향을 가리켜야 할지를 제시하고자 하는 직원들
의 마음이 담겼다.

비전과 혁신에 대한 고민도 상당수다. ‘경쟁사 대비 비전에 대한 전략이 미흡
(LG)’, ‘장기적인 비전 제시 부족(STX)’, ‘미래에 대한 비전을 제시하고 후대까지
물려줄 수 있는 기업 가치관이 정립되어야(현대산업개발)’ 등 직원들은 오너가 중
장기 비전에 대해 고민하고 이를 직원과 공유하기를 원했다.

또 ‘직원들은 혁신방향에 대해서도 연구 중심에서 시장 중심으로 사업관점을
변화시켜야한다(LG)’, ‘최근의 도요타사태가 경영에 반영됐으면 좋겠다(현대자
동차)’, ‘혁신적 변화에 보다 적극적이어야 한다(현대자동차)’, ‘시간, 급여, 체제 등
전반적인 경영 시스템을 혁신적으로 바꿔야 한다(금호아시아나)’ 등의 따끔한 진
단을 내렸다.

Chapter 4

유연근무제로 성과 높였다

유연성이 마지막까지 살아남는다

'눈에서 멀어지면 마음에서도 멀어진다'는 오랜 속담은 연애뿐 아니라 기업을 경영하는 데도 보이지 않는 법칙으로 작용해 왔다.

밤늦게까지 불이 켜져 있는 사무실은 직원들의 열정을 살펴보는 지표였다. 직원들이 근무 시간 내내 목에 걸고 있는 출퇴근카드는 직장에 대한 자부심의 상징이기도 했다. 하지만 기업인과 직원들의 이러한 '근무 시간 기록표'식 사고로는 더 이상 업무 생산성을 높여주지 않는 시대가 왔다.

제한된 시간과 공간에 동일한 목표를 가진 사람들이 모여 일을 하는 현대 기업의 경직된 구조는 '일터'라는 개념을 만들어 냈다. 그러나 이제는 경직보다는 탄력이 기업의 미래를 결정 짓는다. 출퇴근 시간이라는 개념이 사라지고 일터의 정의는 '일을 하는 지정된 장소'에서 '특정형태의 일이 이뤄지는 모든 장소'로 변했다. 탄력적인 근무는 일에 탄력을 준다. 기업이 직원에게 자유로운 근무시간을 통해 일과 개인생활에 균형을 선물하면 직원은 높은 성과로 화답한다.

미국의 대형 유통업체 베스트바이에는 근무 스케줄이 없다. 근무시간은 전적으로 직원에 의해 결정된다. 성과를 측정할 때는 근무시간은 평가요소에서 배제하고 이들의 성과를 측정한다. 직원들이 자율적 업무를 하게 하자 생산성이 35% 향상됐다. 업무몰입도가 향상돼 자발적인 이직률도 줄었다. 독일의 명차 브랜드 BMW는 유연근무제를 실시한 이후 매년 '일하고 싶은 기업' 순위에 이름을 올리고 있다.[33]

'눈앞에 보이는' 직원들을 관리해야 한다는 관습은 버릴 때가 됐다. 이제는 목적에 따라 직원을 관리해야 한다. 기술의 발달로 직원들에게 사생활의 자유와 일의 자유를 모두 줄 수 있게 됐다면 이제 줘야 한다. 자기계발과 가족과의 시간을 선물받은 직원은 일에서의 목표를 달성하기 위해 시간을 아끼지 않는다.

글로벌 인사컨설팅 업체 휴잇의 최고 다양성 책임자(CDO, Chief Diversity Officer) 안드레 타피아는 "유연성은 유연성을 낳는다"고 역설했다. 기업이 유연해질수록 직원들은 유연하게 목표보다 더한 성과를 낼 수 있다는 것이다. 최악의 전쟁 속에서 모두 승자가 되는 길, 답은 유연성에 있다.

유연한 그룹이 더 높이 오른다

토니 서클리페 씨는 영국의 세계적인 전자상거래 회사 알트컴(Altcom)에 근무하는 프로그래머다. 그는 주말에 축구를 하다 발목을 다쳤다. 월요일에 본인이 발표를 해야 하는 중요한 회의가 있지만 그는 병가를 내지도, 회의를 미루지도 않았다. 대신 서클리페 씨는 집에서 화상통화가 가능한 인터넷 전화 스카이프를 사용해 회의에 참석하기로 한다.

이 회사는 1995년 창업 때부터 계속 탄력근무제를 시행해왔다. 사무실에서 일을 하고 싶지 않은 사람은 노트북을 집에 가져가 아이들과 티비를 보며 일을 한다. 사무실에서 일하는 게 높은 업무 몰입도를 가져다준다면 사무실로 출근해도 상관없지만, 그렇지 않은 경우에는 자유롭게 출근장소나 시간을 결정할 수 있다. 본인에게 주어진 목표만 기한 내 달성한다면 이들에게는 아무런 패널티도 주어지지 않는다.

존 코울스 알트컴 이사는 "전 세계에 있는 고객들을 커버하는 데 영국시간에 맞춰 출퇴근을 하는 건 아무런 의미가 없다"며 "직원들에게 원하는 시간, 원하는 장소에서 일을 하게 해 일의 효율성을 높이고 고객 서비스 만족도도 높이면 회사에도 좋은 게 아니냐"고 반문했다. 탄력근무제를 '당연한 것'으로 느끼는 사회의 단면이다.

반면 전 중앙부처와 지방자치단체에서 2010년 8월부터 전면적으로 유연근무제를 실시한 대한민국의 공무원사회는 기쁨의 함성이 울리기보다는 전운이 감돈다. 한 관계자는 '행안부의 스마트 워크는 지금 개점휴업상태'라고 표현하기도 한다. 유연근무제를 신청하는 사람들은 하나둘 늘고 있지만 아직은 인사상 불이익에 대한 우려가 많은 이들을 불안하게 한다. 일각에서는 단순히 수치상 고용률을 늘리고 오히려 비정규직을 양산한다며 유연근무제 자체에 반기를 든다.

지금까지 사회는 제로섬게임으로 흘렀다. 사회 전체의 이익이 일정해 한쪽이 득을 보면 다른 한쪽이 손해를 보는 게 당연했다. 상대방이 무언가를 얻으면 나는 잃게 되는 사회다. 탄력근무제를 '무서운 것'으로 보는 한국 사회는 아직 이러한 제로섬의 사회다. 얻는 것만큼 잃는 것이 있다는 사고가 만연하다.

시범적으로 한국 내에서 유연근무제를 실시하고 있는 공무원사회에서의 갈등도 제로섬식 사고에서 시작된다. 일과 개인생활의 유연성으로 근무 환경이 좋아지면 반대로 인사상의 불이익을 받는다는 생각으로 유연근무제를 '불안의 눈'으로 바라보는 한국의 직원들은 아직 제로섬 사고를 하고 있다. 유연근무제 실시가 직원에게 주는 '혜택', 즉 '득'이기 때문에 대신 정규직을 비정규직으로 전환하고 인건비를 줄여야 한다는 식의 경영자들의 생각 역시 제로섬의 사회에서 벗어나지 못한 것이다.

하지만 이제는 마이클 브룸 박사가 주창한 무한대 게임(Infinite Game)의 시대다. 누군가 무엇인가를 얻으면 나 또한 무언가를 얻는다. 이 사회에서는 '1+1=2'가 아니고 '1+1=3', 혹은 그 이상이다. '야근'과 '정시출근'의 개념이 사라지는 '스마트 워크(Smart Work)'는 무한대 게임의 사고 안에서 가능하다. 일과 개인생활의 유연성은 개인과 기업에 모두 혜택을 준다.

이제 리더들은 '직원들이 가시거리에 있어야 마음이 안정된다'는 사고를 버려야 한다. 회사에 남아 야근을 하는 직원이 성실한 것이 아니라 도리어 야근을 하는 직원이 미련한 사람이라는 평가를 받는 사회가 오고 있다. 제로섬식 사고를 버리면 무한대 게임이 가져다주는 '잭팟'이 터진다. 영국 내 글로벌 통신회사 BT는 2000년대 초 탄력근무제를 도입한 후 연 7억 5,000만 파운드(1조 3,300억 원)를 절감했다. 세계적 인사 컨설팅회사 휴잇(Hewitt)의 '유연 업무 배치' 조사 결과에 따르면 설문에 참여한 67%의 기업의 유연성이 성과 몰입도를 높였다고 답했고 60%의 기업은 인재 유지율이 개선됐다고 답했다. 유연성이 채용 활동에 도움이 된다고 응답한 기업도 절반을 넘었다.

유연근무제? 스마트 워크? 단어자체가 없어져야 진짜 '스마트 워크'가 된다

:: 한국 내에서 20년 이상 탄력근무제를 시행한 한국 릴리

오전 9시. 막 출근한 직원들이 자리에 앉아 모니터를 들여다보고 있어야 정상이지만 사무실은 몇 자리를 제외하고는 텅텅 비어있다. 사무실 중간에 위치한 칸막이 없는 긴 책상에는 한 여성이 앉아 바쁘게 서류를 검토 중이다. 언뜻 보기엔 외부 방문객으로 비춰지기도 하지만 사실 그녀는 제약회사 한국 릴리의 재경 담당 임원인 이수진 상무다.

"오늘은 미팅이 잦아서 종일 회의실을 들락날락해야 해요. 그래서 굳이 한 자리를 차지할 필요가 없어요. 여기 간단한 짐만 두고 왔다갔다하기에 저도 편하고 사람들한테 방해도 안 되지요."

이 상무는 사무실에 자리가 없다. 출근해서는 가장 편한 자리를 찾아 앉는다. "일이 많을 때는 칸막이가 돼 있는 자리에 앉고, 오늘 같은 경우는 왔다갔다하기 편한 자리를 잡았죠."

이야기를 나누던 중, 젊은 직원 한 명이 두리번거리다 멀리서 '이수진 님'이라고 부르며 다가와 인사를 나누고 결재서류를 내밀었다. 이 상무의 직책이 어떻게 되는지 아냐고 묻자 "저희 부 디렉터이시긴 한데 이름을 부르다 보니 직책을 잘 모른다"며 머리를 긁적인다.

이런저런 이야기를 나누다 결재서류에 사인을 한 이 상무는 노트북만 들고 회의실로 자리를 옮긴다. 회의실이든, 어느 곳에나 노트북 전원을 충전할 수 있는 어댑터와 키보드, 듀얼 모니터, 노트북 거치대 등이 설치돼있다.

장소 이동이 번거롭지 않도록 돕는 회사 측의 배려란다. "노트북 안에 소프트폰(인터넷 전화 프로그램)이 내장돼 있어서 어디서나 제 내선으로 오는 중요한 전화를 받을 수 있어요. 간단한 용무는 비서가 맡는다고 해도 제가 꼭 받아야 할 전화가 있을 때는 비서가 제 노트북에 내장돼 있는 소프트 폰으로 전화를 돌려주죠."

아이러니하게도 이 상무를 포함한 모든 임원은 본인의 자리가 없지만 이들의 비서업무를 담당하는 개인 비서들은 모두 고정석이 있다. 이들은 사장, 부사장 등 자신이 업무 보조를 맡고 있는 임원들의 지근거리에 앉아있는 게 아니라 비슷한 업무를 담당하는 동료 비서들과 같이 앉는다.

"사실 이들이 함께 앉아 있는 게 업무 몰입에는 더 좋아요. 저랑은 제가 어디에 있든 언제나 다이렉트로 연락을 할 수 있으니까요. 비슷한 업무를 맡는 친구들이 모여 있어야 업무에 대해 이야기도 나누고 제 스케줄 관리도 오히려 쉽게 마무리가 돼요."

그녀는 회의 시작 전 목을 축이기 위해 카페테리아로 가 차를 직접 타 다시 회의실로 향했다. 10시가 되자 제법 사무실에 사람이 차기 시작한다. 직원들은 본인의 사물함을 열어 노트북이 담긴 백팩을 들고 각자 앉고 싶은 자리에 자리를 잡는다. 릴리의 탄력근무제는 1990년 시작해 2010년으로 20여 년을 맞았다. 한국에서는 가장 초반에 탄력근무제를 시작한 회사 중 하나다. 공통 근무시간 10시에서 4시를 포함해 8시간 근무 시간만 맞춰 잡으면 된다. 분기별로 자신의 출퇴근 시간을 조정할 수 있다. 2010년부터는 재택근무를 시작했다. 시기에 관계없이 부서 본부장과 협의를 거치면 누구나 신청이 가능하다. 아직 신청자는 10명으로 참석률은 높지 않은 편이다.

한국 릴리 김은자 부사장은 "부서에 처음 온 팀원에게 재택근무를 권했었는데 회사에 자리가 없어진다는 생각을 하면서 오히려 거부감을 느끼더라"고 말하며 "아직 문화에 대한 교육이 많이 필요하다"고 말했다.

"재택근무를 하겠다고 하면 집에 사무실과 똑같은 자리를 만들어 주는데 아직도 사무실에 무조건 자신의 자리가 있어야 한다"는 생각을 하는 경우가 많아요. 특히 경력직으로 옮긴 친구들의 경우 쉽게 문화에 적응하지 못하는 경우가 있어요. "가끔 오늘은 그냥 집에서 일 마치고 와도 돼"라고 말을 하면 오히려 "내 자리가 없어지는 건가 하며 깜짝 놀라 손사래를 치기도 하지요."

한국 릴리의 경우는 총 직원 수 340명 중 64명만 자리가 있고 나머지는 자리가 없다. 탄력근무제는 분기별로 출퇴근 시간을 정해 제출하기 때문에 전원이 참여하고 있는 셈이다. 미국 본사는 더 자유분방하다. 출퇴근 시간을 분기별로 제출할 필요가 없어 완전히 자유롭다. 출근 카드라는 건 존재하지 않는다. 재택근무는 신청을 하거나 본부장과 협의할 필요 없이 당일 아침에 '오늘 집에서 일을 하겠다'는 통보만 하면 된다.

미국에 위치한 릴리 본사에서 근무하다 한국 지사로 온 함태진 대외업무총괄 부사장은 "탄력근무제나 스마트 워크라는 용어가 아예 없어져야 제대로 된 문화가 정착된 것"이라고 말했다.

"본사에서 가장 놀란 건 탄력근무제라는 용어가 아예 없다는 것이었어요. 일상적으로 자유로운 출퇴근 문화가 정착됐기 때문에 그런 용어를 사용할 필요가 없는 거죠. 하루는 같이 일하던 직원이 출근하지 않아 그 친구는 어디에 갔냐"고 물어보자 상사가 아무렇지도 않게 "오늘은 아이와 놀아주며 일을 해야 해서 집

에서 일하겠습니다"라고 통보해왔다고 하더군요. 초반에는 문화적인 충격이라고 생각했지만 이내 익숙해졌습니다.

출퇴근에 자유를 주자 직원을 고용하는 데 있어 회사가 사고할 수 있는 폭도 넓어졌다. "우리 본사는 인디애나에 있어요. 하지만 스카우트를 하기 위해 좋은 커리어를 가진 사람을 찾았는데 그의 거주지가 텍사스인 거예요. 재택근무나 탄력근무라는 문화가 없다면 그 친구에게 스카우트 제의를 하면서 거주지를 이전해야 한다는 등의 불편한 조건을 달아야 하죠. 그럼 비용도 많이 들고 잘못하면 인재를 빼앗길 수도 있어요. 일라이 릴리의 경우는 그에게 이사를 권하는 대신 텍사스로 찾아가 사무실을 만들어 줍니다. 일반적인 업무는 화상으로 처리하고 한 달에 한 번씩 본사에 방문해달라는 요청만 하면 돼요. 재택근무는 사무실에서 자신의 자리가 빠지는 게 아닙니다. 자연스러운 문화죠."

그는 자유분방한 문화를 가지고 있는 미국에 비해 상하관계가 뚜렷한 한국에서는 보다 조심스러운 접근이 필요하다고 조언했다. "윗사람을 존경하는 문화는 한국의 중요한 정신이기도 하지만 '스마트 워크'나 '탄력근무제'와 같은 새로운 문화를 적용하는 데에는 걸림돌이 될 수도 있습니다. 한국 릴리가 다른 회사보다 자유로운 편이지만 릴리 본사만큼 완전히 자유로운 근무 문화를 도입하지 못하는 것도 이런 이유 때문이지요. 새로운 문화를 만들어가기 위해서는 사내에서도 끊임없는 교육이 필요해요. 제도 도입이 먼저가 아니라 문화를 만드는 게 먼저에요."

제조업은 유연근무제, 힘들지 않냐고? 천만의 말씀!

유연근무제가 활성화돼 있는 해외에서도 아직은 이 제도가 공기업이나 서비스업에서만 활성화돼 있는 게 아니냐는 인식이 강하다. 실제 유럽 공기업 내 42%는 유연근무제를 시행하고 있다. 하지만 그 속을 들여다보면 유연근무제는 이미 다양한 산업군에 확산돼 있다.

영국의 한 설문조사에 따르면 영국 내 유연근무제의 필요성을 느끼고 이를 시행하기 위한 단계를 밟아나가고 있는 기업은 전체 기업 중 69%에 달한다.[34]

대부분의 사람들이 유연근무제 정착이 불가능하다고 여기는 전통적 산업모델인 제조업에도 유연근무제의 바람은 불고 있다. 세계적인 명차 BMW의 경우 딘골핑(Dingolfing), 뮌헨(Munich), 베를린(Berlin), 랜드셧(Landshut) 공장에서 유연근무제를 실시하고 있다.

레겐스버그(Regensburg) 공장에서 유연근무가 시작된 지는 이미 25년이 지났다. 이 공장에서는 9,000명의 직원이 2교대로 근무하며 일주일에 평균 4일 회사에 나온다. 당시에는 직원 우대차원이나 좋은 환경의 일자리 제공을 위해 시작된 것은 아니었다. 수용량을 늘리면서 전체 비용을 절감하기 위한 방편이었다. 하지만 주 5일 근무 때보다 직원들의 효율성이 눈에 띄게 높아졌다. 직원들끼리 스케줄만 잘 조정하면 가족과 몇 일간의 여행을 떠나는 것이 가능해지자 이들의 만족도와 충성도가 올라갔다.

기업적인 측면에서도 도움이 됐다. 시장상황에 맞춰 직원들을 활용하는 데 유리했다. 시장의 수요가 많을 때는 직원들에게 '수요가 많으니 교대 근무제도를 더 활용해 달라'고 공지만 하면 자신들이 알맞게 스케줄을 짜서 물량을 만들어 냈다. 초과근무수당이나 주말수당을 줄 필요도 없었고 직원들은 스스로 선택해 일을 하니 불만이 없었다. 제도의 효율성을 따지고 이를 다른 공장에도 확대하자 전 세계적으로 '일하고 싶은 제조업 기업' 순위에도 이름을 올리게 됐다. 이 제도는 경쟁사들에게도 자극이 됐다. 유럽에 베이스를 두고 있는 혼다와 도요타, GM의 하청기업 복스홀(Vauxhall)도 유연근무제를 도입해 시행하고 있다.

미국의 최대 종합 식품 기업 크래프트(Kraft) 역시 유연근무제를 성공적으로 도입해 활용하고 있는 기업 중 하나다. 전 세계 150개국에 10만 9,000여 명, 미국 내에만 100개 제조공장 6만 2,000명의 직원을 보유하고 있는 크래프트는 59%에 달하는 계약직 직원 때문에 골머리를 앓았다. 직원들의 업무 만족도와 업무 몰입도는 바닥으로 떨어졌다.

이를 해결하기 위해 2002년에 도입한 게 유연근무제였다. 업무시간을 직원들이 정할 수 있게 했고 조절만 잘하면 언제든 하루의 휴가를 낼 수 있게 된 직원들의 업무 만족도는 높아졌다. 가족이 아프거나 휴가를 즐기고 싶을 때, 혹은 급한 일이 생겼을 때도 이들은 회사에 특별 휴가 신청서를 제출할 필요가 없었다. 같이 일하는 직원들에게 양해를 구하고 시간만 조율하면 됐다. 정해진 업무를 다른 때에 짬을 내어 수행하면 되니 회사에 해가 가지도 않았고 직원들의 불만은 줄었다.

계약직 직원들도 편안하게 삶을 즐기며 일을 할 수 있는 여유를 찾게 되자 만족도가 높아졌다. 24시간 눈과 귀가 열려있어야 할 매니저들 역시 유연근무제를 통해 업무 만족도가 높아졌다. 기업 내 커뮤니케이션을 위해 온라인 클럽이나 오프라인 공식모임을 종종 가졌지만 유연근무제를 통해 개선된 커뮤니케이션 효과가 높다고 생각하는 직원이 80%에 달했다.

"좋은 비즈니스란 최선책을 찾아내고 이를 경영에 적용하는 것입니다. '지금까지 이렇게 해왔기 때문에'라는 안일함은 기업이 발전하는 데 가장 큰 걸림돌이 되죠. 현대 상황에 맞춘 비즈니스 전략대로 일을 하는 게 최선책입니다. 그렇다면 지금 해야 하는 것도 간단합니다. 유연근무제이지요."

2세기 전 석탄에너지를 기반으로 한 기술발전은 일터와 가정을 분리하는 새로운 경제모델을 만들었다. 이후 200년간 산업구조는 견고해졌지만 일과 가정, 업무와 여가 등 가장 필요한 두 가지 중 하나를 선택하고 하나를 포기해야 하는 딜레마를 낳았다.

여성의 사회진출이 늘어나면서 딜레마는 더 깊어졌다. 시장이 전 세계로 확대되면서 이제는 지구 반대편에 있는 고객을 위해 낮밤을 바꿔가며 일을 해야 하는 사태도 생겼다. 글로벌 인사 컨설팅 기업 휴잇의 안드레 타피야 최고다양성책임자(CDO)는 〈매일경제〉와의 인터뷰에서 이제 이 상황에 맞춘 비즈니스를 해야 한다고 강조했다.

"지금은 다행히도 200년 전과 달리 인터넷이라는 도구가 갖춰졌습니다. 어디서든, 언제든 가장 편안하게 업무에 대처할 수 있지요. 이제 중요한 것은 일의 정의에 대한 새로운 철학을 세우는 것입니다."

Q. 새로운 철학이란 뭐죠?

"지금까지는 리더와 매니저는 사무실 내에서 정해진 근무 시간, 혹은 그 시간보다 더 길게 사무실에서 일을 하는 게 기업에 대한 충성도와 의무감을 보여준다는 철학을 가지고 있었어요. 이런 사상은 바뀌어야 합니다. 충성도나 일에 대한 의무감, 도덕심에 대한 철학을 다시 세워야 한다는 거죠. 사무실을 둘러보세요. 중요하지 않은 일을 하면서 시간을 때우려고 야근하는 직원은 없는지, 오히려 소문에 집착하거나 쓸데없는 이야기를 퍼트리며 다른 직원에게 나쁜 영향을 미치는 사람은 없나요? 정해진 근무시간을 사무실에서 채운다고 해도 그게 과연 적당한 일을 하는 걸까요? 스스로에게 질문을 던져야 합니다. 뭐든 리더의 뜻대로 직원을 관리하는 것이 과연 더 바람직한지, 아니면 직원들이 가장 편안하게 효율적으로 일할 수 있게 만들어 주는 게 바람직한지 말입니다"

Q. 하지만 직원들이 업무를 훌륭하게 수행하고 있는지에 대한 불안감은 쉽게 없어지지 않을 듯한데요.

"물론 상당수의 직원들이 유연근무제를 잘못 사용할 수도 있어요. 언제나 부작용은 늘 따르는 법이니까요. 하지만 우리가 직원들에게 꼭 이뤄내야 할 일을 주고 언제 어디서 어떻게 일을 해야 하는지 정해주지 않더라도 일이 효율적으로 진행될 수 있다는 '가능성'에 대해선 신뢰를 해야 합니다. 미국 최대 유통기업인 베스트바이를 보면 알 수 있지요. 베스트바이는 직원들이 언제 어디서 일을 할지를 스스로 정합니다. 자신들의 휴가도 스스로 정합니다. 물론 간단한 가이드라인이 있기는 하지만 모든 것은 자유죠. 이들을 풀어주고 차후 성과 중심으로 평가를 했더니 놀랍도록 향상된 모습을 보였죠. 소비자 만족도도 높아졌고요."

Q. 유연근무제를 하기 위해서는 리더가 '포용의 리더십'을 가지는 게 급선무겠네요.

"포용의 리더십을 가지고 있는 회사에는 비즈니스 성과라는 큰 혜택이 따릅니다. 누군가가 자신이 환영받지 못하는 환경과 자신의 가치를 느낄 수 없는 곳으로 매일 출근을 해야 한다면 같은 작업장에 있는 대부분의 사람들 역시 같은 기분을 느낄 가능성이 높지요. 이곳에 속한 사람들은 열심히 일하지도, 효율적으로 일하지도 않은 채로 자신감을 상실할 뿐입니다. 논리적으로 생각해볼 때 이런 상황이 기업이 원하는 상황은 아니지요. 포용력을 발휘하지 않으면 이 상황은 변할 기미를 보이지 않을 것입니다."

'제대로' 활용하려면 가능한 '환경'을 만들어라

Q. 아직 유연근무제가 업무 효율성을 낮춘다는 생각을 가지고 있는 사람도 많습니다.

"그렇기 때문에 유연근무제를 도입하기 위해서는 먼저 조직이 그에 맞게 행동할 줄 아는 직원으로 구성돼 있어야 합니다. 즉, 꼭 필요한 일이 있다면 언제든지 회사에 다 같이 모일 수 있는 사람들로 구성돼 있어야 한다는 거죠. 화상 미팅으로 끝내기 어려운 일들, 가령 새로운 직원들을 대면하는 등의 팀워크를 위해서라면 자신의 시간도 기꺼이 낼 수 있어야 한다는 게 채용의 전제조건이어야 합니다. 커피숍이나 집에서 일할 수 있는 자유가 주어진다고 해서 놀 수 있는 자유로 착각을 해서는 안 되죠. 그래서 평가서라는 게 존재하는 거죠."

Q. 직원들에게 자유를 주더라도 어느 정도 일정을 관리할 필요성은 있을 텐데요.

"그럴 때는 모두가 볼 수 있는 온라인 캘린더를 쓰는 것이 좋습니다. 이미 구글에서 나온 구글 캘린더를 활용하는 방법도 괜찮습니다. 모든 사람이 한 달력에 본인의 업무와 일정을 쓸 수 있게 하는 거지요. 이제는 온라인에서 모든 사람이 만날 수 있는 유비쿼터스 시대입니다."

Q. 누군가는 유연근무제를 활용할 수 없는 직군을 가지고 있습니다. 그들에 대한 역차별은 어떻게 해소해야 하나요?

"비즈니스 목적이 달라 유연근무제를 활용할 수 없는 직원들은 분명히 있습니다. 그들에게는 기업 내에서 그들이 얼마나 필요한 존재인지를 인지시켜주는 것이 중요합니다. 하지만 유연함은 출퇴근 시간으로만 보일 수 있는 것이 아니라는 걸 잊지 말아야 합니다. 나흘간 야근을 한 직원에게 프로젝트를 마친 후 긴 휴가를 제공하는 것도 방법입니다. 좋은 음식이나 좋은 근무환경, 직원들을 즐겁게 해줄 수 있는 이벤트를 만드는 것도 좋습니다."

유연근무제가 여성들의 편의를 위한 것이라는 편견도 버려야

Q. 유연근무제는 여성만을 위한 혜택이라고 생각하는 시각도 존재합니다.

"물론 여성들을 유인하는 좋은 제도이기는 합니다. 하지만 우선 인재 자체에 대해 생각해 봅시다. 모든 기업은 가장 똑똑한 직원들을 채용하고 싶어 합니다. 어떤 학교든, 그룹이든, 경쟁사든 어디에나 인기 있는 인재와 좋은 인재가 있습니다. 그래서 많은 기업은 채용 전략 중 하나로 여러 학교나 그룹을 방문해보지요. 그런데 인구의 반만 보면 그게 무슨 소용이 있을까요? 더 많은 사람들을 관찰해야 그만큼 더 좋은 인재들을 채용할 수 있습니다. 그렇기 때문에 여성들을 관찰하고 멋진 여성인재를 채용하는 일은 중요합니다. 유연근무제가 이런 좋은 인재들을 채용하는 데 긍정적으로 작용한다면 성공한 제도로 평가될 수 있는 것이고요."

Q. 아직은 여성을 고용하는 데 부정적인 생각을 가진 기업도 있는데요.

"많지는 않지만 전 세계적으로 점점 더 많은 여성들이 임원직에 오르고 있습니다. 트렌드를 떠나 기업의 비즈니스에 여성들의 마인드가 절대적으로 필요한 사회가 오고 있습니다. 다양한 연구결과에 따르면 가정 내에서 여성들은 쇼핑의 모든 결정권을 가지고 있습니다. 이들의 목소리는 회사 내 여성들이 가장 잘 파악할 수 있지요. 그리고 대부분의 고객이 여성인 기업이 남성이 다수인 팀을 꾸려 고객의 마음을 잡으려 했다가 망한 케이스는 수도 없이 많습니다. 오히려 성의 다양성을 가지고 있지 않은 기업이 앞으로 불리할 수밖에 없습니다."

Q. 결과적으로는 한정된 사람이 아닌 모든 이들을 위한 제도라고 생각할 수 있겠네요.

"모든 사람과 직군이 유연근무제를 필요로 할 수 있습니다. 가령 남자라도 유연근무제는 필요합니다. 직군에 따라 누구나 밤 12시에 해외로 전화를 해야 할 일이 생기기 마련입니다. 그리고 여성뿐 아니라 남성도 자신의 아이와 얼굴을 맞대고 일상을 즐기고 싶은 욕구가 있습니다. 남자든 여자든 빠르게 변하는 국제경기에 발맞춰 가느라 바쁘고 또 어지럽습니다. 발전된 기술을 이용해 보다 효율적으로 일할 수 있는 환경을 만들다 보면 모두 더 생산적으로 일할 수 있는 여건이 갖춰지는 것이지요."

인터뷰를 마무리하며 그는 유연근무제를 생각하는 사람들의 인식 자체가 변하지 않는 것에 대해서 우려를 표했다. 리더들이 진정 원하는 게, 원하는 일이 언제 어떻게 이뤄지는가에 대한 과정을 보고 싶어 하는 게 아니라면 비즈니스에 도움이 될 만한 긍정적인 영향력을 끼친다는 점에서 유연근무제를 바라봐야 한다는 게 그의 주장이다.

"사람들은 유연근무제를 도입하는 데 어느 정도의 비용이 드는지를 종종 저에게 묻습니다. 이는 기업에 유연근무제가 손해를 미치지 않을까 하는 생각에서 비롯된 것입니다. 나는 그저 되묻고 싶을 뿐입니다. 당신이 유연근무제를 도입하지 않음으로써 발생하는 손해는 어떻게 할 셈입니까?"

Who he is

1960년 출생한 **안드레 타피아**는 1983년 미국 노스웨스턴대에서 저널리즘과 정치학을 전공했다. 이후 5년간 〈시카고 트리뷴〉과 〈볼티모어 선〉에서 기자로 활동했다. 1995년 휴잇 어소시에이츠에 입사해 2003년 최고다양성책임자(CDO)로 임명됐다. 타피아는 다국적기업인 휴잇의 다양성 전략과 비전을 관리하며 동시에 〈포춘〉 1,000대 기업 중 백스터, 메리어트, 모토롤라, 언스트&영 등을 대상으로 다양성과 포용에 대한 컨설팅을 해 왔다.

Part 3

독불장군은 안 된다

훌륭한 직원과 훌륭한 임원은 다르다

트위터, 페이스북 등 소셜 네트워크 서비스가 발달하면서 난데없이 '참여와 협력'이 강조되고 있다. 인터넷이야 10~20년 전에도 활발하게 쓰였건만 이제 와서 SNS가 '뉴 웨이브'기술로 온갖 조명을 받는 이유는 뭘까?

현대 마케팅의 거두 필립 코틀러 박사는 그의 책《마켓 3.0》에서 "소셜미디어는 개인들이 스스로를 표현하고 서로 협력하도록 돕는다"며 "이는 매우 중대한 현상"이라고 강조했다.

위키피디아 백과사전을 생각하면 이해가 쉽다. 위키피디아의 내용은 자발적으로 참여하는 수많은 개인이 만드는데, 누구나 수정하고 편집해 인터넷에 올릴 수 있다. 말 그대로 '집단 지성'의 결정체인 셈이다.

코틀러 박사는 SNS로 연결된 개인들의 '협력'트렌드가 기업의 비즈니스에도 지대한 영향을 미친다고 지적했다. 소비자들의 집단적 힘과 경쟁하다 보면 기업은 더 이상 자신들의 브랜드를 완전하게 통제할 수 없기 때문에 '의무적으로' 소비자와 협력해야 한다는 얘기다. 이러한 관계는 기업조직 내부에도 그대로 적용된다. 기업들은 트위터 등 일반화된 SNS, 혹은 자체적인 소셜 네트워크 플랫폼(SNP)을 만들어 본사와 지사, 해외법인 직원들의 아이디어를 모으고 협력을 유도한다.

사실 SNP를 통한 협업이 의미 있는 이유는 정보기술로 시간과 장소의 벽을 허물었다는 것보다는 그동안 자기가 맡은 일 외엔 관심 없던 직원들이 자유롭게, 의욕적으로 의견을 개진할 수 있도록 새로운 의사소통의 장을 열었기 때문이다.

SNP가 기업경영에 도움이 되려면 경영진이나 특정 관리자가 이를 통제해서는 안 된다. 새로운 기술이 가져온 협업의 가장 큰 미덕은 '내 의견이 조직의 지위고하나 보고체계에 막히지 않고 누구에게나 평등하게 알려질 수 있다'는 데 있다.

IT분야에서 가장 영향력 있는 석학으로 꼽히는 앤드류 맥아피 박사는 Chapter 1에서 평소 잘 모르고 지내던 사람과의 '약한 유대'가 갖는 강력한 기업 혁신의 힘에 대해 역설한다. '협력'이란 큰 주제 아래 Chapter 2에서 '임원 평가'를 포함시킨 것은 임원이란 사람들이 기업의 의사결정과 조직문화에 막중한 영향력을 행사하기 때문이다. 그러나 우리나라의 임원 승진은 의외로 최고경영자(CEO)의 개인적 선호나 유대, '감'에 의해 이뤄지는 경우가 적지 않다. 능력을 본다 해도 '얼마나 성과를 많이 내느냐'에 치중한다. 아닌 게 아니라 임원을 평가하는 시스템 자체가 없는 곳이 많다.

훌륭한 직원과 훌륭한 임원은 다르다. 훌륭한 임원은 자기 자신이 일을 잘하는 것도 중요하지만 수많은 조직원들이 최상의 성과를 낼 수 있도록 이끌거나 부하들의 잠재력을 끄집어낼 수 있는 능력이 더욱 필요하다. 자기도취에 빠진 독불장군 임원은 조직 전체에 독을 퍼뜨릴 수도 있다. 한국 기업들도 임원을 평가할 때 상사, 동료, 부하 등 모든 관계자로부터 '360도 전방위 평가'를 받게 해야 한다. 그리고 임원 후보자들은 '나는 왜 임원이 되려고 하나'하고 스스로에게 질문해봐야 한다. 높은 보수나 좋은 처우, 성공에 대한 야망이 이유라면 결코 좋은 임원이 될 수 없다. 독자들은 2장의 마지막에서 이 질문에 대한 바람직한 답을 찾을 수 있을 것이다.

Chapter 3에서는 세계적인 석학이자 '인기 강사'인 호라시오 팔카오 교수가 들려주는 '협상의 세계'로 여러분을 초대한다.

성공적인 협상은 결코 어느 한쪽의 희생이나 손실을 가져오지 않는다. 적당한 선에서 타협을 보고 당초 원했던 수준의 70~80%만 얻어가는 것도 구시대적인 발상이다. '협상의 7단계'는 다소 비인간적으로 비칠 수도 있지만 결국 양쪽 모두를 만족시키는 스킬이다. 당신이 웃으면서 협상장을 떠나기 위해선 무엇이 필요한가? 상대방과 친해져서 악수를 하면서? 아니면 원하는 것을 100% 얻어냈을 때?

Chapter 1

소셜 네트워크가 만드는 협업의 세상

수많은 1명이 쌓아올린 위대한 힘

한때 '1명의 천재가 1만 명, 10만 명을 먹여 살린다'는 말이 유행한 적이 있다. 1994년 이건희 삼성 회장이 특강 때 했던 말이다. 소수의 천재가 다수의 범재보다 뛰어난 성과를 올릴 수 있다는 말로 풀이되곤 했다.

그러나 이 말이 얼마나 들어맞을까? 위키피디아는 정반대 결론을 보여준다. 누구나 자유롭게 글을 올리고 편집할 수 있는 온라인 백과사전인 위키피디아는 세계 최고 전문가들이 만들어내는 브리태니커 사전보다 절대 못하지 않다. 위키피디아는 평범한 다수가 만들어낸 '협업'의 놀라운 결과다.

소셜 네트워크 사이트인 페이스북이 전 세계 5억 명의 가입자를 확보할 정도로 빠른 속도로 글로벌화한 비결은 평범한 다수가 만들어낸 놀라운 협업이었다. 예들 들어 페이스북이 프랑스어 사이트를 만드는 데 얼마의 시간이 걸렸을까? 놀랍게도 단 하루였다.[35] 페이스북 사용자들이 번역에 적극 참여했기 때문이다. 프랑스어뿐만이 아니다. 페이스북이 70개 언어로 사이트를 번역하는 데 참여한 인원은 무려 30만 명에 이른다. 네트워크로 연결된 다수가 놀라운 협업의 능력을 보인 셈이다.

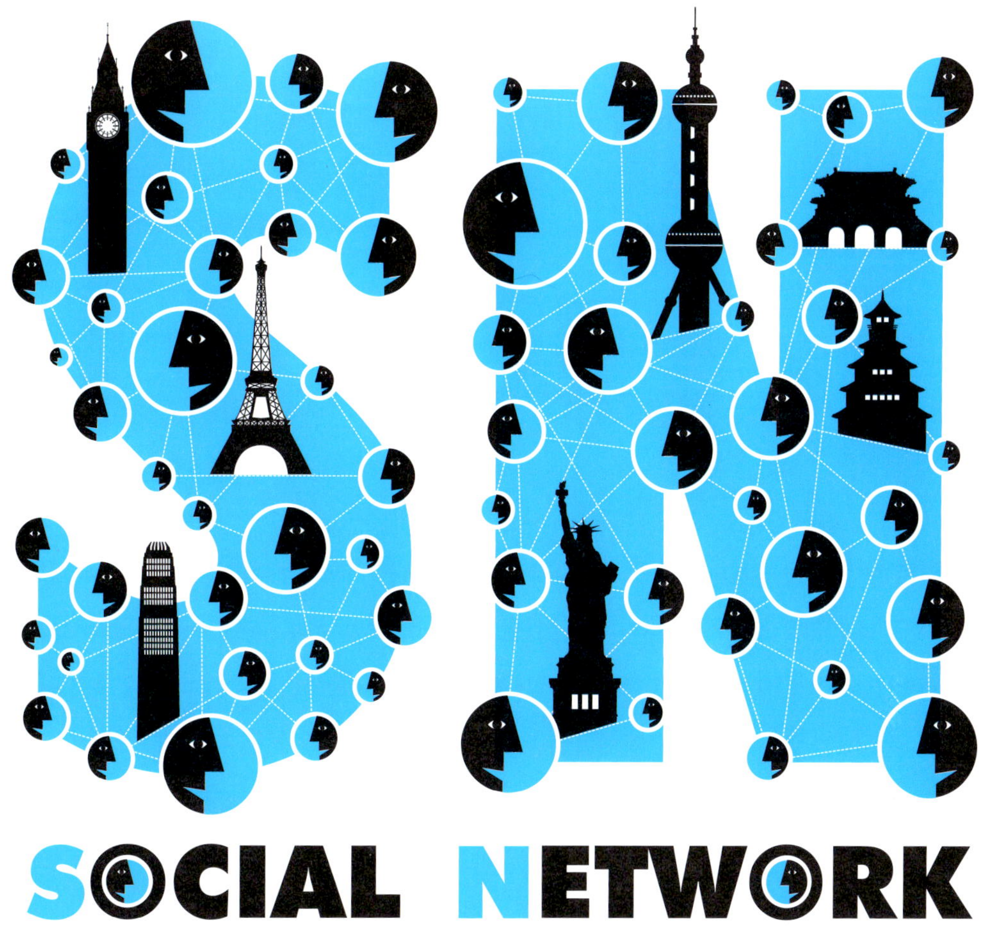

이처럼 위키피디아와 페이스북 등은 수많은 사람들을 연결하면서 인간의 협업 능력을 거의 무한대로 확장하고 있다. 게다가 네트워크로 연결된 다수는 온갖 아이디어를 내놓으며 새로운 혁신의 원천이 된다. 다수의 지적능력이 결합되면서 시너지를 낳는 집단지성이 위력을 발휘하는 것이다.

과거에는 상상도 못한 협업이 가능해져

그렇다면 위키피디아가 보인 성과를 삼성 등 일반 기업은 재연할 수 없는 것일까? 직원들의 협업을 통해 집단지성을 발휘하면 위키피디아처럼 엄청난 가치를 창조해낼 수 있지 않을까? 앤드류 맥아피 미국 매사추세츠공과대학(MIT) 디지털 비즈니스 센터 선임과학자는 〈매일경제〉와의 인터뷰에서 "물론 가능하다"고 단언했다. 누구나 자유롭게 정보를 올리고 편집하는 위키피디아, 수백에서 수천 명을 친구로 묶어주는 페이스북 등 '소셜 네트워크 플랫폼'이 있기 때문이란다.

인텔, 베스트바이 등 많은 기업들이 사내 소셜 네트워크 플랫폼을 만들어 직원들은 연결시키는 이유다. 그 결과 멀리 떨어져 평소에 알지도 못했던 직원들끼리 정보를 공유하고 서로 돕는 놀라운 일이 벌어졌다.

인텔은 2005년 말부터 직원들이 자유롭게 아이디어를 올리고 누구나 내용을 수정할 수 있는 '인텔피디아'라는 사내 소셜 네트워크를 운영하고 있다. 이곳에 직원들이 자발적으로 올린 자료만 무려 1만 5,000여 개가 넘는다. 인텔피디아는 누구나 접속해 내용을 편집할 수 있기 때문에 항상 최신 자료로 업데이트된다.

인텔피디아를 만든 조쉬 밴크로프트는 인텔피디아를 집단지성을 활용한 대표적 성공사례로 꼽히는 '위키피디아'의 회사 내 버전에 비유했다. 그는 "위키피디아 같은 기능을 하는 지식 공유 사이트를 회사 내에 만들었다고 상상해보라"고 말했다.[36]

SNP는 과거 같으면 협업하지 않았을 사람들과 협업하는 것을 가능하게 만들었다. 소매업체 베스트바이 직원들의 소셜 네트워크인 '블루셔츠네이션(Blue Shirt Nation)'이 그 같은 사례다. 몇 만 명에 이르는 일반 직원들을 네트워크로 엮었더니, 몇 천 km씩 떨어져있는 직원들끼리 도움을 주고받더라는 것이다.

• 사례1 : 콜로라도주 스프링스 매장의 한 직원은 비디오 게임 판매 촉진 아이디어를 담은 보고서를 블루셔츠네이션(Blue Shirt Nation)에 올렸다. 이후 다른 직원들로부터 비디오 게임 판매에 대한 질문을 받은 그는 답변을 하면서 자신의 노하우를 전파하게 됐다. 본사도 그를 여러 도시의 기획회의에 참여시켜 아이디어를 공유하게 했다.

•사례2 : 한 매장 직원이 디지털 카메라의 전시용 케이스가 매장 면적에 비해 너무 큰 것

같다며 사진을 찍어 블루셔츠네이션에 올렸다. 그러자 몇 시간 내에 전시 디자이너가 엉뚱한 전시용 케이스가 매장으로 보내졌다며 새 케이스를 보내 문제를 해결했다.[37]

맥아피 박사는 〈매일경제〉와의 인터뷰에서 SNP가 만들어내는 협업의 성격을 이렇게 설명했다.

"과거 같으면 쉽사리 잊어버렸을 사람, 궁금한 게 생겨도 질문하지 않았을 사람, 그래서 훌륭한 동료로서 활용하지 않았을 사람들을 이제는 기억하고 동료로서 활용할 수 있게 됐어요."

협업은 다수의 지적 능력을 결합하는 '집단지성'을 통해 새로운 지식과 가치를 만드는 원천이 된다. 위키피디아는 집단지성의 대표격이다.

미국의 16개 정보기관은 9·11테러 이후 위키피디아 등을 이용해 정보기관을 잇는 SNP를 구축했다. 개별 정보기관이 갖고 있던 정보를 묶어서 분석했다면 9·11테러를 막을 수 있었다는 반성에서 비롯됐다. 여러 기관의 정보 분석 능력을 결합해 집단지성을 발휘하자는 목적이었다.

오늘날 기업은 전 세계에서 활동하는 글로벌 기업이다. 세계 곳곳에서 직원들이 SNP로 협업하고 집단지성을 발휘한다면 엄청난 부가가치를 얻을 수 있다. 맥아피 박사는 "소셜 플

소셜 네트워크 플랫폼(Social Network Platform, SNP)

누구나 정보를 자유롭게 생산하고 들여다보는 웹 공간이다. 다수가 소통하는 과정에서 플랫폼의 내용과 틀이 형성된다는 뜻에서 소셜이라는 단어를 썼다. 누구나 내용을 볼 수 있다는 뜻에서 플랫폼이라는 말이 붙었다. 중앙에서 정보를 관리하는 시스템이 아니다. 맥아피 MIT 선임과학자는 '소셜 소프트웨어 플랫폼'이라는 용어를 썼으나 본서에서는 여러 사람의 상호작용을 통해 결과물을 만들어내는 네트워크 효과를 강조하기 위해 SNP라는 용어를 사용한다. 오라클 등 여러 업체들이 다양한 기업용 SNP를 공급하고 있다.

랫폼은 현대 기업이 일하는 방식을 변화시키고 있다"며 "변화의 핵심은 협업과 집단지성"이라고 말했다.

지식을 공유한 결과는 당연히 혁신의 증가다. 맥아피 박사는 "혁신 프로세스를 직원과 외부에 공개한 회사들은 혁신의 숫자가 20% 늘어났다"고 말했다.

기업 환경에 맞는 SNP 선택해야

하지만 모든 SNP가 모든 기업에게 유용하지는 않을 것이다. 기업마다 처한 상황이 다르기 때문이다. 지금까지 나온 SNP는 종류가 여럿이다. 위키, 페이스북, 블로그뿐만 아니라 오라클 등 정보통신(IT) 회사들이 내놓은 기업 전용 프로그램들도 많다. 이 가운데 어떤 SNP를 선택해야 할까? 당연히 회사 상황과 목표에 맞는 소셜 플랫폼을 선택해야 한다는 게 맥아피 선임 과학자의 설명이다.

전 세계에 사무소가 퍼져 있고, 인수·합병을 통해 급속히 성장한 회사라면 직원들을 하나로 묶어내고 유대감을 높이는 SNS가 유용하다. 이 같은 회사는 직원 간에 공동체 의식이 낮기 때문이다. 따라서 페이스북 같은 소셜 네트워크 서비스를 활용할 수 있다.

이렇게 높아진 공동체 의식은 직원들의 충성도를 높여 이직률을 떨어뜨린다. 실제로 베스트바이의 사내 소셜 네트워크인 '블루셔츠네이션' 가입자의 턴어라운드 비율은 8~12%에 불과해 회사 전체 평균 60%보다 크게 낮다.[38]

이밖에 회사가 차곡차곡 쌓은 지식을 신규 직원들에게 효과적으로 전달하고 싶다면 위키(Wiki)가 바람직할 수 있다. 그러나 SNP 선택에는 일률적인 공식은 없다고 할 수 있다. 회사 상황에 맞는 탄력적인 선택이 필요하다.

약한 유대의 강력한 힘

인간은 최대 몇 명과 안정적인 사회관계를 맺을 수 있을까? 1990년대 초 영국 출신의 저명한 인류학자인 로빈 던바 박사는 150명이라는 답을 내놓았다. 이후 '150'은 '던바의 숫자(Dunbar's Number)'라고 불리며 인간관계의 한계로 인식됐다.

그러나 오늘날에는 페이스북, 트위터 등 소셜 네트워크 플랫폼(SNP)을 통하면 수백에서 수천 명과도 사회적 관계를 맺을 수 있다. 덕분에 던바의 숫자는 몇 천 명으로 늘어나야 할 것 같다. 페이스북 등 SNP는 예전 같으면 존재하지 않았을 새로운 인간관계를 만들어내는 원천이 된다.

하지만 어떤 이들은 페이스북 등으로 연결된 인간관계는 유대가 약하다는 이유로 평가 절하되기도 한다. 얼굴을 직접 보며 맺은 강한 관계야말로 가치가 있다는 것이다. 그러나 앤드류 맥아피 미국 MIT 디지털 비즈니스 센터 선임 과학자의 생각은 전혀 다르다. 그는 〈매일경제〉와의 인터뷰를 통해 "약한 유대(weak tie)야말로 기업에 커다란 가치를 가져준다"고 강조했다.

약한 유대가 진짜 중요한 정보 제공

맥아피 선임 과학자는 페이스북처럼 다수가 인터넷에 자유롭게 정보를 올리고 들여다보거나 고칠 수 있는 SNP를 기업에 적용하면 엄청난 가치를 창출할 수 있다는 '엔터프라이즈 2.0' 개념의 창안자다. 그는 엔터프라이즈 2.0이 만들어내는 약한 유대의 중요성을 이렇게 강조한다.

"알기는 알지만, 잘 알지 못하는 사람들과의 네트워크, 즉 유대 관계가 약한 사람들이 네트워크를 만들고 유지할 수 있다는 데 있다. 과거 같으면 쉽사리 잊어버렸을 사람, 궁금한 게 생겨도 질문하지 않았을 사람, 그래서 훌륭한 동료로서 활용하지 않았을 사람들을 기억해 이제는 동료로서 활용할 수 있게 됐다. 약한 유대의 커다란 네트워크는 정말로 큰 가치를 발휘한다."

왜 맥아피 선임 과학자는 약한 유대가 강한 힘을 발휘한다고 믿는 것일까? 맥아피 선임 과학자가 자신의 저서 《엔터프라이즈 2.0》에서 밝힌 근거[39]는 마크 그라노베터 스탠퍼드대

enterprise 2.0

교수가 쓴 〈약한 유대의 힘〉이라는 논문이다. 네트워크 이론의 대가인 그라노베터 교수는 구직자들이 누구의 소개로 새 직장을 찾는지 조사하다가 놀라운 사실을 발견했다. 대부분의 구직자들은 가끔 연락하는 사람들, 즉 유대관계가 약한 사람들을 통해 새 직장을 찾았다는 것이다. 왜 이런 일이 발생했을까?

새로운 직장을 찾는 데는 평소에는 얻기 힘든 새로운 정보가 필요하지만, 유대관계가 강한 사람끼리는 새로운 정보를 제공하기 어렵기 때문이란다. 유대관계가 강한 사람들은 함께 많은 시간을 보내고 삶의 패턴과 사고방식이 비슷하기 때문에 비슷한 정보를 갖고 있기가 십상이다. 이 때문에 새로운 구직 정보는 유대관계가 약한 사람들로부터 얻게 된다.

약한 유대가 혁신의 원천

혁신은 새롭고 참신한 아이디어를 찾는 데에서 시작된다. 이 같은 아이디어는 유대 관계가 약한 사람들로부터 얻기가 쉽다는 게 그라노베터 교수의 결론이다. 약한 유대가 혁신의 원천이 되는 셈이다. 따라서 기업들이 SNP에 기반한 엔터프라이즈 2.0을 활성화하면 더욱 쉽게 혁신할 수 있다는 맥아피 선임 과학자의 생각이다. 〈매일경제〉와 인터뷰에서 밝힌 그의 생각은 이렇다.

"엔터프라이즈 2.0을 통해 혁신적인 아이디어를 더욱 손쉽게 얻을 수 있다. 엔터프라이즈 2.0은 매우 민주적이다. 좋은 아이디어가 떠오른 사람은 누구나 자발적으로 그 아이디어를 엔터프라이즈 2.0 플랫폼에 올릴 수 있다. 그렇게 되면 조직 내에서(유대 관계가 강하든 약하든 상관없이) 여러 사람들의 눈에 띄게 되고 현실에 적용할 수 있는 모멘텀을 얻게 된다. 엔터프라이즈 2.0은 아이디어를 찾는 방식을 바꿔 놓았다."

통신기업인 벨캐나다가 2006년 가을에 오픈한 사내 블로그인 '아이디-아(ID-ah)!'는 맥아피 박사의 설명에 꼭 들어맞는 사례다. 아이디-아!에는 직원 누구나 아이디어를 올릴 수 있으며 직원들이 투표로 아이디어의 가치를 평가한다.[40] 블로그를 만든 지 2년 만에 2,000개의 아이디어가 제출됐으며 피드백은 3만 개가 넘었다.

기업 외부에서 혁신 아이디어를 찾는 '오픈 이노베이션'은 엔터프라이즈 2.0과 맥이 닿아 있다. 오픈 이노베이션도 유대관계가 약한 외부에서 아이디어를 얻기 때문이다. 맥아피 박사는 이 같은 견해에 동감한다. 그는 "엔터프라이즈 2.0 기술을 활용하면 함께 묶고자 하는 어떤 그룹이든 연결할 수가 있다"며 "소비자도 기업의 연구개발 활동에 참여할 수 있다. 하청업체도 마찬가지다"라고 밝혔다.

당신의 소통방식은 자칼형인가, 기린형인가

소셜 네트워크 플랫폼(SNP)은 광범위한 협업과 집단지성이 작동하도록 하는 빼어난 기술임에는 틀림이 없다. 그러나 기술 자체만으로는 협업을 촉진하지는 못한다는 것은 당연하다. 협업과 집단지성은 여러 사람의 상호작용을 통해 얻어지기 때문이다. 당연히 여러 사람이 제대로 소통하지 못한다면 협업과 집단지성을 기대할 수가 없다.

그렇다면 어떤 방식으로 소통을 해야 할까? 캐서린 한 한국비폭력대화센터 대표가 2010년 11월 SBS 주최로 열린 미래한국리포트 보고대회에서 제시한 '기린형 소통'은 올바른 소통 방식의 방향을 제시한다.

캐서린 한 대표에 따르면 기린은 육상 동물 가운데 가장 큰 심장을 갖고 있다. 긴 목을 거쳐 머리 끝까지 피를 보내야 하기 때문이란다. 기린의 심장이 따뜻한 피를 멀리까지 내보내듯이 인간도 따뜻한 인내심과 상호이해를 바탕으로 소통해야 한다는 게 캐서린 한 대표의 얘기다.

그는 "상황을 있는 그대로 보고, 서로의 느낌이나 감정을 알아봐주고, 우리 모두가 진정으로 원하는 것들, 이해나 인정을 받고 싶고, 존중받고, 사랑받고, 삶의 보람이나 의미 같은 욕구들을 찾아 연결하고 부탁하는 소통방식"이라고 밝혔다.

'자칼형 소통'은 기린형 소통과는 정반대 소통 방식이다. 서로 비난하고, 판단하고, 평가하고, 강요하는 소통이다. 캐서린 한 대표는 "'시키면 시키는 대로 해!', '그것밖에 못해?'와 같이 우리를 외롭고 힘들게 만드는 말이 자칼형 소통"이라고 규정한다. 기린형 소통은 '내가 어떻게 도와주면 좋겠어?'라고 애정 어린 질문을 던진다.

기업이 SNP를 도입해 소통의 길을 뚫었다고 해도 그 길을 오가는 대화가 자칼형이라면 협업과 집단지성을 기대할 수 없다는 것은 너무나 명확하다.

당신이 보스라면 어떤 방식으로 소통을 하겠는가? 당신은 부하들을 윽박지르는 자칼형인가, 아니면 인내심과 애정을 바탕으로 부하들을 돕고 도움을 받으려는 기린형인가? 스스로 자문할 때다.

소셜 네크워크 플랫폼(SNP)을 기업에 활용해 가치를 만들어내려면 어떻게 해야 할까? 앤드류 맥아피 미국 매사추세츠공과대학(MIT) 디지털 비즈니스 센터 선임 과학자는 〈매일경제〉와의 인터뷰를 통해 해법을 제시했다. 맥아피 선임 과학자는 SNP를 기업에 적용하면 엄청난 가치를 창출할 수 있다는 엔터프라이즈 2.0의 창안자다.

정해진 플랫폼을 강요하지 말라

맥아피 선임 과학자는 앤터프라이즈 2.0을 활성화하기 위해 "채널을 끄고 플랫폼을 켜라"고 말한다. 그렇다면 채널은 무엇이고 플랫폼은 무엇일까? 이메일, 문자 메시지 등은 채널이고 위키, 페이스북 등은 플랫폼이다. 맥아피 박사의 말대로라면 이메일을 끄고 위키를 켜라는 얘기다. 그렇다면 채널과 플랫폼의 차이는 무엇이기에 전자는 끄고, 후자는 켜라는 것일까?

채널은 개인과 개인 간에 연락통로다. 이메일 또는 문자메시지는 수신인으로 지정한 사람만이 들여다본다. 공유도가 매우 낮다는 얘기다. 정보 공유와 소통을 통해 새로운 아이디어를 찾고 가치를 창조하는 데는 한계가 있다.

반대로 플랫폼은 정보가 공유된다. 여러 사람이 들어와서 올려져 있는 정보를 들여다보고 수정한다. 수백에서 수천 명을 네트워크로 연결해 새로운 아이디어의 원천이 된다. 맥아피 박사가 채널을 끄고 플랫폼을 이용하라고 말하는 이유다. 단 이때의 플랫폼은 중앙에서 정보를 통제하는 플랫폼이 아니다. 위키, 페이스북처럼 여러 사람이 자유롭게 들어와서 정보를 올리고 소통하고, 그 과정에서 플랫폼의 내용과 틀이 형성되는 개방형 플랫폼이어야 한다. 이 같은 특성을 맥아피 박사는 '발생적(Emergent)'이라고 정의했다.

Q. 당신은 엔터프라이즈 2.0 플랫폼을 정의하며 '발생적(Emergent)'이라고 표현했다. 무슨 뜻인지 설명해달라.

"나는 두 가지 구조(Structure)의 차이를 설명하기 위해 '발생적(Emergent)'이라는 용어를 사용했다. 하나는 미리 사전에 정의된 구조이고, 다른 하나는 미리 정의를 하지 않았지만 시간이 흐르면서 분명하게 형태가 드러나는 구조다. 후자의 구조는 사람들이 무엇을 하는지, 어떻게 기술을 활용하는지에 따라 형태가 정해진다."

기존에 많은 기업들이 도입한 사내 인트라넷은 직원 다수가 정보를 들여다볼 수 있지만, 정보의 배열방식 등 구조가 사전에 정의돼 있었다. 이런 플랫폼은 협업을 창조할 수 있는 SNP가 될 수 없다. SNP는 사람들이 협업하는 과정에서 구조가 만들어지기 때문이다.

리더부터 이메일을 꺼야 한다

CEO가 SNP 도입을 결정했다고 해서 직원들이 금방 적극적으로 동참할 것이라고 기대하면 오산이다. 아직 SNP가 익숙하지 않는 직원들에게 당장 이메일을 끄라고 한다면 반발이 심각할 것이다.

Q. 엔터프라이즈 2.0을 적용하기 위해 당신은 이메일부터 끄라고 주장한다. 이메일을 쓰지 말라고 하면 저항이 클 것 같다.

"한꺼번에 회사 내 이메일을 중단하는 것은 매우 어렵다. 그러나 특정 프로젝트를 맡은 관리자가 내가 맡은 지금 이 프로젝트와 관련해 '나는 이메일을 더는 읽지 않을 것이다. 말하고 싶은 내용이 있다면 위키(Wiki)에 올려라. 그러면 우리 모두가 내용을 들여다 볼 수 있을 것이다'라고 말할 수는 있다. 이처럼 회사의 일부 부서부터 점진적으로 이메일 사용을 중단하는 것은 가능할 것이다."

Q. 직원들이 엔터프라이즈 2.0 플랫폼을 적극적으로 사용하도록 이끄는 게 중요할 것 같다. 팁을 달라.

"두 가지 중요한 사항이 있다. 첫째는 조직의 리더가 본보기가 돼야 한다는 점이다. 앞서 말했듯이 스스로가 직접 이메일을 끄고 엔터프라이즈 2.0 플랫폼을 활용해야 한다. 둘째는 엔터프라이즈 2.0 플랫폼은 사용하기가 매우 쉬워야 한다는 점이다. 복잡한 규칙을 만들지 말라는 뜻이다. 이 말은 직원들을 믿으라는 뜻도 된다. 직원들이 좋은 판단을 할 것이라 믿고 직원들이 하고 싶은 대로 하도록 내버려 두라는 뜻이다."

SNP 활용을 장려하는 최선의 방법은 직원들이 일하는 과정에서 저절로 SNP가 쓰이도록 하는 것이다. 엔터프라이즈 2.0 플랫폼은 사용하기가 매우 쉬워야 한다는 것과 같은 맥락이다.

시스코, 전체 관리자 3분의 1 해고

엔터프라이즈 2.0이 혁신의 원천이라면 왜 급속하게 모든 기업에 전파되지 못했을까? 맥아피 박사는 정보를 통제하려는 관리자들에게 큰 책임이 있다고 말한다.

Q. 당신은 관리자들이 엔터프라이즈 2.0 도입에 장애가 될 수 있다고 말한다. 왜인가?

"여전히 정보를 통제해야 한다고 믿는 관리자들이 있다. 누가 무엇을 볼 수 있는지, 누가 무엇을 해야 하는지, 누가 어떤 정보에 접근하는지 등을 통제하려 든다. 그들은 엔터프라이즈 2.0으로부터 위협을 느끼고 방해하려 든다. 엔터프라이즈 2.0은 매우 광범위하게 정보를 공유하기 때문이다."

Q. 그 같은 경영자들의 태도를 바꾸려면 어떻게 해야 하나?

"존 체임버스 시스코 최고경영자(CEO)는 조직 내 정보 공유를 통해 협업을 강화하기 위해 무척이나 노력했다. 이것은 조직에 큰 변화였다. 체임버스는 관리자 중 3분은 1은 변화를 받아들일 자세가 돼있지 않다고 판단하고는 그들을 해고했다. 정보 통제에서 공유로 바뀌는 흐름을 받아들이지 못하는 관리자는 내보내야 한다."

Q. 관리자들도 변명 거리는 있다. 귀한 정보가 밖으로 새어나갈 수 있다는 보안 문제를 거론한다.

"당장이라도 누군가가 이메일을 통해 당신 기업의 비밀 정보를 팔아넘길 수 있다. 또 USB 장치에 정보를 담거나, 복사해서 팔아넘길 수 있다. 보안 문제는 엔터프라이즈 2.0에서 새롭게 등장한 이슈가 아니다. 나는 지금까지 많은 기업과 보안 문제에 대해 대화했지만 엔터프라이즈 2.0과 관련해 보안 문제를 겪었다는 기업을 만나보지 못했다. (보안이 생명인) 미국 정보기관도 엔터프라이즈 2.0 플랫폼을 도입했다."

Q. 엔터프라이즈 2.0 기술을 성공적으로 활용한 큰 조직의 사례를 들어 달라. 당신의 책《엔터프라이즈 2.0》이 사례로 제시한 세레나 소프트웨어 등은 대기업은 아닌 것 같다.

"(16개 정보기관으로 구성된) 미국 정보기관 커뮤니티가 대표적인 사례로 생각된다. 이 커뮤니티는 매우 큰 조직이기 때문이다. 이밖에 항공방위산업체인 록히드를 비롯해 P&G, 소니, 노스 웨스턴 뮤츄얼 라이프 등도 엔터프라이즈 2.0을 성공적으로 도입하고 있다. 우리는 거의 모든 산업에서 크기가 크든, 작든 엔터프라이즈 2.0을 성공적으로 도입하고 있다는 것을 목격하고 있다."

스마트폰, 테블릿 PC가 협업을 가속화

Q. 최근에는 스마트폰이 급속하게 보급되고 있다. 스마트폰이 엔터프라이즈 2.0 환경에 영향을 미칠 것으로 보나?

"스마트폰뿐만 아니다. 아이패드 같은 모바일기기는 더욱더 막강한 영향력을 미칠 것이다. 우리는 그 같은 기기를 어디든 들고 다닐 수 있다. 당신이 사무실에 앉아서 컴퓨터를 이용하는 것과는 분명히 다를 것이다. 누구나 언제 어디서든 강력한 기기를 이용할 수 있다는 것은 엔터프라이즈 2.0 활성화를 위한 좋은 소식이다.

Q. 스마트폰 등이 어떤 방식으로 엔터프라이즈 2.0에 영향을 미칠 것으로 보나?

"예를 들어 생각해보자. 직원 또는 고객이 회사에 정말로 가치 있는 무엇인가를 보았다고 해보자. 혁신적인 프로젝트에 도움이 될 수 있는 그런 아이디어 말이다. 그 직원과 고객은 해당 회사의 다른 직원들도 그 아이디어를 알기 원할 것이다. 그들은 재빨리 스마트폰 등을 이용해 자신의 아이디어와 관련 자료, 예를 들어 사진 등을 엔터프라이즈 2.0 플랫폼에 올릴 수 있을 것이다. 그러고는 이렇게 한마디 붙이면 된다. '나는 이게 좋은 아이디어라고 생각해. 내가 사진으로 올린 장면을 보고는 그 아이디어가 떠올랐어. 너희들은 어떻게 생각하니?'라고 말이다."

Who he is

앤드류 맥아피 박사는 미국 하버드대 경영대학원 교수를 거쳐 현재 미국 MIT 디지털 비즈니스 센터 선임 과학자(Principal Research Scientist)로 재직 중이다. MIT에서 두 개의 학사와 두 개의 석사 학위를 받은 후 하버드 경영대학원에서 박사학위를 받았다. 그는 엔터프라이즈 2.0 개념을 창안해 정보통신(IT)기술을 활용한 기업경영 분야에 큰 영향을 미쳤다. 2008년 'IT 분야에서 가장 영향력 있는 100인' 가운데 한 명으로 꼽혔다. 전체 순위는 38위였지만 학자·컨설턴트 중에서는 1위였다. IT분야에서 가장 영향력 있는 석학인 셈이다. 2009년에는 기술산업 분야에서 가장 혁신적인 리더 25인 중 한 명으로 꼽히기도 했다.

Chapter 2

임원평가: 누가 임원이 돼야 하는가

리더가 주범이라고? 기업은 뭘 했나?

자신의 과욕으로 세계 5위의 투자은행을 흔적도 없이 사라지게 만들고 전 세계를 위기에 빠뜨린 인물. 21세기 가장 실패한 리더를 꼽자면 리먼브라더스 사태의 주범이자 1994년부터 이 회사에서 14년간 장수 최고경영자(CEO)로 군림했던 리처드 펄드를 빼 놓을 수 없다. 그는 외부 투자가 필요한 상황에서도 자신의 자리가 위협받을 수 있다는 이유로 워런 버핏의 투자를 거절했으며, 위험과 반대를 무릅쓰고 무리한 투자를 하다 결국 150년 역사의 거대 기업을 쓰러뜨렸다. 자신의 승리에 집착한 나머지 40년간 자신이 몸담았던 회사의 미래는 뒷전에 놓은 한 리더가 낳은 쓸쓸한 결과다.

뒤집어 놓고 보면 펄드의 등장은 리먼브라더스의 실패다. 펄드는 리먼이 낳고 리먼이 키운 인물이다. 14년간 CEO의 자리에 군림하기 이전에도 26년이나 리먼에 근무했다. 그동안 그가 보인 과도한 승부욕과 개인적 성공에 대한 지나친 집착은 임원의 자질로서는 '빵점'이지만 이런 그의 성향은 임원 시절 단 한 번도 제대로 평가받지 않았다. 결국 임원 평가의 실패가 기업 파산이라는 비극을 낳은 것이다.

임원이 회사에 기여하는 바는 사실 막중하다. 글로벌 헤드헌팅 업체인 러셀 레이놀즈의 딘 스태몰리스 대표는 "임원의 자질과 역량에 따라 기업의 매출 이익이 44%, 주가가 47% 변한다"고 밝혔다.[41] 미국의 경제조사 기관인 컨퍼런스 보드가 글로벌 기업 CEO 들을 대상으로 기업이 성장하는 데 가장 중요한 요소에 대해 조사한 바에 따르면 임원진의 역량(91%)이 사업전략(61%)과 경영환경(32%)을 제치고 압도적인 1위를 차지했다.[42]

하지만 기업 내 임원의 중요성을 대부분의 경영자들이 인지하고 있음에도 정작 임원 평가에 대한 중요성은 많이 가려지고 있는 게 현실이다. 아직도 많은 경영자들은 '사람을 보는 눈'을 자신의 재능으로 생각하고 정작 임원을 평가하는 데 구체적인 시스템이나 가이드라인을 마련해놓고 있지 않다.

이제는 생각을 바꿔야 한다. 임원 평가는 '감'으로 할 만큼 가볍지 않다. 섣부른 감으로 한 선택이 당신의 기업을 무너뜨릴 수 있다.

직원일 땐 최고였는데 임원이 되더니 최악 평가가 나왔다?

한 식품회사의 부장인 김길동 씨(가명). 그는 입사 초기부터 적극적인 자세로 사람들의 주목을 받았다. 매사에 의욕과 에너지가 넘치는 그는 회사의 가장 중요한 프로젝트를 담당하는 팀에 여러 번 핵심 멤버로 참여한 경험이 있었다. 긴박한 상태에서 나오는 김 부장의 창의적인 아이디어는 이 회사의 역사에 길이 남을 스타상품을 만들어내기도 했다.

부장이 되고 나서도 절대 부하직원보다 먼저 자리를 뜨지 않고 업무에 충실하는 자세를 보이며 사기를 북돋웠다. 자신의 일을 돕느라 늦게까지 야근을 하는 직원들에게는 위로와 격려의 말도 잊지 않았다.

경영진은 성과가 좋은 그를 일찍부터 주목했고 인사철이 되자 별다른 평가 없이 동기들보다 3년 일찍 임원으로 승진시켰다. 하지만 이사가 된 뒤부터 그에 대한 평가는 뒤집어졌다.

주요 프로젝트 총책임자가 된 김 이사는 시도 때도 없이 새로운 아이디어를 제안했고 아랫사람들은 일주일에도 두세 번씩 프로젝트를 뒤집어야 했다. 결국 제대로 된 결과물 없이

기한을 넘기기가 부지기수였다.

　김 이사는 여전히 직원들에게 위로와 격려의 말을 남기지만 이 칭찬과 격려는 소수의 인물에게 한정됐다. 그의 주변에는 늘 아첨꾼이 들끓었다. 빠른 출근과 늦은 퇴근으로 대표되는 그의 근면성은 여전하지만 부하직원들 사이에서는 그의 눈에 들기 위해서는 항상 그와 함께 야근을 해야 한다는 소문이 떠돌았다. 직원들은 과로에 시달렸고 업무 성과는 현격히 떨어졌다.

　최고 직원이었던 김길동 씨가 최악의 임원이 된 것은 그가 변했기 때문이 아니다. 그는 누가 보기에도 뛰어난 사람이었고 그의 능력은 임원 자리에 올라서도 변함이 없었다. 하지만 그에게는 임원이 가져야 할 자질이 없었다. 소규모 팀이 아닌 사내 주요 조직 내 의사결정자로서의 결단력이나 소통능력은 거의 제로에 가까웠다.

　김길동 씨 이야기가 '남의 일'로 들리는가? 이는 대부분 기업에서 일어나고 있는 '실제 상황'이다. IBM, 모토롤라 등 글로벌 기업의 임원 평가를 담당해온 러셀 레이놀즈의 딘 스태몰리스 사장은 "평균 40%의 임원이 임원 승진 이후 기대치만큼 성과를 이뤄내지 못한다"고 말했다.

　경영진과 함께 회사의 살림을 꾸려나가는 임원의 중요성은 아무리 강조해도 지나치지 않다. 한 인사 컨설팅 대표는 "회사에서 임원 비율은 평균 3%에 불과하지만 이들이 기업에 미치는 영향력은 80%에 달한다"고 말했다. 제대로 된 임원은 회사를 건강하게 만들며 회사의 비전을 만들어가는 데도 상당한 역할을 한다. 반면 잘못된 임원 선임은 회사 전체를 위태롭게 만들 수 있다.

　하지만 자신의 최측근으로 회사를 함께 이끌어나갈 임원을 평가하고 선임하는 데 경영진은 지나치게 무심하다. 훌륭한 인재를 임원으로 선임하려 애쓴다고 해도 제대로 된 평가 시스템을 갖춘 경우는 드물다.

　아직도 많은 경영진은 스스로에게 '사람을 볼 줄 아는 눈'이 있다고 판단하고 본인이 주목해온 성과가 좋은 사람을 자신들의 곁에 두기를 원한다. 하지만 마셜 골드스미스와 딘 스태몰리스와 같은 인재관리의 대가들은 "성과에 대한 지나친 욕심을 가진 자들을 오히려 경계하라"[43]고 조언한다. 고성과자가 임원이 되어서는 안 된다는 소리가 아니다. 이들의 양적인 성과가 임원의 진정한 자질을 평가하는 경영진의 판단력을 흔들리게 할 수 있다는 뜻이다. 빛나던 직원도 자질을 완전히 갖추지 못하면 회사를 망가뜨릴 수 있는 맹독을 품은 임원이 될 수 있다. 이를 판단하는 기준은 경영진의 직관이 아니라 체계적인 평가 시스템이어야 한다는 게 인재관리 대가들의 일치된 견해다.

한국기업 임원평가 현주소는 단기 실적에만 집중, 조직관리 평가 소홀

그렇다면 한국의 임원평가 실정은 어떨까? 타워스왓슨, 휴잇, 머서 등 국내에 들어와 있는 글로벌 인사 컨설팅 업체 대표들에게 물었다.

"임원은 회사 전 직원의 3%밖에 되지 않지만 영향력으로 따지면 80%라고 보면 됩니다. 하지만 아직 국내 기업의 임원 인사는 주먹구구식으로 진행되는 경우가 많아요."

타워스왓슨의 박광서 대표는 한국의 임원 평가에 높은 점수를 줄 수 없다고 잘라 말한다. 그는 "중요도로 따지면 임원이 직원보다 위지만 인사평가 수준은 오히려 직원 평가만 못하다"며 국내 기업 임원평가 시스템에 날카로운 비판을 가한다. 박경미 휴잇 대표, 박형철 머서 대표의 눈에 비친 현실도 크게 다르지 않다.

미래 역량 제대로 평가 못해

박광서 타워스왓슨 대표는 "임원은 하나의 사람이지만 또 하나의 기관이기도 하고, 개인의 성과뿐 아니라 조직성과에 대한 평가를 같이 받아야 하는 존재지만 아직 한국 기업들은 개인 평가와 조직 평가를 구분해 평가하는 시스템이 부족하다"고 말했다. 특히 지난 성과에 대한 평가인 업적 평가는 진행이 되지만 리더십이나 팀워크, 역량평가 등 임원으로서의 장기적인 능력을 평가하는 데는 관심이 상대적으로 적다고 박 대표는 지적했다.

박 대표는 특히 '젊은 경영자 붐'에도 우려를 표했다. 물론 트렌드를 읽는 능력이나 경영 감각이 뛰어나다면 젊은 나이에 경영자나 고위직 자리에 올라서는 건 전혀 문제가 되지 않지만 젊은 사람들로 임원과 경영진을 구성하는 것이 하나의 유행처럼 되어 가고 있는 건 문제가 있다는 게 그의 생각이다.

이런 독특한 붐이 생겨난 원인은 '기준의 부재'다. 박 대표는 "제대로 된 임원평가 기준이 없으면 나이나 성별이 하나의 평가기준이 된다"며 "평가기준을 확실히 세워 역량 있는 예비 리더들이 나이 등의 이유로 제대로 평가받지 못하고 물러나는 일은 없어야 할 것"이라고 덧붙였다.

평가에 따른 보상과 육성 계획이 부족

박경미 휴잇 대표 역시 "우리나라는 아직 임원에 대한 평가가 상당히 도외시되고 있는 실정"이라고 말한다. 박 대표는 "평가 자체가 중요하다고 여겨지지 않을 뿐만 아니라 임원들 스스로 숨죽이고 있는 것도 문제"라고 지적했다. 박 대표는 임원평가와 보상 때문에 국내 기업 임원들과 인터뷰를 하다 보면 그들의 침묵에 답답함을 느낀다고 토로한다. 특히 보상에 있어서 '주는 대로 받는 것'이라는 인식이 너무 강하게 자리 잡고 있다는 것이다.

이렇게 되는 이유를 그녀는 '문화의 부재'라고 봤다. 아직 국내 임원에 대한 평가를 '보상과 육성'이라는 당근과도 연계시켜 사고하는 문화 자체가 정착되지 못했다는 판단이다. 평가 시 좋은 평가를 받으면 이에 대해 충분한 보상을 주고 부족한 점을 발견한다면 이 사람의 부족한 부분을 어떻게 개발하고 보완할 것인지에 대한 육성과 교육 계획을 세우는 것이 당연지사다. 하지만 한국 기업은 여전히 글로벌 기업에 비해 이런 부분이 많이 미흡한 실정이다.

글로벌 기업은 특히 보상에 대한 부분이 임원평가에 의해 임원마다 차별화돼 이뤄진다. 하지만 한국은 평가 자체를 두려워할 뿐 아니라 이로 인해 차별화된 보상을 받는다는 사고 자체가 정착되지 않았다는 게 임원 평가 선진화의 발목을 잡고 있는 것이다.

감성 지능 평가에 뒤처져 있어

박형철 머서 대표는 "여러 번의 위기를 겪으면서 국내 기업도 임원평가에 관심을 갖기 시작했고 특히 최근 들어 상당히 많은 공을 들이려 하는 부분은 긍정적"이라면서도 "한국 기업들이 아직은 지나치게 숫자나 제도적인 부분에만 초점을 두고 있는 부분은 아쉬운 점"이라고 말했다.

그는 "숫자에 맞춰 평가를 하지 말라"고 조언한다. 숫자에 맞춰 평가를 하려다 보면 제도가 지나치게 복잡해지는 경향이 있다. 오히려 점수를 낸다는 관점보다는 평가 자체가 임원과 부하직원을 포함한 전 사원에게 도움이 된다는 측면에서 접근하는 방식이 효과적이다.

박 대표는 "어떤 한 분야에 완벽한 전문가인 사람이 임원이 되기도 하지만 연륜이 있고 조직 자체에 기여도가 높기 때문에 임원이 되는 사람도 있다"며 "개인의 특수성에 맞게 평가가 이뤄지고 평가 결과에 따라 피드백과 자기계발이 이뤄져야 하는데 아직은 이 부분은 미진한 편"이라고 분석했다.

그는 한국이라는 사회의 독특한 문화가 임원평가에 걸림돌이 되는 부분에도 염려를 표했다. 임원평가에는 단순히 숫자나 재무적인 측면에 대한 평가뿐 아니라 임원의 관리능력 등 감성적인 가치에 대한 평가도 구체적으로 이뤄져야 하지만 국내에서는 특히 이 부분에 대한 평가가 잘 이뤄지지 않는다. 남에 대해 평가하는 것을 불편해하는 한국 특유의 문화 때문이다. 그는 "주변 인물을 통한 조사나 360도 전방위평가를 해 감성가치평가 점수를 내기 위해서는 사내 문화 혁신이 이뤄져야 할 것"이라고 힘주어 말했다.

박 대표는 "일례로 부하직원 같은 경우는 평가 대상자에게 잘 보이기 위해 일부러 좋은 점수를 주는 경우가 있는 반면 개인적인 감정 때문에 무조건 나쁜 점수를 주는 사원도 있다"며 "이런 한국 문화의 특수성을 감안하면서도 객관적인 평가를 할 수 있는 방안에 대해 고민해 봐야 할 것"이라고 덧붙였다.

임원의 자격, 리더십 전문가 골드스미스에게 묻는다

"내가 한 가지 질문을 던져보겠습니다. 당신은 사람들을 리드하는 것을 진심으로 즐기나요? 이 질문에 대한 답이 '강한 긍정'이 아니라면 당신은 적절치 못한 이유로 임원이 되려고 하는 것입니다."

성공은 많은 이들의 꿈이다. 직장인에게는 평사원으로 시작해 임원의 자리에 올라서는 게 출세이고, 성공이다. 평사원에서 시작해 임원으로 올라서는 단 3%의 승자가 바로 '나 자신'이 되기 위해서는 어떠한 생각을 가져야 할까? 세계적인 리더십 전문가 마셜 골드스미스 박사는 인터뷰에서 "가장 먼저 성공에 대한 욕구를 버려야 한다"고 조언했다.

"성공에 대한 욕구는 과도한 경쟁심을 불러옵니다. 경쟁은 좋은 성과를 내는 데 긍정적인 영향을 미칠 수도 있지만 오히려 노력할 가치가 없는 부분에 대해서 지나치게 에너지를 쏟아 붓게끔 만들기도 하지요."

임원에게는 열정도 중요하지만 현실적인 상황에 대한 객관적인 눈도 필요하다. "때로 사람들은 열정으로 넘쳐나서 무슨 일이 일어나는지에 대해서는 장님이 될 때가 많습니다. 비전과 기업에 대한 열정도 가지고 있어야 하지만, 시장, 고객, 또는 조직의 현실적인 상황을 판단하는 데는 열정보다는 객관적인 시선이 필요한 법입니다."

그는 '개인'과 '임원'은 분명한 차이가 있다고 말한다. "임원이 되기 위해서는 초점을 '나'보다는 '타인'에 맞춰야 합니다. 내가 함께 일해 본 사람들 중에서는 포드의 최고경영자 앨런 멀랠리(Alan Mulally)가 그런 사람 중 하나라고 꼽을 수 있습니다. 개인적으로 성공을 이루려는 사람들은 자신에게 모든 초점이 맞춰지지만 인정받는 리더들은 그 초점을 모두 타인에게 맞춥니다. 항상 '나' 중심이던 초점을 다른 이들에게 돌리는 것이 쉬운 일은 아닙니다. 하지만 성공한 임원들에겐 그게 가능하지요. 이게 개인과 임원의 가장 큰 차이니까요."

초점을 다른 이들에게 맞추는 '열쇠' 역시 타인에게 있다는 게 골드스미스의 설명이다. "지속적으로 '어떻게 하면 내가 더 좋아질 수 있을까?'에 대해 당신의 삶에서 중요한 사람들에게 끊임없이 질문을 던지세요. 직장 상사와 부하, 가족, 친구 모두에게 물어봐야 합니다. 이게 자신을 과신하지 않는 첫 걸음입니다."

그는 임원이 되기 전에 자신이 왜 임원이 되려고 하는지를 스스로에게 물어보라고 덧붙였다. "스스로에게 물었을 때 돈이나 명예·권력이 스스로가 임원이 되려는 가장 강력한 이유라고 나온다면 나는 그에게 직장 내 임원이 되는 것보다는 아예 다른 일을 찾아보라고 조언하고 싶습니다. 이런 것들이 삶의 목표라면 당신은 행복하거나 뜻 깊은 인생을 사는 게 아니니까요. 리더는 사람들을 리드하는 일을 진심으로 사랑해야 합니다."

"많은 경영자들은 적은 양의 정보를 가지고 큰 결단을 내려야 할 경우가 많습니다. 이럴 때 훌륭한 리더는 자신의 직관을 사용해 성공적인 비즈니스를 이루기도 하지요. 하지만 다양한 정보를 확보할 수 있을 때는 직관보다는 정확한 정보에 따른 판단이 필요할 것입니다. 임원을 선임하는 일도 마찬가지입니다. 감도 중요하지만 정보를 확보할 수 있다면 우선 정보를 모으고 이에 따라 판단하고 결정해야지요."

임원 선임은 기업 내 큰 관심사이자 '거사'다. 많은 이들이 임원이라는 목표를 향해 달린다. 목표를 달성하지 못한 다수는 짐을 싸고, 목표를 이룬 소수는 기업의 중요한 의사결정자가 된다. 이들의 손에서 기업의 전략과 방향이 움직이고 이들이 이끄는 대로 조직의 분위기가 결정된다. 하지만 이 거사를 치르기 위해 기업과 경영자들이 들이는 노력은 생각보다 적다.

글로벌 헤드헌팅업체 러셀 레이놀즈의 딘 스태몰리스 대표는 "신기술 도입도 중요하지만 신기술의 도입 여부를 판단할 능력이 있는 제대로 된 임원을 선임하는 것에도 많은 투자를 해야 하는 데도 불구하고 기업들은 임원 평가에는 관심을 기울이지 않고 있다"고 쓴소리를 던진다.

Q. 경영진이 임원평가를 대하는 태도가 어떻다고 보시는지?

"대부분의 경영진들은 임원평가 시스템을 도입하는 데 회의적입니다. 경영자들이 개인적인 직감을 과신하기 때문이지요. 대부분의 리더들은 뛰어난 직감을 가지고 있다고 생각하고 이를 매우 자랑스럽게 여깁니다. 하지만 직감은 지극히 감성적인 부분입니다. 자신과 함께할 사람을 고르는 데 인상을 보고 판단하는 것은 매우 위험합니다. 보다 공정하고 객관적인 시스템이 필요한 이유지요."

Q. 그렇다면 직관을 믿는 경영자에게 체계적인 임원평가의 중요성을 설득할 근거가 있을까요?

"많은 연구결과를 보면 평균 40%의 임원이 임원 승진 후 기대치만큼의 성과를 이뤄내지 못한다고 합니다. 평가 없이 직관으로 내린 결정이 결과적으로는 절반에 가까운 실패율을 보여주고 있는 셈이지요. 임원평가에 관심을 기울인다면 이런 실패율이 10% 이하로 줄어들 수 있을 거라고 봅니다."

Q. 이런 이유 외에도 일반적으로 임원평가를 소홀히 하는 이유가 있을 듯 한데요?

"임원평가는 기업 경영에서 가장 중요한 부분일 수 있습니다. 그런데도 이사회는 임원평가가 얼마나 현실적으로 필수적인 요소인지를 인지하지 못하고 있습니다. 특히 이사회에서는 '사람의 문제'보다는 눈앞에서 급박하게 돌아가고 있는 사업 이슈가 더 중요하다고 생각하곤 합니다. 하지만 반대로 생각해 봅시다. 이 사업 이슈를 가장 정확히 판단해야 하는 사람은 경영진 측근에 있는 임원들입니다."

Q. 제대로 된 임원평가를 하지 않을 때는 어떤 리스크가 있을까요?

"임원평가를 하지 않는 조직에는 실수가 많습니다. 특히 조직 내 임원이 될 만한 재능을 가진 사람을 제대로 평가하지 못하는 경우도 있습니다. 인수·합병(M&A)이나 승계 관리 등 가장 중요한 이슈에서 의사결정을 하는 사람들이 임원입니다. 임원평가가 잘못되면 기업의 가장 근본적인 부분이 흔들릴 수 있다는 이야기입니다."

훌륭한 직원이 최악의 임원이 되기도…, 성과주의 '나르시스트'는 경계

Q. 특히 인사 중에서도 임원평가에 주목해야 하는 이유가 있나요?

"임원들이 하는 일은 일반 직원이 하는 일과 확실히 다릅니다. 우선 임원들은 기업을 위해 전략적인 결단을 내려야 하는 위치에 있습니다. 순간적인 판단 능력이 필요하다는 뜻이지요. 다른 사람이 내 입장을 이해하도록 만드는 능력도 필요합니다. 물론 일반 직원을 평가할 때처럼 업무 성과도 임원을 평가하는 데 중요한 요소가 될 수 있겠지만 조직원들로부터 최상의 성과를 이끌어내는 '자질'을 가지고 있는지가 더 중요합니다."

Q. 훌륭한 임원의 자질과 훌륭한 직원의 자질은 다를 수 있다는 뜻으로 이해됩니다. 그렇다면 훌륭한 직원이 최악의 임원이 되는 경우도 있는지 궁금합니다.

"분명히 존재합니다. 대표적인 경우가 나르시스트(자기도취형 인물)들입니다. 이들은 본인이 성공을 하기 위해 태어났다고 생각하지요. 이들은 직원일 때는 높은 성과를 보일 가능성이 높습니다. 욕심이 많고, 자신의 성과를 상사에게 알리기를 주저하지 않습니다. 때로는 다른 사람의 능력을 갈취해 자기 것인 양 위장하기도 하지요. 이 사람들이 단순히 직원일 때는 이들의 욕심이나 강한 승부욕이 기업 전체에 물의를 주지 않습니다. 심지어 직원 평가에서도 좋은 점수를 받기도 합니다. 하지만 이들의 독성은 임원이 되면 기업에 악영향을 미치지요. 자신의 성공을 위해 기업의 비전을 뭉갤 수도 있으니까요."

Q. 나르시스트의 권력욕이 회사를 망칠 수도 있다는 이야기군요?

"나르시스트는 '맹독을 품고 있는 리더(Toxic Leader)'가 됩니다. 특히 이들은 승부욕과 권력욕이 강하지요. 잘 생각해 보세요. 아무도 정직하지 못한 사람을 임원으로 두고 싶어 하지 않지요.

TOXIC
LEADER

권력욕은 임원이 될 사람의 정직성을 구분하는 지표가 되기도 합니다. 권력욕이 강한 사람들은 음모를 꾸미거나 회사의 공식적인 승인 없이 자신의 이익을 취하는 경향이 강하다는 연구결과도 있어요. 한 임원평가 조사 시스템에서는 권력욕이 강한 사람은 다른 사람과 깊은 관계를 가지지 못하고 자기 방어적이며 타인에게 무관심하고 항상 다른 이들에 대한 분노가 잠재돼 있는 성향으로 정의하기도 합니다."

상사, 동료, 부하 등 360도 전방위 평가

Q. 회사에 '독'이 되는 사람을 걸러낼 수 있는 평가 방법에는 어떤 게 있을까요?

"임원 평가에서는 인터뷰가 중요합니다. 평가 대상자도 평가하지만 그 주변인들도 모두 면담을 해야 하지요. 동료와 임원이 그를 어떻게 표현하는지를 보고, 또 그가 동료들을 어떻게 평가하는지도 봐야 합니다. 일례로 나르시스트들은 본인이 카리스마 있는 지도력을 발휘하고 있다고 생각하지만 부하직원들은 그의 지도력이 효과적이라고 생각하지 않습니다. 피평가자를 둘러싼 상사, 동료, 부하 등 모든 주변 인물들의 의견을 수렴해 평가하는 방식을 '360도 전방위 평가'라고 부릅니다. 성과뿐만 아니라 이 사람이 회사에 도움이 될 만한 역량을 지닌 인물인지를 알아볼 수 있는 방식입니다."

Q. 취지는 좋지만 반발도 있을 듯 한데요?

"물론 반발이 있습니다. 임원을 목표로 두고 있는 사람들은 이미 기업 내에서 영향력과 결단력에 대해서는 높은 평가를 받고 있는 사람들이니까요. 본인들은 평가받는 것 자체에 거부감을 가질 수도 있습니다. 이들을 설득하기 위해서는 임원평가가 그들을 '내치기' 위해 도입된다는 인식을 줘서는 안 됩니다. 대신 이러한 평가 자체가 세계적으로 성공하는 기업들이 거치는 과정이라는 사실을 분명히 언급해야 합니다. 또한 360도 전방위 평가는 평가 대상자가 스스로를 이해할 수 있게 도와줍니다. 이를 임원들이 받아들이게끔 설득해야겠지요."

Q. 성공적인 임원 평가를 하고 있는 글로벌 기업이 어디라고 생각하나요?

"펩시는 굉장히 임원평가를 잘하고 있는 기업입니다. 그들은 평가 전문가와 컨설팅업체, 조직심리학 박사를 고용해 임원평가를 하고 있어요. 또한 전방위 평가를 포함한 다양한 평가방법을 통해 평가 대상자들이 어떤 방면에 재능이 있는지를 평가하고 이 재능을 향상시키는 데 많은 공을 들입니다. 특히 최고경영자(CEO)가 임원평가의 중요성을 꾸준히 강조하기로 유명하지요."

Q. 임원들이 가져야 할 특별한 자질을 꼽자면 어떤 게 있을까요?

"다양한 강점들로 무장된 사람을 선별해야 하는 상황에서 특별히 필요한 자질을 하나만 꼽아야 한다는 것은 위험한 발상일 수 있습니다. 다만 좋은 임원이라면 다양한 환경에서 지내본 경험이 풍부해야 한다고 봅니다. 또한 세상은 빠르게 변합니다. 예측하기 힘든 미래와 복잡성에 크게 영향을 받기보다는 모호함 속에서도 기회를 찾을 수 있는 눈이 필요할 것입니다."

Who he is

러셀 레이놀즈 어소시에이츠는 40년간 임원 연구를 해온 세계적인 임원 리서치 전문 컨설팅 기업이다. 미국 내 39개의 사무실을 두고 있으며 유럽과 아시아, 태평양, 아프리카, 동유럽, 러시아, 중동 등에서 연간 2,000개 이상의 프로젝트를 진행하고 있다. **딘 스태몰리스**는 러셀 레이놀즈 사의 글로벌 임원평가 센터 사장으로 브라운대를 졸업 후 버지니아공대에서 산업 조직 심리학 박사학위를 받았다. 러셀 레이놀즈에서는 모토롤라 등 글로벌 기업을 맡아 15년 이상 임원평가를 해왔으며 IBM글로벌 본사 경영발전 센터에서 심리학자이자 경영센터에서 활동하기도 했다.

Chapter 3

가치협상, 당신도 협상의 달인

흥정의 시대는 가고 협상의 시대가 온다

한 종합상사 기업의 회의실. 이탈리아 A사의 소형 음향기기 수입 여부를 놓고 협상이 한 창이다. 상사 측 대표로 자리에 참석한 당신은 A기업의 제안에 입이 떡 벌어졌다. 그들이 세 트당 무려 100만 유로(15억 원)의 값을 요구한 것이다. 당신은 속으로 '고작 저런 제품을 15억 원에 판다고? 단단히 미쳤구먼'이라고 생각한 후 "가격이 너무 높다"고 응대했다. A기업 관계자는 그 자리에서 짐을 싸고 회의실을 나가버렸다.

당신을 포함해 자리에 참석한 임원들 모두 A기업의 태도에 황당함을 금치 못했다. 터무 니없는 가격을 제시한 후 상대방이 가격에 이의를 제시하자 협상을 조기에 중단해버린 것 은 분명 A기업의 잘못이다. 하지만 프랑스의 세계적인 경영대학원 인시아드(INSEAD)에서 협상을 강의하는 협상 전문가 호라시오 팔카오 교수는 오히려 당신에게 날카로운 지적을 서슴지 않는다.

"우선 당신은 그들의 음향기기가 어떤 가치가 있는지 사전에 조사를 해야 했습니다. 그렇 게 하지 못했다면 A기업의 제안에 '이 음향기기에 그런 가격을 매겨야 할 가치가 있는가'를 묻는 것이 옳았지요. 당신이 생각한 가격보다 상대편이 생각하는 가격이 높다면 '안 돼'가 아닌 '왜'라는 반응을 보여야 합니다. 협상을 결렬시킨 것도, 상대편을 불쾌하게 한 것도 결국은 A기업이 아니라 당신입니다."

이제는 '흥정(Bargaining)'이 곧 '협상(Negotiation)'이라는 사고를 버려야 한다. 흥정의 시대에는 서로의 입에서 '숫자'가 끊임없이 오간다. 각자 자신이 원하는 숫자를 부르고 결국은 중간 지점에서 합의가 이뤄진다. 그러다 보니 원하는 게 100이었다면 80 정도의 선에서 마무리가 지어지기 일쑤다. 하지만 제대로 된 협상, '가치협상(Value Negotiation)'은 다르다.

가치협상이란 협상 테이블에서 모두가 이길 수 있는 협상이다. "보통 협상을 하다 보면 결국 중간 선에서 합의가 이뤄지죠. 내가 원하는 가치가 100이라면 결국은 70~80선에서 협상이 마무리되곤 합니다. 하지만 양쪽 다 100을 얻는 방법이 있는데 중간 선에서 만족할 필요는 없습니다. 내가 협상을 통해 얻고자 하는 가치와 상대방이 원하는 가치에 집중해보세요. 양쪽 다 100 이상을 얻고 웃으며 협상을 마무리할 수 있을 것입니다."

가치 협상에 한 발짝 다가가려면 두려움의 연막을 벗겨내라

MBA출신으로 글로벌 컨설팅 기업에 입사하게 된 B씨. 연봉협상을 끝내고 '정말 이 회사의 일원이 됐다'는 생각에 뿌듯했지만 가슴 한 구석에 남아있는 찝찝한 기분을 감출 수가 없었다. 연봉 계약서를 아무리 살펴봐도 보너스에 대한 내용을 찾을 수 없었기 때문이다. 컨설팅 회사에서 인센티브와 보너스는 기본이라고 생각했는데, 계약서에는 이 항목이 보이지 않으니 B씨는 답답할 노릇이었다.

하지만 어렵게 구한 직장에서 처음으로 자신을 내보이는 자리인 만큼 분위기상 "내 보너스는 어떻게 되냐"고 묻기가 쉽지 않았다. '돈 밝히는 신입사원'이라는 이미지가 박힐까 두려웠고 향후 자신의 평가에도 불리하게 작용할까 우려가 됐다. 결국 그는 꿀 먹은 벙어리처럼 아무 말도 못한 채 인사만 하고 자리에서 일어나버렸다.

이 사례를 읽으며 당신은 단순히 신입사원의 연봉협상장에서 벌어지는 일상적인 일이라

고 생각하고 넘길 수도 있다. 하지만 호라시오 팔카오 교수는 A씨의 태도가 "모든 협상장에서 바로 당신이 언제나 취하고 있는 태도일 수 있다"고 꼬집어 말했다.

"A군은 두려움 때문에 연봉협상에서 자신이 원하는 제안을 제대로 하지 못한 채 나와야 했지요. 하지만 이게 과연 그가 신입사원이었기 때문에 일어난 일일까요? 아닙니다. 사실은 대부분의 협상이 이런 두려움 때문에 무너지고 맙니다. 잘 생각해보세요. 경쟁에 대한 두려움, 실패에 대한 두려움, 시간부족에 대한 두려움, 상대방이 나보다 더 많이 가져갈 것이라는 두려움, 바보 같은 행동을 할 수도 있다는 두려움, 상대방이 먼저 자리에서 일어나버릴 것이라는 두려움은 항상 많은 협상을 실패로 몰고 갑니다."

실제 팔카오 교수의 제자이기도 했던 A씨가 그에게 찾아왔을 때 팔카오 교수는 A씨에게 당장 연봉 담당자에게 전화를 걸 것을 지시했다. "계약서에 보너스에 대한 내용이 있는지부터 확인하고 대부분의 MBA출신 컨설턴트가 보너스를 받는다고 말하라고 했지요. 그 기업은 A군의 말을 듣고 '계약서에는 고지되지 않았지만 원한다면 주겠다'며 얼마면 적당한지를 묻더군요. A군은 2년간 MBA를 다니면서 자신이 지불한 학비 전액을 요구했고 담당자는 흔쾌히 수락했습니다. 그가 눈치를 보며 자신의 요구사항을 얘기하지 않았다면 이런 일은 일어나지 않았을 거예요. 두려움 때문에 그 친구는 4만 5,000유로를 잃을 뻔 했지요."

두려움을 벗겨내면 가치 협상으로 가는 길이 열린다. 두려움을 벗겨내는 방법은 생각보다 단순하다. 두려움을 가져오는 '모호함'을 최소화하면 된다. 팔카오 교수는 "대부분의 두려움은 예측이 불가능한 상황에서 닥친다"며 "협상에서 일어날 수 있는 일들을 예측하고 준비하면 두려움을 줄일 수 있다"고 조언한다.

협상의 7단계를 숙지하라

산책을 하다 작은 돌부리에 발이 걸려 넘어진다면 툭툭 털고 일어서면 그만이다. 하지만 가파른 절벽을 타고 올라가다 발을 헛디디거나 잡고 있던 돌을 놓친다면 상황은 달라진다. 산책길에서의 실수는 멋쩍은 웃음으로 끝낼 수 있지만 절벽에서의 실수는 생명을 위협한다. 이런 '용서할 수 없는 실수'를 막기 위해 등산가들은 항상 기상을 체크하고 장비를 점검한다. 목적지에 도달하는 과정 중 겪을 수 있는 예측 불가능한 상황을 끊임없이 준비한다.

협상에서도 마찬가지다. 협상의 성패는 회사의 미래를 결정 짓기도 한다. '가치협상가'가 되기 위해서는 협상의 과정에서 항상 나타나는 7단계의 '절체절명의 순간(Critical Moments)'을 숙지해야 한다. 다양한 갈림길 중 최선의 선택지가 무엇인지를 알고 있는 협상가는 이미 협상의 80%를 손에 쥐고 있는 것과 같다.

:: 1단계: 관계 만들기 – 긍정적인 메시지를 던져라

'협상'은 관계에서 시작된다. 상대방과 소통하기 위한 첫 단계가 관계형성이기 때문이다. 하지만 협상에서 많은 사람들이 범하는 오류는 '관계를 위해 신뢰를 쌓아야 한다'는 전제를 버리지 못한다는 것이다. 팔카오 교수는 "신뢰가 없어도 협상이 가능할 것인가에 대해 많은 사람들은 불안감을 가지지만 오히려 이 불안감이 긴장을 가져다 줘 협상에 악영향을 미친다"고 조언한다.

"누군가와 관계를 구축하는 데 정말 신뢰가 필요할까요? 오바마와 힐러리를 봅시다. 이 둘은 몇 년 전까지 치열하게 경쟁하며 서로를 비방했습니다. 마지막 경선에서는 특히 비방전이 거셌기 때문에 서로 적대감을 가지고 있었죠. 하지만 오바마는 대통령에 당선되자마자 힐러리를 선택했어요. 자신의 주변에 그녀만큼 파워가 있으면서도 실력 있는 인재가 없다고 생각했기 때문이지요. 힐러리를 딱히 신뢰했기 때문은 아닙니다. 기억하세요. 협상을 포함한 모든 사회적인 관계에서 '동지'란 우리를 좋아하는 사람이 아닙니다. 우리와 같은 세계관을 가지는 사람이에요. 함께할 때 혜택을 같이 느낄 수 있는 게 좋은 관계입니다. '당신을 믿습니다'나 '당신이 좋아요'라는 말보다는 '이번 협상을 통해 양측 모두 혜택을 얻게 될 것이다'라는 긍정적인 메시지를 던지세요."

:: 2단계: 소통의 다리 놓기 – 협상에서 리더가 돼라

관계 설정이 끝나면 다리를 놓아야 할 때다. 가치를 논하고, 해결책을 제시하는 협상의 실질적인 단계를 통과하기 위해서는 '소통(Communication)'이라는 다리를 놓는 게 먼저다. 팔카오 교수는 "협상이라는 것은 캄캄한 밤에 숲 속을 헤매는 것과 비슷하다"고 말했다. 모두들 앞이 보이지 않는 위험한 상황에서 빨리 벗어나고 싶어 한다. 무리 속에서는 이 상황을 컨트롤하고 싶어 하는 사람들이 저마다의 의견을 내놓기 시작한다.

"캄캄한 숲 속에서 많은 이들은 두려움에 우왕좌왕하게 됩니다. 이때 지도를 가지고 있는 사람이 리더가 돼 나머지를 이끌어야 합니다. '지도를 손에 쥔 자'가 바로 당신이 되어야 합니다. 협상에서 부딪힐 많은 단계들을 당신이 알고 있다는 걸 보여줘야 하지요. 만약 누군가가 '당장 당신이 원하는 가격이 얼마냐!'고 다짜고짜 묻는다면, 우리는 '나는 아직 당신에게 최적의 가격을 제시할 수가 없습니다. 아직 당신이 무엇을 원하는지 자세히 알지 못하기 때문이에요. 괜찮다면 먼저 당신이 원하는 가격의 조건을 이야기한다면 보다 적절한 합의점을 찾을 수 있을 듯한데요'라고 대답하는 거죠. 리더가 돼 지혜로운 협상의 단계를 밟아나가면서 상대방이 '저 사람이 나보다 더 현명하구나'라고 생각할 수 있도록 하는 게 소통의 출발점입니다."

:: 3단계: 가치 논하기 – 상대방이 원하는 가치를 속속들이 파악하라

소통의 다리를 놓은 후에는 실질적으로 서로가 필요로 하는 가치를 논해야 한다. 이때 주의해야 할 점은 '상대방이 진짜 원하는 가치'가 무엇인지를 속속들이 파악하는 것이다. 상대방이 자신의 입장을 내놓을 때 우리가 알 수 있는 부분은 빙산의 일각일 뿐이에요. 그 이면에는 엄청나게 다양한 것들이 얽혀있지요. 가령 상대편이 20%의 디스카운트를 요구한다면 무조건 '우리에게는 무리입니다'라고 얘기하기 이전에 이면을 따져보고 생각해야 합니다. '우리 쪽에서 10%를 할인해드릴테니 더 좋은 질의 물건을 주는 게 어떨까요?'라는 답도 생각해 볼 수 있지요.

하지만 반드시 생각해야 할 게 있어요. 협상에서는 이해당사자가 단순히 둘만 있는 게 아니에요. 상사나 협력업체들, 고객, 팀원 등 많은 사람들이 협상에 관여돼 있어요. 우리 쪽도 마찬가지지요. 단순히 상대방의 구미를 끌 수 있는 제안을 하며 가치를 조정한다고 해도 다른 관계자들의 이해를 건드리면 협상은 결렬됩니다. 협상에 임하기 이전 가능한 한 전면에 등장하지 않는 다른 모든 사람들의 가치를 이해하고 공부해둬야 합니다.

:: 4단계: 옵션 제시하기 – '윈-윈(Win-Win)' 해결책을 제시하라

'흥정'의 마인드가 가장 위험하게 적용되는 단계가 바로 옵션을 제시하는 단계다. 흥정에서는 제안이 시작되는 이 단계가 오면 본인에게 유리한 제안을 먼저 하게 된다. 하지만 이 경우 분위기가 바로 경직되고 상대편에게는 위압적인 느낌을 줄 수가 있다. 반면 상대편이 원하는 제안을 들어주는 쪽을 택해도 상황은 마찬가지로 악화된다. 팔카오 교수는 "오히려 상대방의 제안을 받아들이는 당신의 태도가 그들에게 '아 저쪽은 지금 굉장히 절박한 상태군' 이라는 생각을 심어주게 된다"고 말한다. 이 경우 상대편이 강압적인 태도로 돌변할 수 있다.

"당신이 자선사업가가 아니라면 오히려 상대편은 당신이 제안을 들어주는 태도 자체를 '함정'이라고 생각할 가능성이 높습니다. 제안을 만들어야 할 상황이 됐을 때는 앞 단계에서 파악한 서로의 가치를 충분히 이해하고 있다는 걸 전제로 깔아둬야 해요. '당신에게 이러한 가치가 필요하다는 것을 알았습니다. 나에겐 이런 가치가 필요하고요. 둘 다 이룰 수 있는 방법을 서로 하나씩 제시해 볼까요'라고 이야기하는 거지요. 협상에 성공하거나 실패하거나, 책임을 져야하는 쪽은 상대방이 아니라 당신 자신이에요. 상대편의 실수나 멍청함 때문에 당신이 피해를 입었다고 해도 역시 해결해야 하는 편도 당신입니다. 당신이 상황을 이끌어 나가야 하는 거죠."

:: 5단계: 가격 제시하기 – '정당한' 숫자를 내놔라

협상에서 가장 긴장감이 도는 단계는 자신이 들고 나온 '숫자'를 상대편에게 내놓는 순간이다. 협상을 할 때 제안을 하는 순간이 오면 워낙 흥정과 비슷해 극단적인 숫자를 내 놓게 된다. 하지만 단순히 숫자를 내 놓는 것은 협상에서 의미가 없다.

"숫자보다는 숫자가 가지고 있는 의미를 먼저 이야기해야 합니다. 내가 생각하는 공정한 가격과 기준을 제시해야 하지요. 왜 이 가격이 적절하다고 생각하는지 근거를 제시하면 훨

씬 쉬워져요. 이렇게 생각해봅시다. 한 친구가 런던에 출장을 가서 히드로 공항에서 시내까지 택시비로 70파운드를 지불했어요. 이후 브라질 리우에 도착해 공항에서 시내까지 택시를 탔는데 이 택시기사 역시 70파운드를 요구해 이 사람은 결국 크게 화를 냈어요. 영국과 브라질에서 그가 택시로 이동한 거리가 거의 같다고 하더라도 브라질에서는 70파운드의 택시비가 문제가 되지요. 두 지역에서 돈의 가치가 다르기 때문입니다. 영국에서의 70파운드는 적정가격이지만 브라질에서는 터무니없이 높은 가격이에요." "협상에서 근거를 제시해야 하는 이유도 마찬가지에요. 숫자에 대한 관념과 제품의 가치에 대한 생각은 서로 다를 수 있어요. 당신이 가지고 있는 서비스와 복잡한 기술의 제품이 아무리 훌륭하더라도 상대편에게 단번에 가치가 보이지 않을 때가 많아요. 숫자를 내놓기 전에 그 숫자가 어디서 왔는지를 밝혀야 합니다. 상대편에게도 그렇게 요구해야하고요. '그 숫자는 어디서 나온거죠(Where does these number come from)?'라는 문장을 꼭 외워두세요."

:: 6단계: 방향 틀기 – '플랜B'는 서랍 속에 넣어둬라

협상 중 때로는 방향을 틀어야 할 때가 발생한다. 도중에 협상을 결렬해야 할 때도 있다. 이때를 위해 준비해야 하는 게 '플랜B(첫째 안이 성공하지 못할 경우 진행할 계획)'다. 최선이라고 생각했던 길이 벽에 부딪히는 상황에서 손해를 줄이기 위해서는 항상 '최선의 대안책'이 마련돼 있어야 한다. 하지만 플랜B가 정말 '최선'의 결과를 이끌어내기 위해서 중요한 것은 시기다. 적절한 시기가 아닌 때에 튀어나온 플랜B는 사실상 더 많은 리스크만 가지고 오기 마련이다.

"누군가와 협상을 진행하다가 협상이 순탄하게 진행되지 않는 것을 예상하고 갑자기 내가 그의 머리에 총을 가져다 댄다고 생각해보세요. 사실 총을 꺼낸 이유는 그에게 나의 권력을 보여주기 위해서이지요. 당연히 총을 쏠 생각은 없었어요. 하지만 이미 총을 꺼낸 이상 모든 것은 물거품이 되고 말아요. 협상을 결렬해야 하는 순간이라도 플랜B를 초기에 꺼내서는 안 됩니다. 서커스에서 줄타기를 할 때 줄 아래는 항상 안전그물이 장착돼 있지요. 그렇다고 그게 '줄 위에서 삼단 뛰기를 하고 안전그물로 떨어지라'는 의미는 아닙니다. 안전그

물은 말 그대로 최악의 상황을 막기 위한 거예요. 플랜B 역시 안전망이자 보험입니다. 아무리 공을 들여 플랜B를 짜두었다고 해도 그 보험을 서랍에 넣어두고 쓸 일이 없기를 바래야 합니다. 차선책은 항상 필요하지만 가장 뒤로 미뤄야 한다는 걸 기억해 두세요."

:: 7단계: 협상 수락 – 거절의 순간

"결혼할 때를 생각해 보세요. 우선은 데이트를 하는 게 먼저겠죠. 서로에 대해 잘 알고 난 다음에 반지를 보여주고 프러포즈를 하고 결혼을 하는 겁니다. 협상을 수락하거나 거절하는 순간도 결혼할 때처럼 앞서 말한 단계를 거치고 난 다음에 해야 할 약속입니다."

협상을 수락하거나 거절할 때는 양측의 가치와 옵션에 대해 명확하게 이해한 다음 실체와 내용에 대해 약속하는 게 중요하다. 모든 단계를 거치면서 완벽히 이해를 하지 못한 부분이 있다면 다시 되짚어 보는 순간이 필요하다.

팔카오 교수는 "당연한 말이 아니냐고 생각할 수도 있지만 모든 항목을 이해하지 못한 상황에서 급히 협상을 타결하는 경우가 매우 많다"며 "불명확한 결혼은 불운한 미래를 가져다 주듯이 서로의 가치나 이해관계에 대해 모색을 하고 타당성을 검토한 후 도장을 찍어야 하는지를 결정해야 한다"고 말했다.

당신이 강성(Hard) 혹은 연성(Soft) 협상가라면, 당신은 아직 '흥정'을 하고 있는 겁니다

가격을 흥정하는 중 자신이 더 이상 물러날 의사가 없을 때, 혹은 망설이고 있는 상대방을 압박하고 싶을 때 종종 사용되는 표현이 'Take it or Leave it(받아들이든지 말든지)'이다. 팔카오 교수는 협상에서는 절대 이 표현이 사용돼서는 안 된다고 강조한다. 협상은 양쪽 모두 승자가 되는 길을 찾아가는 과정이지 한쪽의 의견을 일방적으로 주입시키는 방법이 아니라는 것이다. 그는 "흥정(Bargaining)은 각자가 요구하는 두 가지 요구 중 하나를 선택하는 방식"이라며 "진정한 협상(Negotiation)을 위해서는 양자택일을 강요하는 게 아니라 타결점을 찾아가는 방식을 찾아야 한다"고 조언했다.

팔카오 교수는 흥정의 시대에는 언제나 존재했지만 협상의 시대에서는 반드시 사라져야 하는 두 가지 타입의 흥정가에 대해서 설명했다. '강성(Hard)' 흥정가와 '연성(Soft)' 흥정가가 이들이다.

강성 흥정가의 경우 자신이 원하는 금액으로 흥정을 성사시키는 데에만 모든 초점을 맞춘다. 이들은 압박해서 돈을 얻어내려 하기 때문에 향후 관계는 고려하지 않는다. 상대편과 대화를 하기보다는 '네', '아니오'라는 대답만 한다. '내가 요구하는 대로 받아들이지 않으려면 그만두고 떠나라(Leave it)'는 식의 사고를 가진다.

반면 연성 흥정가는 관계에 집중한다. 그는 항상 '나는 공정하게 협상에 임하기를 원하고 당신과도 좋은 관계를 유지하고 싶다'는 말로 상대의 호감을 사기 위해 노력한다. 협상이 끝난 다음에도 좋은 관계를 맺기 위해 먼저 가격 인하 제안을 하기도 한다.

언뜻 생각하면 연성 흥정가야말로 좋은 결과를 이끌어내는 신사적인 협상가가 아닐까라는 판단이 서지만 팔카오 교수는 "둘 중 더 최악의 흥정가는 연성"이라고 말한다. 이것은 '어서 가져가라(Take it)'식 사고다.

"연성 흥정가는 관계에 중요성을 두고 있기 때문에 할인 제안까지 하면서 상대방을 자신의 '편'으로 만들기 위해 애씁니다. 하지만 사실 상대방은 연성 흥정가를 좋아하는 게 아니라 그가 제안하는 '할인'을 좋아할 뿐이에요. 그는 다음 관계를 얻기 위해 많은 양보를 하고 다음에 자신이 양보한 댓가를 얻기 원하지만 그런 날이 오기는 쉽지 않죠. 상대방은 이미 '저 사람은 쉽게 가격을 깎아주는 사람'이라고 생각하고 있기 때문이지요. 강성 흥정가는 항상 자신의 '먹잇감'인 희생양을 찾아 헤매지요. 그래서 그와의 흥정에서 피해자는 꼭 발생합니다. 그래도 때로는 본인에게 유리한 흥정을 이끌기도 해요. 하지만 연성 흥정자는 다릅니다. 양보는 양보대로 하고 돈은 잃고 무시까지 당하지요. 얻는 게 전혀 없어요."

팔카오 교수는 "단편적인 사고에서 벗어나 다양한 가능성을 생각하며 판단을 해야 한다"며 "설명과 대화를 통해 자신의 입장을 상대방에게 논리적으로 이해시키려는 고민을 해야 한다"고 말했다.

호라시오 팔카오 교수는 가치협상의 시작은 '관계 맺기'라고 강조한다. 협상 초반에 어느 한 쪽이 권력을 휘두르거나 자신의 주장을 상대방에게 강요하는 데 에너지를 쏟으면 시작에서부터 문제가 생기고 만다.

Q. 서로를 이해하는 게 가장 먼저라는 이야기군요.

"말이 통하지 않는다고 판단할 때 사람들은 힘을 쓰고 싶은 충동을 느낍니다. 하지만 그런 충동을 느낄 때마다 상대방도 같은 충동을 느끼고 있다는 사실을 인식해야겠지요. 협상 초반에는 '자신'보다는 '상대방', 그리고 상호 의존할 수 있는 부분에 집중해야 합니다. 서로가 협상을 통해 얻을 수 있는 긍정적인 결과가 무엇인지, 왜 서로가 필요한 지에 대한 통찰이 필요하지요. 이렇게 서로 상대방에 대해 이해를 하고 나면 서로 더 많은 질문을 할 수 있어요. 사람들은 질문을 통해 더 많은 정보를 얻게 되고 궁극적으로 '윈-윈(Win-Win)'할 수 있다는 걸 알면서도 질문을 하기 꺼려해요. 이해의 단계를 거치지 않기 때문에 일어나는 일이지요."

Q. 대화란 사실 정말 어렵지 않은 과정인데도 협상에서 이 때문에 문제가 발생하는 이유가 뭐죠.

"사람들은 어렸을 때부터 무수히 많은 대화를 하지만, 한 번도 정확하게 훈련을 통해 대화하는 법을 배운 적은 없어요. 협상에 대해 공부해보지 않은 사람들도 협상과 대화가 얼마나 무섭고 위험한 결과를 초래할 수 있는지를 잘 알고 있어요. 이야기를 하면서 우리는 상대방을 설득할 수도 있지만 반면 설득당할 수 있는 위치에도 놓이게 됩니다. 그렇기 때문에 협상에서도 두려움을 느끼게 되고 결국 성공적인 대화를 하지 못 할 수 있습니다. 상대방에게 '예스(Yes)'라는 대답을 얻기 위해서는 끊임없는 훈련을 해야 합니다. 상대방에게 자신의 의사를 정확하게 전달하는 방법이나 자신감 있게 협상에 임할 수 있는 방법을 배워야 하지요.

Q. 이 시대의 가장 훌륭한 '협상가'를 꼽아보자면 누가 있을까요?

"간디와 만델라를 들고 싶습니다. 두 사람 모두 상대방에 대한 이해심이 깊었지요. 최대한 열린 대화를 하려고 노력했고요. 평화로운 방법으로 대화를 시도하면서도 자신이 원하는 결과를 정확히 표현할 줄 아는 사람들이었어요. 강압적인 힘을 이용하지 않고 자신의 입장을 논리적으로 이해하는 데 힘을 썼습니다. 대신 자신이 원하는 길에 도달하기 위한 방법을 꼭 한 가지로 규정짓지 않았어요. 형식의 유연성을 통해 상대방으로 하여금 양쪽이 만족할 수 있는 결과를 생각할 수 있도록 유도했지요."

Q. 최근에는 글로벌 협상도 많이 진행되는데요. 문화적 차이가 큰 상대를 이해하기 위해서는 사전 조사가 많이 필요하지 않을까요?

"글쎄요. 협상을 하는 데 문화적 차이가 과연 중요할까요? 문화는 사람들이 세상을 보는 렌즈와 같아요. 하지만 또 생각해봅시다. 인간은 유전학적으로 96% 이상 침팬지와 닮아 있어요. 그런데 하물며 사람과 사람의 차이가 크면 얼마나 클까요? 국적, 성, 인종, 나이, 직업, 종교 등 많은 차이가 있을 수는 있지만 그 사람의 모든 성향을 파악하기에는 어려움이 있어요. 정말 좋은 협상자는 상대방의 문화적 배경이 아닌 '개인'에 집중하지요. 같은 문화권의 사람들도 개인적 차이는 크니까요. 내 앞에 있는 상대방을 관찰하라는 거죠. 그의 행동이나 말투, 태도를 보고 그 사람의 성향을 파악하는 게 더 중요해요. 상대방을 관찰하면서 그의 '문화'보다는 그의 '의도'를 파악하는 게 더 중요하죠. 문화적 배경을 찾아내는 데 쏟는 관심을 그가 원하는 가치와 욕구를 찾아내는 데 써야 해요."

Q. 상대를 이해하다보면 자연스럽게 믿음이 수반되겠네요.

"협상을 이야기하면서 신뢰에 대한 이야기를 하지 않을 수가 없지요. 하지만 저는 항상 '신뢰의 패러독스'를 조심하라고 말해요. 협상가에게 신뢰란 좋은 자산이 될 수 있지만 꼭 필요한 건 아니라는 거죠. 오히려 신뢰 때문에 나의 최선이 상대방의 최선과 대체될 수 있는 상황이 오기 때문이지요. 협상가들은 '함께 일하는 법'을 배우는 게 먼저에요. 함께 대화하고 일하는 법을 알아야 제대로 된 협상을 하는 겁니다."

Q. 협상가의 성품도 협상을 성공으로 이끄는 데 주요 요소가 될 수 있겠군요.

"협상자의 성품과 협상의 성사가 연결이 없지는 않겠지만 지금까지 그쪽에 대한 연구는 없었습니다. 사실 훈련과 연습을 통하면 어떤 성품도 좋은 협상자가 될 수 있어요. 오직 나와 상대방이 추구해야 할 가치에만 집중하는 방법을 고민해야합니다. 우리는 매일 일상의 순간 순간에서 협상을 맞닥뜨리게 됩니다. 이 순간들을 놓치지 않고 연습하세요. 어느 순간 협상에 임할 때 어떤 마음가짐을 가져야 하는지 스스로 깨우치게 되고, 그러다 보면 점점 좋은 협상가가 될 수 있을 겁니다."

Who he is

호라시오 팔카오는 프랑스에 위치한 세계적인 경영대학원 인시아드(INSEAD)의 제휴교수(Affiliate Professor)다. 의사결정학(Decision Science) 분야 중 협상을 전문으로 강의를 한다. 협상 교육 전문 기업 플루리스(Pluris)의 공동 창립자이며 협상·명상·코칭, 컨설팅 관련 교육 프로그램을 직접 운영하기도 한다. 2010년 《가치 협상: 윈-윈 제대로 하기(*Value Negotiation: How to Finally Get the Win-Win Right*)》라는 책을 출판했다. 1997년 하버드 법대 졸업 후 캠브리지 협상전략(Cambridge Negotiation Strategies)과 CMI그룹(CMI International Group) 등에서 일했다. 구글(Google), 포드(Ford), 비자(VISA), 마스터카드(Mastercard), 휴렛팩커드(HP), IBM, AOL 등 다수 글로벌 기업의 협상 컨설팅을 담당했으며 코스타리카에서 대통령협상 관련 자문을 맡기도 했다.

Part 4

아이디어의 원천을 캐라

어느 날 하늘에서 뚝 떨어지는 아이디어는 없다!

데이터와 정보는 넘치는데 '쌈박한' 아이디어는 오히려 찾기 어려운 시대다. 회의실에 둘러앉아 '브레인스토밍(Brainstorming)'을 시도해 보지만 어딘가에서 한 번쯤 들어본 이야기이거나, 설사 참신하더라도 우리 회사에 당장 적용시키기 어려워 보이는 '서 말의 구슬' 같은 의견들이 대부분이다.

과거에 비해 기술적인 발전(하드웨어)이 기업에 미치는 영향은 줄어든 반면 창조적이고 획기적인 아이디어(소프트웨어) 하나가 기업에 미치는 영향력은 놀랄 만큼 커졌다. 말 그대로 좋은 아이디어가 개인의 운명을 바꾸고 기업을 살리며 세상을 변화시킨다. 반면 잘못된 아이디어는 잘 나가던 기업이 쓰러지는 발단이 되기도 한다.

경영인이든, 직장인이든, 학생이든 모두에게 다행스러운 점이 있다. 좋은 아이디어는 소수의 천재들만 누리는 '기적'이 아니라 끊임없는 고민과 노력, 훈련의 결과물이라는 것이다. 지식이 쌓여야 창의력도 생긴다는 얘기와도 통한다.

목욕탕에 몸을 담그다 부력의 원리를 발견한 아르키메데스도, 땅으로 떨어지는 사과를 보고 만유인력의 법칙을 정리한 뉴턴도 결코 우연처럼 위대한 아이디어를 얻은 것이 아니다. 오랜 시간 한 가지 문제에 온 힘을 다해 골몰해오던 차에 깨달음을 찾은 것이다. 지금도 크게 다르지 않다. 어느 날 하늘에서 뚝 떨어지는 아이디어는 없다. 모방과 재결합, 자기분석과 직관이 적절히 어우러져야만 기업의 가치를 업그레이드시키는 특별한 아이디어를 얻을 수 있다.

Chapter 1에서는 수많은 예술가가 그랬듯 경영자들도 모방을 혁신의 출발점으로 삼기를 권한다. 오데드 센카 오하이오주립대 교수가 만들어낸 '이모베이터(Imovator: Imitator+Innovator)'란 말이 이를 잘 보여준다. 흔히 모방이라고 하면 표절 등 불법적인 이미지를 떠올리곤 한다. 하지만 진정한 모방은 'A라는 이유로 이 아이디어를 모방하면 B라는 멋진 결과를 얻을 수 있겠다'는 체계를 가지고 있다. 애플이 가장 대표적이다.

스티브 잡스는 제록스의 그래픽유저인터페이스(GUI)를 보고 '바로 이거다!'라고 외치며 이를 당시 애플이 개발하던 소형 컴퓨터에 적용했다. 결국 모방을 전략적으로, 혁신에 버금가게 활용하는 법이야말로 미래 기업이 지녀야 할 중요한 아이디어인 셈이다.

Chapter 2는 아이디어의 원천으로 '직관'에 주목한다. 중요한 점은 여기서 언급하는 직관이야말로 '고수', '베테랑'들만이 가질 수 있는 능력이라는 것이다. 최고경영자(CEO)들은 신속한 의사결정을 내려야 할 경우가 많은데 이때 '훈련된 직관'이 빛을 발한다는 얘기다. 반대로 높은 직위와 자신감에 취한 CEO가 '감'에 의존해 중대한 결정을 내린다면 그것은 재앙이다. 어떤 직관이 100% 맞을지는 누구도 확신할 수 없다. 하지만 위험한 직관을 걸러내는 일은 가능하다.

윌리엄 더간 컬럼비아대 교수가 소개하는 전략적 직관 개념은 기업 경영에서 직관이 얼마나 '전략적으로' 활용돼야 하는지를 상기시킨다. 하지만 현실에서는 객관적이고 명확한 근거 없는 감을 '나의 통찰력'이라 자칭하며 의사결정을 내리는 경영자들이 의외로 많다. 그리고 상당부분 통찰력이라기보다는 낡은 지식, 개인적 경험, 남 따라 하기에 불과한 경우가 많다. 보스는 권위보다 실력으로 조직을 이끌어야 한다.

Chapter 3은 '당신은 돌팔이 경영자가 아닙니까?'라고 다소 당돌한 화두를 던진다. 통찰력 있는 직관은 데이터와 사실(Facts)에 근거한 '분석'의 뒷받침 없이는 불가능하다. 특히 데이터를 분석하고 근거를 제시하는 기업문화는 보스에게 쏠린 권한을 옆으로, 아래로 분산시키는 효과를 낳는다. 구글, 이베이 등 아이디어에 민감한 기업들은 왠지 즉흥적인 아이디어가 쑥쑥 잘 받아들여질 것 같다고 생각하나?

구글은 가차 없이 묻는다. "당신의 아이디어는 어떤 데이터를 근거로 나온 겁니까?"

Chapter 1

모방도 혁신의 원천

피카소, 모방에서 아이디어를 얻다

2009년 4월께 필자는 미국 필라델피아 미술관에서 '세잔과 그를 넘어서'라는 전시회를 본 적이 있었다. 세잔 등 여러 화가의 그림을 전시해 현대미술에 끼친 세잔의 영향을 보여주는 전시회였다.

붉은 의자에 앉아 있는 여인을 그린 세 점의 그림이 인상적이었다. 세잔, 마티스, 피카소가 각각 그린 이 그림들은 매우 달라 보였다. 그러나 마티스와 피카소는 세잔의 영향을 받아 자신의 그림을 그렸다고 한다. 피카소와 마티스는 세잔이라는 과거에 각자 새로움을 더한 것이다. 세잔의 말대로 '과거는 대체할 수 없으며 새로움을 더해 갈 뿐'이니까 말이다.

언제부터인가 서점의 비즈니스 코너에는 '혁신'을 다루고 있는 책들이 매우 많다. 제목에서 언급되지 않아도 내용에서 혁신을 강조하는 책을 찾기란 매우 쉽다. 그러나 혁신의 시작이 되는 '과거'를 강조하는 책을 찾기란 힘들다.

회화사에서 가장 혁신적이고 창조적인 화가라는 피카소, 마티스 등도 세잔이라는 과거에 기대에 혁신을 이뤄냈다. 기업 경영이라고 해서 미술과 다르지는 않을 것 같다. 혁신만 강조할 게 아니라, 과거에서 배우려는 노력도 필요하다. 과거에서 배우기는 '모방'에서 시작된다. 옛 그리스의 철학자 아리스토텔레스의 말처럼 모방은 지금보다 나은 무언가를 재창조하는 과정이기 때문이다. 세계 최대 기업인 월마트를 창업한 샘 월튼, 애플의 최고경영자 스티브 잡스 등도 모방을 통해 혁신적인 아이디어를 얻어냈다.

오늘날 많은 기업들이 새로운 사업에 뛰어든다. 현대자동차는 제철 산업에, 삼성전자는 바이오제약·태양전지 사업에 뛰어들었다. 현대자동차가 포스코의 제철 산업을 모방하는 과정 없이 제철 산업을 혁신하는 방법을 찾을 수 있을까? 삼성전자도 먼저 시장에 뛰어든 경쟁자들을 창조적으로 모방하지 않고도 경쟁자들을 앞설 수 있었을까? 아마 매우 어려웠을 것이다. 혁신 과잉에 사로잡혀 모방의 이점을 버려선 안 된다.

혁신가들도 알고 보니 모방가였다

"내가 한 대부분은 남이 했던 일을 모방(Copy)한 것이었다."

미국 비즈니스 잡지 〈포춘〉이 2010년 미국 최대 기업으로 선정한 월마트. 이 월마트를 창업한 샘 월튼이 자서전 《샘 월튼, 메이드 인 아메리카, 나의 이야기》에서 밝힌 말이다. 모든 비즈니스 스쿨에서 혁신기업의 대표격으로 언급되는 월마트의 창업자가 한 말로는 뜻밖이다.

월튼은 녹음기를 들고 다른 할인점의 최고경영자(CEO)들을 만나서 배우는 데 주저하지 않았다. 월튼은 "아이디어를 훔쳤다고 할 수도 있겠지만, 빌렸다는 말을 쓰고 싶다"고 회상할 정도였다.[44]

이처럼 비즈니스 스쿨이나 언론에서 혁신가로 추앙하는 인물이나 기업들을 한 꺼풀 벗겨보면 모방가인 경우도 상당수다. 이 가운데 일부는 샘 월튼처럼 다른 사람의 아이디어나 업적을 모방했다는 것을 스스로 인정한다. 저가 항공사로 유럽에서 큰 성공을 거둔 '라이언에어'의 마이클 오리어리 CEO도 그 같은 경우다. 그는 "우리가 한 모든 것은 미국 사우스웨스트 항공을 모방(Copy)한 것"이라며 모방이 성공의 원동력임을 숨기지 않았다.[45] 오늘날 가장 혁신기업·혁신가로 추앙받는 애플의 스티브 잡스도 알고 보면 모방의 최고 고수(高手)

다. 외부 아이디어를 빌려 와서 조립하는 데 탁월한 능력을 발휘했다.

애플의 핵심 경쟁력인 사용자 친화적인 인터페이스가 제록스를 모방했다는 일화는 유명하다. 1979년 스티브 잡스는 제록스의 팔로알토 연구소(PARC)를 방문한다. 잡스는 PARC에서 GUI(그래픽 유저 인터페이스)를 보고는 정신이 아찔할 정도로 충격을 받았다.

잡스는 PARC의 GUI를 가져와 애플이 당시 개발하던 소형 컴퓨터에 적용했다. 아이러니컬하게도 GUI는 제록스가 개발했지만, 1984년 애플의 리사 컴퓨터에 가장 먼저 적용됐다.

GUI 사례에서 드러났듯이 애플은 남의 기술을 가져와 활용하는 데 천재적이었다. 마우스도 1981년 제록스의 워크스테이션에 처음 도입됐지만, 애플의 맥킨토시에 적용되면서 대중화됐다.

USB포트는 애플이 1998년 아이맥(iMac)에 적용하면서 대중화됐지만, 애플이 먼저 개발한 기술이 아니었다. 멀티 터치 기술도 2007년 아이폰에 적용되면서 센세이션을 일으켰지만, 이 역시 애플이 스스로 개발한 게 아니었다. 멀티 터치 기술은 애플이 2005년 핑거웍스(Fingerworks)라는 기업을 인수하면서 사들인 것이다.

그렇다고 애플이 남의 기술을 그대로 베꼈다는 것은 아니다. 여러 기업의 여러 기술을 가져와 재배열하고 재결합했기 때문이다. 그 자체로는 큰돈을 벌지 못했던 기술도 애플이 다른 기술과 결합하면 큰 히트를 쳤다. 예를 들어 애플이 핑거웍스에서 가져온 멀티 터치 기술도 애플의 사용자 친화적인 인터페이스 및 아름다운 디자인과 결합되고 난 뒤에야 비로소 고객의 마음을 흔들어놓을 수 있었던 것이다.

영국의 세계적인 경제분야 주간지인 〈이코노미스트(*The Economist*)〉는 애플의 혁신성은 여러 곳에서 가져온 아이디어를 꿰매는 '바느질 능력'에서 찾았다. 스티브 잡스가 애플로 복귀해 내놓은 히트 제품인 아이팟 역시 바느질의 결과물이었다.

"애플의 진짜 능력(Skill)은 자신의 아이디어와 외부 아이디어를 꿰매어, 그 결과물을 우아한 소프트웨어와 스타일리시한 디자인으로 담아내는 데 있다. 예를 들어 아이팟은 원래 애플이 고용한 컨설턴트가 구상한 것이다. (중략) 아이팟은 애플이 외부에서 사들여 개선한 아이튠 쥬크박스 소프트웨어와 긴밀하게 작동되도록 디자인됐다. (중략) 애플은 기술의 통합자이자 조직가이다. 외부 아이디어를 가져와 변형하는 데 주저하지 않는다."[46]

왜 사우스웨스트를 모방하는 데 실패했을까

모방이 아이디어와 경쟁력의 원천이라면 한 가지 궁금증이 일게 된다. 잘 나가는 기업, 시장에서 승리하는 기업을 모방하기만 하면 경쟁력을 얻을 수 있을 것 같다. 그런데 왜 시장에서는 소수만이 승자가 되는 것일까? 그만큼 모방이 어렵다는 얘기다. 콘티넨탈항공의 저가 항공 사업부인 칼라이트(CALite)의 실패는 모방이 얼마나 어려운지 보여준다. 칼라이트는 성공한 저가항공사인 사우스웨스트항공을 모방했으나 처절하게 실패했다.

:: 항공운송산업의 전략적 포지셔닝

전략적 포지셔닝(Strategic Positioning)이라는 개념은 왜 모방이 어려운지 설명하는 데 매우 유용하다. 아래 그림에서 알 수 있듯이 저가 항공사인 사우스웨스트와 기존 일반 항공사인 콘티넨탈의 전략적 포지셔닝은 매우 다르다.

콘티넨탈은 서비스의 질이 높은 반면 비용 효율성은 떨어진다. 반면 사우스웨스트는 서비스의 질은 콘티넨탈보다 낮지만 비용 효율성은 월등하다. 따라서 그림에서 콘티넨탈의

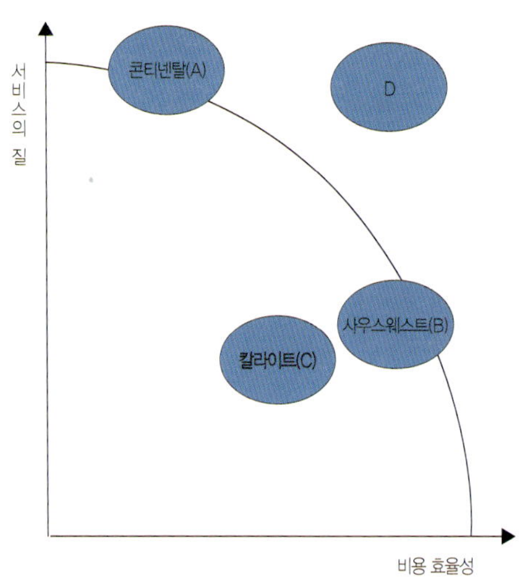

전략적 포지셔닝은 A, 사우스웨스트의 전략적 포지셔닝은 B라고 표시할 수 있다. 물론 D의 위치가 가장 매력적이겠지만, 현실적으로 불가능하다. 서비스의 질과 비용 효율성은 역관계(Trade-off)이기 때문이다. 서비스의 질이 높을수록 비용이 증가해 비용 효율성은 떨어진다.

사우스웨스트가 출범하기 전에는 대부분의 항공사가 A 또는 A 주변에 있었다. 항공사들은 대개 비슷한 전략을 채택해 비슷한 서비스를 제공했다. 콘티넨탈 비행기를 타든, 델타 비행기를 타든 서비스의 차이는 거의 없었다.

그러나 운임을 크게 낮춘 사우스웨스트가 출현하면서 가격에 민감한 고객들이 사우스웨스트로 급속하게 옮겨갔다. 콘티넨탈 등 기존 항공사들이 큰 타격을 입었으며 대응책을 고심했다. 이들이 내놓은 전략은 사우스웨스트를 모방한 저가 항공 설립이었다. 콘티넨탈은 칼라이트를, US에어웨이즈는 메트로젯을 운항했다.

칼라이트 등은 사우스웨스트의 전략을 모방하는 데 주저하지 않았다. 예를 들어 1993년 콘티넨탈의 한 사업부로 출범한 칼라이트는 허브 공항을 통하지 않고 도시와 도시를 직접 연결하는 '포인트-투-포인트(Point-to-Point)' 운항 전략을 사우스웨스트로부터 따왔다. 사우스웨스트처럼 무료 식음료 서비스를 없앴으며 좌석은 이코노미석으로 단일화했다. 그러나 칼라이트는 대규모 손실을 본 후 1995년 운항을 중지하게 된다.

역설적이게도 칼라이트의 실패는 사우스웨스트의 핵심전략인 '포인트-투-포인트' 전략을 모방한 데서 비롯됐다. 칼라이트 손실의 70%가 전체 노선의 35%에 불과한 포인트-투-포인트 운항 노선에서 나왔기 때문이다.[47]

:: 전략적 포지셔닝과 모방의 실패

왜 사우스웨스트에서는 성공 요인으로 칭송되던 '포인트-투-포인트 전략'이 칼라이트에서는 치명적인 손실이 됐을까?

이를 이해하려면 먼저 항공수송 방식을 이해할 필요가 있다. 항공수송 방식에는 '허브 앤드 스포크(Hub and Spoke)' 방식과 '포인트-투-포인트' 두 가지가 있다. 허브 앤드 스포크는 허브 공항을 중심으로 수많은 지역(스포크)으로 가지를 치는 운항 방식이다.

콘티넨탈 항공 노선은 허브 공항인 휴스턴을 중심으로 숱하게 많은 노선이 가지를 쳐있는 형태다. 반면 포인트-투-포인트는 허브 공항 없이, 운항 수요가 발생하는 두 도시를 직접 운항하는 방식이다.

허브 앤드 스포크 방식은 허브 간 운행하는 대형 항공기와 허브와 스포크를 운행하는 소형 항공기가 모두 필요한 반면, 포인트-투-포인트 방식은 두 도시 간 운행 수요에 맞는 한 가지 타입의 항공기만으로도 충분하다.

허브 앤드 스포크 방식은 인접한 스포크 간 연결에도 허브를 거치기 때문에 운항시간에 낭비가 발생한다는 단점이 있지만, 포인트-투-포인트 방식은 그 같은 낭비가 없어 결항이나 연착도 줄일 수 있다.

허브 앤드 스포크(Hub and Spoke) 방식의 사례

덴버를 허브로 여러 지역으로 비행기 노선이 뻗어나가 있다.

반면 포인트-투-포인트 방식은 공항마다 정비 시설을 만들어야 하고, 대형 비행기로 한꺼번에 승객을 실어 나를 수 없기 때문에 규모의 경제 효과를 누리기 힘들다.

사우스웨스트는 포인트-투-포인트 전략을 채택하는 대신, 인구밀도가 높은 도시를 운항 대상으로 삼아, 최소한의 고객을 확보하고, 단일 기종을 운영해 정비, 수리비용을 최소화했다. 이코노미석만 운영해 다양한 고객을 관리하는 데 들어가는 비용도 없앴으며, 각종 기내 서비스를 최소화해 운임 비용도 크게 떨어뜨렸다. 이를 바탕으로 전략적 포지셔닝 그래프의 B의 위치에 성공적으로 자리매김하는 데 성공했다.

반면 칼라이트의 포인트-투-포인트 전략은 사우스웨스트 같은 효과를 내기가 힘들었다. 이미 휴스턴과 뉴욕에 허브 공항이 있는 콘티넨탈로서는 포인트-투-포인트 운항을 늘리면 늘릴수록 허브 공항의 이점이 사라지고 효율성이 줄어드는 역효과가 발생했다.

또 콘티넨탈은 1등석부터 이코노미석까지 다양한 승객을 관리해야 하는 상황이기 때문에 사우스웨스트 같은 단일 고객 관리에서 비롯되는 비용절감 효과도 누릴 수가 없었다.

결국 콘티넨탈의 칼라이트는 서비스의 질은 사우스웨스트처럼 낮아졌지만, 비용 효율성은 사우스웨스트만큼 높이지 못한 C의 위치에 자리매김할 수밖에 없었다.

콘티넨탈은 이미 허브 앤드 스포크 시스템 등 항공 수송 방식, 초대형 비행기와 소형 비행기를 함께 보유한 비행기 보유 현황, 다양한 고객 관리 시스템 등 회사 운영과 관련된 모든 시스템이 A라는 전략적 포지셔닝에 적합한 방식으로 구성돼 있었다.

따라서 콘티넨탈이 A에서 B라는 전략적 포지셔닝으로 이동한다는 것은 기존의 몸에는 맞지 않는 옷을 입으려는 시도인 셈이다. 이 때문에 콘티넨탈은 저가항공 사업부인 칼라이트를 신설했지만, 결국 칼라이트는 B에 자리 잡지 못하고 기껏해야 C에 자리 잡았고 결과적으로 큰 손실을 본 채 운항을 중단해야 했다.

기업은 현실에서 나름대로 '전략적 포지셔닝'을 하고 있다. 그 전략적 포지셔닝에 맞게 이미 연구개발 투자, 고객관리 시스템, 자산 등이 갖추어져 있다. 자신과 전략적 포지셔닝이 비슷한 회사를 모방하기란 어렵지 않을 것이다. 예를 들어 콘티넨탈이 저가항공사가 아닌 델타항공을 모방하기는 쉬웠을 것이다.

그러나 전략적 포지셔닝이 완전히 다른 기업, 그래서 모든 시스템이 달리 작동하는 회사를 모방하기란 매우 어렵다. 콘티넨탈과 델타 등은 사우스웨스트를 모방해 저가항공사업을 시작했지만, '저운임 항공'이라는 겉모습만 모방했을 뿐, '저비용 항공(Low cost carrier)'이라는 사우스웨스트의 실체는 모방하는 데 실패했다.

자신과 여러 모로 다른 기업에서 어떤 아이디어를 찾아내 모방한다는 것은 그 아이디어를 자신의 몸에 맞게 변화시키거나, 자신의 몸을 그 아이디어에 맞게 변화시키는 과정을 거쳐야 한다. 모방이 어려운 이유다.

'이모베이터(Imovator)'가 돼라

앞서 제대로 된 모방이 얼마나 어려운지 설명했다. 남의 아이디어를 별생각 없이 가져오는 모방가(Imitator)에 그친다면 성공적인 모방을 할 수가 없다. 다른 사람·다른 기업의 아이디어와 활동을 자신의 몸에 맞게 창조적으로 적용하는 과정이 필요하기 때문이다. 남의 아이디어를 자신만이 갖고 있는 아이디어와 결합해 새로운 제품을 만들어낸 애플처럼 말이다.

애플처럼 성공하는 모방가는 남의 아이디어를 창조적으로 활용한다. 따라서 그들은 단순히 흉내쟁이에 그치지 않는다. 그들은 창조적 활동을 성공적으로 수행하는 혁신가(Innovator)이기도 하다. 따라서 모방으로 성공하는 기업은 모방가(Imitator)와 혁신가(Innovator)의 얼굴을 함께 가지고 있다. 오데드 센카 미국 오하이오주립대 교수는 '모방가(Imitator)'와 '혁신가(Innovator)'의 합성어인 '이모베이터(Imovator)'라는 합성어를 만든 이유이기도 하다.[48]

:: 삼성의 이모베이터 전략

"먼저 된 자로서 나중 되고 나중 된 자로서 먼저 될 자가 많으니라."

성경의 마태복음에 나오는 구절이다. 삼성만큼 이 구절이 실현되기를 간절히 바라는 기

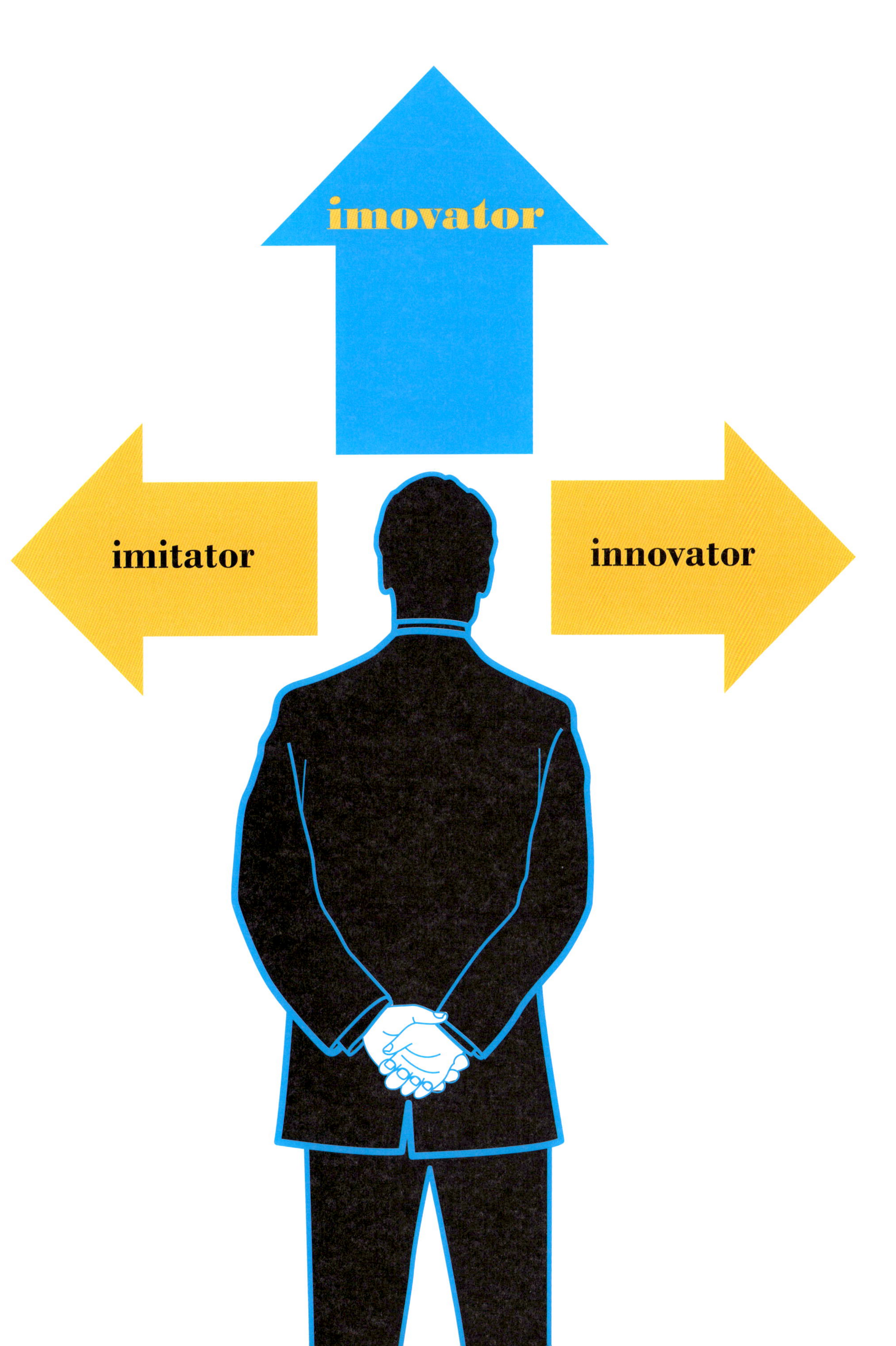
imovator
imitator
innovator

업도 없을 것이다. 삼성이 최근 23조 원을 쏟아 붓겠다고 밝힌 5대 신수종 사업에서 삼성은 후발주자, 즉 '나중 된 자'이기 때문이다.

태양전지와 바이오제약, 자동차용 전지, LED, 의료기기 등 삼성의 5대 신수종 사업은 이미 글로벌 기업이 활발히 진출한 분야다. 태양전지는 큐셀 등 유럽·일본·미국 기업들이 시장을 선점했고 바이오복제약은 머크 등 글로벌 제약사들이 이미 시장에 진입해 있다. 자동차용 전지는 국내에서도 LG화학이 앞서 있는 것으로 평가된다.

따라서 삼성으로서는 '먼저 된 자(큐셀, 머크 등)가 나중 되고, 나중된 자(삼성)가 먼저 되기'를 간절히 바라는 게 당연하다.

그렇다면 삼성의 전략은 어떠해야 할까?

오데드 센카 미국 오하이오주립대 교수의 성공 방정식을 따른다면 '모방가(Imitator)'와 '혁신가(Innovator)'의 합성어인 '이모베이터(Imovator)'가 돼야 한다. 삼성 같은 후발 기업은 선도 기업의 비즈니스 모델과 제품을 모방하되 점진적인 혁신을 통해 차별화된 경쟁력을 확보하는 '이모베이터' 전략이 필요하다는 뜻이다.

단순히 선도 기업만을 모방하는 것만으로는 불충분하다. 산업의 경계선을 뛰어넘어 글로벌 차원에서 모방의 대상을 찾아야 한다.

다행히 삼성전자는 이미 '이모베이터'의 DNA를 갖고 있다. 센카 교수에 따르면 삼성은 반도체 분야에서 도시바 등 일본 기업을 타깃으로 적절한 모방전략을 구사했으며, 폭넓은 생산 경험이라는 강점을 활용해 공장 건설에 필요한 기간을 절반으로 줄이는 혁신으로 반도체 시장에서 승자가 됐다.[49]

그러나 현실에서는 혁신만이 지나치게 강조된다. 대다수 기업들이 체계적인 혁신 전략을 세우기 위해 노력하지만, 정작 중요한 모방은 전략이 없다. 이 때문에 숱한 기업들이 시장에서 패자로 전락한다.

미국 기업이 1980년대 일본에 경제적 패권을 내주었으며 일본 기업이 1990년대 후반부터 어려움에 빠진 데는 혁신에 과잉 집착했기 때문이라는 주장도 나온다. 1980년대 말에 미국의 혁신기업들은 과거 첫 제품을 내놓고 시장을 선도한 대부분의 분야에서 모방가인 일본 기업에게 시장을 내주었다. 일부 경제학자들은 일본은 창조적 모방가인 반면에 미국은 서투른 모방가이기 때문이라고 분석했다.

경제학자 네이턴 로젠버그는 "일본 기업이 모방을 기초 삼아, 작고 점진적인 개선을 통한 개발 활동에 집중한 반면, 미국은 혁신에 집착해 모든 에너지를 연구에만 쏟았다"고 지적했다.

그러나 역설적으로 1990년대부터는 일본이 되레 모방보다는 혁신에 과잉 집착하고 있다. 모방의 능력을 상실해 '이모베이터'의 능력을 잃어버리고 있다는 뜻이다. 일본이 최근 글로벌 시장에서 '이모베이터'의 DNA를 갖고 있는 한국 기업에 점점 시장을 빼앗기고 있는 것도 이와 무관하지 않다.

센카 교수는 〈매일경제〉와의 인터뷰에서 오늘날을 '모방의 시대(Age of imitation)'라고 강조했다. 모방가들의 숫자가 급증했으며 지식 이전이 그 어느 때보다 쉬워졌기 때문이라는 의견이다. 덕분에 모방의 속도가 더욱 빨라져 1980년대 크라이슬러가 개발한 미니밴이 모방되는 데는 9년이 소요됐지만, 최근 GM이 개발한 소형차를 중국 기업이 모방하는 데는 겨우 1년이 걸렸을 뿐이라고 센카 교수는 〈하버드 비즈니스 리뷰〉와 인터뷰에서 밝혔다.[50]

오데드 센카 미국 오하이오주립대 경영대 교수는 '모방'을 기업전략의 핵심 키워드로 끌어올리는 발상의 전환을 해냈다. 대부분의 경영 이론가들이 혁신을 강조하는 상황에서 '모방'을 최소한 '혁신'과 동급으로 다루어야 한다는 이론을 제기했기 때문이다.

센카 교수의 주장은 학계에 신선한 충격을 주고 있다. 이를 반영해 〈하버드 비즈니스 리뷰〉는 2010년 봄 '모방은 혁신보다 가치가 있다'는 제목으로 센카 교수의 인터뷰 기사를 실었으며 하버드 경영대학원 출판사는 6월 중순께 센카 교수의 저서 《모방가들: 똑똑한 기업이 전략적 우위를 확보하기 위해 모방을 이용하는 방법(*Copycats: how smart companies use imitation to gain a strategic edge*)》을 출간했다.

센카 교수는 왜 모방의 중요성을 강조했던 것일까? 혁신을 바라보는 시각이 남다르기 때문이다. 센카 교수는 〈매일경제〉와 전화 인터뷰에서 "혁신은 점진적으로 이뤄진다"고 강조했다.

경제학자 슘페터가 말한 '창조적 파괴'나 크리스텐센 하버드 경영대학원 교수가 강조하는 '파괴적 혁신' 같은 급격한 혁신은 현실에서 찾기 힘들다는 뜻으로 풀이된다. 이 때문에 현실에서는 후발 기업이 혁신 기업을 모방하면서 제품·서비스를 차별화해 시장에서 승자가 되는 일이 비일비재하다. 다음은 센카 교수와 일문일답이다.

모방이 출발점이다

Q. 혁신과 모방은 어떤 관계인가?

"수익률이 높은 혁신사례를 자세히 관찰하면 모방을 바탕으로 하고 있다는 것을 알게 된다. 모방 위에 (혁신의) 작은 발걸음들이 점진적으로 집합된 것이다. 성공 기업들은 먼저 모방하고 혁신을 통해 차별화했다."

Q. 모방이 중요하다면 남보다 먼저 혁신 제품을 만드는 것은 나쁜 전략인가?

"때때로 좋을 수 있다. 그러나 모든 것을 혁신할 수 있는 기업은 없다는 점을 강조하고 싶다. 당신이 무엇을 모방할지 탐색하고 제대로 모방할 수 있다면 무엇을 혁신해야 하는지도 알게 된다."

Q. 누군가 먼저 혁신 제품을 개발하기를 기다린 다음, 모방해서 개선하는 게 최선의 전략이라는 뜻인가?

"때때로 그렇다고 할 수 있다. 그러나 모방에는 많은 활동이 따른다. 매우 활동적으로 다른 산업과 다른 나라 등을 모니터링해야 한다. 그래야만 좋은 아이디어를 가져와서 '진짜 모방(True imitation)'을 할 수 있다."

원인과 결과를 이해해야 진짜 모방

Q. 진짜 모방은 구체적으로 무슨 뜻인가?

"모방에는 여러 가지 유형(Type)과 수준(Level)이 있다. 거위를 예로 들어보자. 거위 새끼는 왜 어미를 따르고 모방하는지 이해하지 못한다. 단순히 본능적으로 어떤 움직이는 물체를 따를 뿐이다. 거위는 스스로가 왜 어미를 따르는지, 어미가 왜 그 같은 행동을 하는지 원인과 결과를 이해하지 못한다. 이와 달리 원인과 결과를 이해하는 모방이 '진짜 모방'이다."

참고로 거위는 부화한 뒤, 특정 시점에 가장 먼저 눈에 띈 대상을 어미로 인식해 애정을 쏟으며 행동을 모방한다. 간혹 모방 대상이 인간 또는 움직이는 기계가 되기도 한다.

Q. 모방이 그토록 중요하다면 왜 기업들은 모방을 강조하지 않나?

"모방에는 '오명(Stigma)'이 덧씌워져 있기 때문이다. 어떤 기업도 자신이 다른 기업을 모방하고 있다고 알려지기를 원치 않는다. 모방 사실 자체를 인정하려는 기업도 없다. 이 때문에 결국 많은 회사들이 어둠 속에서 모방을 한다. 기업들은 체계적으로 모방활동을 못하는 게 문제다. 경영대학원의 편향된 교육도 문제다. 여러 연구 자료를 찾아보면, 혁신의 수익률은 상당히 의문시된다. 그러나 경영대학원은 이 같은 사실을 애써 무시한다. 학생들은 혁신이 모든 문제를 해결한다는 인상을 받고 MBA 과정을 마치게 된다."

실패사례에서 진짜 모방의 단서 확보

Q. 기업이 모방을 위한 전략을 세워야 한다고 강조하는데 예를 들어 달라. 신문 기업은 어떤 전략이 필요한가?

"인터넷 시대에 어려움을 겪고 있는 오늘날의 신문 산업은 음악 산업을 들여다보는 게 좋겠다. 음반 회사는 콘텐츠를 생산하고 사람들이 콘텐츠 이용의 댓가로 돈을 지불하기를 기대한다는 점에서 신문 기업과 비슷하다. 그러나 많은 음반 회사들은 인터넷 시대에 적응하지 못하고 실패했다. 신문 기업은 음반 회사의 실패 사례를 연구해야 한다. 실패 사례도 모방의 대상이 될 수 있다. 실패의 원인과 결과를 이해하면 음반 산업에서 성공적으로 모방할 수 있는 아이디어를 찾아낼 수 있을 것이다."

센카 교수는 자신의 책《모방가들(*Copycats*)》에서도 모방의 대상으로 실패 사례의 중요성을 강조한다. 실패 사례는 '진짜 모방'의 요건인 '원인과 결과'를 이해하는 연결고리(link)가 될 수 있기 때문이란다. 실패 원인을 찾아내 제거하면 성공적인 모방이 가능하기 때문일 것이다.

애플이 유통 분야에 뛰어들면서 앞서 유통업에 손을 대 실패한 '게이트 웨이'의 소매 전략을 자세히 분석한 것도 같은 맥락이다. 스티브 잡스 애플 CEO는 "애플 복귀 이후 10년 동안 컨설턴트를 고용한 사례는 단 한 번 뿐이었는데 게이트웨이의 잘못을 저지르지 않기 위해서였다"고 말할 정도로 실패 사례 연구를 중요하게 여겼다.

불법·비윤리적 모방은 금물

Q. 모방을 연구 주제로 삼게 된 이유가 있는가?

"중국에 대한 관심이 출발점이었다. 중국 기업인들을 만날 때면 그들은 혁신에 대해 이야기하고 싶어 한다. 그러나 흥미롭게도 중국 기업은 모방에 매우 능하다. 그들이 모방으로 성공하는 모습을 가까이서 관찰하면서 나는 '미국 기업들이 모방을 무시하고 있다'는 것을 깨닫게 됐다. 한국 기업들도 내가 모방을 연구하는 데 자극이 됐다. 한국 기업들은 모방가로서 세계 시장에 뛰어들었다. 그러나 지금은 한국 제품을 값싸게 모방하는 중국 기업과 경쟁해야 한다. 이 모든 것들이 내 관심을 끌었다."

센카 교수는 국내에도 번역돼 소개된 《중국의 세기(*The Chinese Century*)》라는 책의 저자다. 그는 미국에서 손꼽히는 중국 전문가다.

Q. 그러나 중국은 불법 복제 행위로 지탄을 받는 경우가 많다?

"내 연구는 합법적이고 윤리적인 모방을 다룬다. 불법 복제와 비윤리적 모방은 배격한다. 역설적이게도 현실에서는 모방에 능한 기업이 불법 복제를 막는 데도 뛰어나다. 체계적이고 효율적으로 모방하는 방법을 알기 때문에 다른 기업이 자사 제품·서비스를 모방하는 행위도 효과적으로 대처할 수 있다."

Who he is

센카 교수는 이스라엘 히브리대에서 학사를, 미국 컬럼비아대에서 석사·박사 학위를 받았다. 미국에서 대표적인 중국 전문가로 꼽힌다. 무려 30년간 중국을 연구했다. 역작인 《중국의 세기(*The Chinese Century*)》를 비롯해 셀 수 없을 정도로 많은 중국 관련 논문과 저서를 발표했다. 그는 글로벌 시장에서 기업의 전략적 제휴 분야에서도 많은 업적을 쌓았으며 많은 다국적 기업과 국가기관·국제기구에 컨설팅을 하고 있다. 1999년부터 오하이오주립대 교수로 재직 중이며 포드자동차 석좌 교수이기도 하다.

Chapter 2

CEO, 당신의 직관을 믿는가

훈련 없는 직관은 위험하다

위대한 경제학자 존 메이나드 케인즈는 "기업가는 동물적 감각(Animal Spirit)으로 투자를 결정한다"고 말했다. 직관적인 의사결정의 중요성을 강조한 말로 읽힌다.

실제로 많은 경영자들은 직관의 중요성을 강조한다. GE를 글로벌 기업으로 키운 잭 웰치는 자서전 제목을 《직관을 앞세우며(*Straight from the gut*)》라고 정할 정도였다.

이건희 삼성 회장도 다르지 않다. 이학수 삼성전자 고문은 "삼성은 CEO의 직관적 리더십으로 성공할 수 있었다"고 말한다. 몇천억 원 투자라면 분석적 의사결정으로 추진할 수 있지만 반도체처럼 1조 원이 넘는 투자는 직관적 결단 없이는 시간을 낭비해 때를 놓치고 만다는 것이다.[51]

그러나 훈련되지 않은 직관은 위험하다. 현실에 들어맞을 가능성이 낮기 때문이다. 숙련되지 않은 직관을 믿는 경영자는 '운' 또는 '우연'에 기업의 운명을 내맡기는 것이나 다름없다. 혹시나 현실에 들어맞았다고 해도 운이 좋았을 따름이다. 2002년 노벨 경제학상 수상자인 다니엘 카네만 미국 프린스턴대 교수는 "직관을 토대로 전략적인 의사결정을 했다는 성공적인 리더들의 사례 중 다수는 그냥 운이 좋았을 뿐"이라고 말한다.[52]

기업의 사운이 걸린 조 단위 투자를 훈련되지 않은 직관에 의존한다는 것은 위험천만이다. 실제로 이건희 회장도 자동차 산업에 뛰어들어 실패했으며 김승연 한화그룹 회장도 직관적 판단에 의존해 대우조선해양을 인수하려다 손해만 봤다.

그렇다고 직관이 아닌 분석에만 의존해 의사결정을 내릴 수는 없다. 불확실성이 강조되고 상황이 급변하는 오늘날 분석으로만 의사결정을 내리면 타이밍을 놓칠 가능성이 크다. 또 헨리 민츠버그 캐나다 맥길대 교수에 따르면 CEO의 업무 중 절반은 처리 시간이 9분 미만이며 1시간 이상을 들이는 업무는 전체 업무의 10%뿐이라고 했다.[53] 이 같은 업무 특성상 CEO는 직관을 활용해 의사결정을 내릴 수밖에 없는 상황이다.

:: 직관은 마법이 아니라 기술이다

경영자에게 직관 없는 의사결정이 불가능하다면 방법은 한 가지다. 직관을 기술(Skill)로 익히고 훈련해 직관이 들어맞을 확률을 높이는 것이다. 어떤 이들은 직관을 '훈련할 수 있는 기술(Skill)'이라고 보는 데 거부감을 느끼지만 전문가들의 얘기는 전혀 다르다. 심리학계의 거두인 다니엘 카네만 프린스턴대 교수와 게리 클라인 박사는 직관은 숙련을 요구하는 기술(Skill)이라고 말한다.

체스마스터는 숙련된 직관의 힘을 보여주는 대표적인 사례다. 체스마스터는 5,000~1만 가지의 패턴에 익숙해 있어 아무런 계산 없이도 직관적으로 탁월한 의사결정을 내린다. 이처럼 체스마스터가 경기 때마다 훌륭한 직관을 보이는 이유는 1만 시간을 체스 훈련에 투자했기 때문이라는 게 심리학자들의 설명이다.[54]

숙련된 직관은 탁월한 깨달음과 발견에 이르는 원동력이기도 하다. 아이자크 뉴턴이 사과나무에서 떨어진 사과를 보고 직관적으로 '만유인력의 법칙'을 발견한 것도 알고 보면 '우연'이나 '천재성'이 아니라 '숙련된 직관' 덕분에 가능했다.

뉴턴이 만유인력의 법칙을 발견한 1666년은 흑사병을 피해 고향으로 내려온 이듬해였다. 뉴턴이 고향에 머물던 2년은 깊은 사색의 시기였다. '왜 다른 물체는 땅으로 떨어지는데

달과 별들은 왜 떨어지지 않을까'에 대해 고민하고 또 고민했다. 우주가 운행하는 규칙성과 패턴을 사색하는 데 2년을 보낸 셈이다. 뉴턴이 사색에 빠져 있던 어느 날, 땅 바닥으로 떨어진 사과는 뉴턴이 2년간 머릿속에 저장했던 각종 정보들이 섬광처럼 새롭게 정렬돼 만유인력의 법칙으로 이끈 실마리였을 뿐이다.

경영자들도 마찬가지다. 오랜 경험·사색·연구 등을 통해 머릿속에 저장된 조각조각들이 어떤 실마리를 만나서 새롭게 조합되면 창조적인 직관을 얻을 수 있게 된다.

어떤 이들은 탁월한 직관을 '마법'이라며 신비화하기도 한다. 탁월한 직관으로 인류사에 큰 업적을 남긴 이들에게 '천재' 또는 '비범한 인물'이라는 꼬리표가 붙은 것도 이 때문이다.

하지만 윌리엄 더간 미국 컬럼비아대 경영대학원 교수는 "직관은 마법이 아니다"라고 단언한다. 더간 교수는 〈매일경제〉와의 인터뷰에서 "나폴레옹 등 탁월한 직관력을 보인 인물들도 원래는 매우 평범했다"며 "그들이 탁월한 직관을 얻기 위해 활용한 방법을 우리도 얼마든지 배울 수 있다"고 말했다.

발명가 에디슨도 "천재는 99%의 노력과 1%의 영감으로 이뤄진다"고 말했다. 오랜 노력의 결과가 직관의 안내를 받아 탁월한 발명으로 이어졌다는 뜻이다.

2010년 남아프리카공화국에서 열린 월드컵에서 아르헨티나 축구 영웅 메시는 놀라운 직관으로 그라운드를 헤집는 모습을 보였다. 경영의 세계는 축구와 같은 규칙성이 없기 때문에 메시 같은 직관을 보이기란 불가능할 것 같다. 그러나 노력한다면 직관의 기술을 배우는 것은 충분히 가능하다.

:: 직관을 테스트하는 방법: 실패할 이유를 미리 찾아라

독일의 위대한 철학자 칸트는 명저《순수이성비판》에서 "개념 없는 직관은 맹목"이라고 말했다. 맹목(盲目)은 눈이 멀어서 보지 못하는 눈을 뜻한다. 잘못된 직관의 위험이 그만큼 크다는 뜻이다. 결국 관건은 머릿속에 떠오른 아이디어·직관을 올바르게 테스트해 따를지 여부를 결정하는 것이다.

윌리엄 더간 컬럼비아대 교수가 〈매일경제〉와의 인터뷰에서 밝혔듯이 직관이 맞는지 평가하는 100% 확실한 방법은 없다. 그러나 상당수 전문가들은 잘못된 직관을 걸러내는 몇 가지 테스트를 제안한다.

죽을 이유 미리 찾기 테스트

직관을 통해 얻은 아이디어를 실행하기 전에 실패할 이유를 미리 찾아보는 것이다. 직관을 떠올린 CEO 혼자서가 아니라 여럿이 함께 아이디어가 실패할 이유를 미리 탐색한다. 일부러 반대 입장을 취하는 사람(Devil's advocate)이 돼보자는 얘기다. 예를 들어 CEO는 직원들에게 이렇게 말할 수 있다.

"우리는 A라는 아이디어가 있어요. 그런데 실패했다고 가정해보죠. 이 아이디어가 왜 실패했는지 생각하고 노트에 메모해 봅시다."

이 과정을 통해 CEO는 직관으로 얻은 아이디어의 문제점에 대해 창의적이고 깊은 통찰을 얻을 수 있다. 직원들이 CEO에게 반대 의견을 제시하기 힘들어하는 기업 문화에서 특히 효과적이다.

'죽을 이유 미리 찾기'는 전문가들의 직관 활용을 선구적으로 연구한 캐리 클라인 박사가 〈하버드 비즈니스 리뷰〉에 기고한 '프로젝트가 죽을 이유를 미리 찾아보기'라는 글에서 제안한 테스트다.[55] 심리학자로 첫 노벨상을 수상한 다니엘 카네만 미국 프린스턴대 교수도 다보스포럼에서 최고 경영자들에게 적극 권유한 방법이다.

패턴·규칙성 테스트

미래 주식 가격을 직관으로 맞출 수 있을까. 절대 그렇지 않다. 주식 가격 예측은 직관이 통하지 않는다. 장기 경제 전망도 직관과는 거리가 멀다. 필립 테트락 캘리포니아주립대 교수는 '전문가들의 15년 장기 경제 전망은 훈련되지 않는 신문 구독자들보다 정확하지 않다'는 연구 결과를 내놓기도 했다.

주가 예측은 왜 전혀 직관이 통하지 않는 것일까. 주가와 장기 경제 전망은 패턴과 같은 규칙성이 없기 때문이라는 게 심리학자들의 설명이다. 따라서 경영자가 직면한 상황이 과

거의 패턴과 전혀 다른 패턴을 보인다면 경영자의 직관이 틀릴 가능성이 매우 크다.

1997년 김우중 옛 대우 그룹 회장의 쌍용자동차 인수 결정이 대표적인 사례다. 대우 그룹은 유동성 위기에서도 오히려 빚을 내 쌍용차를 인수해 더 큰 위기에 빠졌다. 김 회장이 쌍용차를 인수한 배경에는 1970년대 말 부실기업 처리 패턴이 1997년에도 반복될 것이라는 잘못된 직관이 바탕이 됐다는 분석이 많다. 김 회장은 1970년대 말 부실기업을 인수하는 과정에서 금융권으로부터 거액의 자금 지원을 받아 기업의 덩치를 키웠다. 김 회장은 큰 기업은 정부가 망하도록 내버려두지 않는다는 대마불사(大馬不死)의 과거 패턴이 반복될 것으로 믿었다.

직관은 두뇌에 조각조각 저장된 과거의 정보들이 어떤 패턴에 따라 순식간에 결합되면서 섬광 같이 찾아온다. 그 같은 정보들이 결합된 패턴이 현재 상황에 들어맞지 않을 가능성은 얼마든지 있다.

과도한 자신감 검증 테스트

나폴레옹은 탁월한 직관으로 숱한 전쟁을 승리로 이끌었다. 윌리엄 더간 컬럼비아대 교수가 《나폴레옹의 직관》이라는 책을 쓸 정도였다. 그러나 나폴레옹은 러시아 원정에서 대패하고 실각한다. 나폴레옹의 패전은 과도한 자신감이 빚은 잘못된 직관의 결과라는 게 더간 교수의 분석이다. 잇따른 승리에 도취된 나폴레옹은 '어떤 전쟁이든 이길 수 있다'는 잘못된 자신감에 빠져 러시아 원정을 감행했다.

이처럼 지나친 자신감은 잘못된 직관을 낳는다. 다니엘 카네만 프린스턴대 교수도 경영자의 잘못된 의사 결정의 핵심 원인으로 '경영자의 과도한 자신감(Overconfidence)'을 꼽는다. 그는 맥킨지 쾨터리와의 인터뷰에서 "과도한 자신감은 착각의 강력한 원천(Powerful source of illusion)"이라고 말했다.[56]

CEO의 과도한 자신감이 인수합병 등 투자 결정을 왜곡한다는 연구 보고는 매우 많다. 울리케 말멘디에 캘리포니아주립대 교수에 따르면 자신감이 과도한 CEO가 인수합병에 나설 확률은 그렇지 않은 CEO보다 무려 65%나 높다.[57] 또 자신감이 과도한 CEO의 인수합병 시도는 그렇지 않은 CEO보다 평균 500만 달러씩 주주에게 손해를 끼친 것으로 조사됐다.

애모스 트보츠키 전 스탠퍼드대 교수 등에 따르면 판단의 정확성과 자신감은 상관관계가 높지도 않다. 결국 CEO가 자신감을 느낀다고 직관이 맞다고 볼 이유는 없는 셈이다.

문제는 자신감이 과도한 직원들이 최고 경영자로 승진할 가능성이 높다는 것. 과도한 자신감과 결단력을 혼동하는 기업 문화 때문이라는 게 카네만 교수의 지적이다. 맥킨지 서베이에 따르면 CEO·CFO 등 C레벨 임원들은 일반 임원보다 자신감이 훨씬 크다. '실수를 인정하고 성과가 나쁜 프로젝트를 제때 중단하느냐'는 질문에 C레벨 임원은 무려 80%가 '그렇다'고 답했지만, 일반 임원은 52%만이 '그렇다'고 응답했다.

이해 관계 테스트

최근 세종시를 기업도시로 건설하자는 세종시법 수정안이 2010년 국회 본회의에서 부결됐다. 한나라당에서 이명박 대통령에 가까운 친이계 의원들은 찬성표를, 박근혜 의원에 가까운 친박계 의원들은 반대표를 던졌다.

양측은 이해관계에 따라 직관적으로 세종시 수정안에 대해 찬성 또는 반대 입장을 정한 다음, 자신들에게 유리한 증거만을 수집하는 '증거 찾기의 함정'에 빠지는 모습을 보였다. CEO라고 다르지 않다. 직관적 의사결정이 자신의 이해관계에 영향 받지 않았는지 검증해야 한다.

체크리스트 테스트

직관은 다양한 상황에서 나온다. 어떤 상황은 매우 단순하지만, 어떤 상황은 매우 복잡하다. CEO가 직관을 얻는 상황과, 중간 관리자가 직관을 얻는 상황은 다르다. 또 금융회사의 CEO가 처한 상황과 화학회사 CEO가 처한 상황도 매우 다르다. 따라서 잘못된 직관을 테스트하는 방법도 처한 상황의 복잡성과 유형에 따라 달라질 수 있다.

따라서 상황에 맞는 체크리스트를 마련해 잘못된 직관을 검증하는 것도 방법이다. 다니엘 카네만 교수는 경영저널인 〈맥킨지 쿼터리〉와 최근 인터뷰에서 상황이 복잡하고 모호할

수록 체크리스트를 활용해야 한다고 밝혔다.[58] 카네만 교수는 정보의 원천이 다양한지 여부
와 집단 사고가 가능한지 여부 등 항목별로 체크리스트를 만들기를 권했다.

직관을 바라보는 말 말 말!

직관은 많은 경영자들에게 판단의 출발점이 된다. 마음속에서 떠오른 섬광 같은 통찰의 목소리에 귀를 기울이는 경영자들이 많다. 잘못된 직관으로 파국에 이르는 경우도 꽤 있지만 말이다. 많은 CEO와 전문가들이 직관에 대해 말을 남겼다.

스티브 잡스 애플 CEO

"가장 중요한 것은 당신의 마음(Heart)과 직관(Intuition)을 따르는 용기를 갖는 것이다. 당신의 마음과 직관은 당신이 진정으로 무엇이 되고 싶은지 이미 알고 있다. 다른 것들은 부차적인 것이다."　　　　　　　　(스티브 잡스 애플 CEO, 2005년 스탠퍼드대 졸업식 연설 중에서)

"내게 있어 '운'은 지독한 집중력으로 일궈내는 '필연'이다. (중략) 내게 직관의 개념은 우연과 동류이다."　　　　　　　　(정문술 카이스트 이사장, 저서 《아름다운 경영》 중에서)

"나의 일반화된 견해는 직관을 액면 그대로 믿어서는 안 된다는 것이다."
(노벨 경제학상 수상자 다니엘 카네만 박사, 2010년 3월 〈맥킨지 쿼터리〉 인터뷰 중에서)

"당신은 직관(Gut Feeling)을 중요한 '데이터 포인트'로 받아들여야 한다. 그런 다음에 당신은 의식적·의도적으로 직관을 평가하고 상황에 맞는지 따져보아야 한다. '내 직관이 내게 이렇게 말한다. 그러니까, 그것을 확인할 정보를 수집해보자'라는 태도가 필요하다."

(심리학자 게리 클라인 박사, 2010년 3월 〈맥킨지 쿼터리〉 인터뷰 중에서)

최고경영자(CEO)에게 최고의 아이디어가 떠오를 때는 언제인가? 기획부서에서 몇 달간 고생하며 만든 보고서를 읽을 때인가? 아니면 오히려 이른 아침 강변을 따라 조깅할 때인가? 뜻밖에도 머리를 쥐어짜며 고민할 때가 아니라, 조깅할 때 "아! 바로 이거야"라며 섬광 같은 아이디어가 떠오른 경험을 말하는 CEO가 많다. 불쑥 찾아든 아이디어·직관은 어디에서 오는 것이고 탁월한 직관을 얻는 방법은 없는 것일까?

우연히 찾은 유튜브(YouTube) 동영상에서 직관의 원천과 훈련 방법에 대한 해답의 실마리를 찾을 수 있었다. 윌리엄 더간 미국 컬럼비아대 경영대학원 교수가 자신의 수업인 '전략적 직관'을 소개하는 동영상이었다. 더간 교수는 동영상에서 "당신은 언제 최고의 아이디어를 얻는가"라는 질문을 던진다.

"대부분의 사람들은 샤워할 때, 운동할 때, 잠자리에 들려고 할 때 최고의 아이디어가 떠오른다고 합니다. 공식적인 브레인스토밍이라고 답한 사람은 단 한 명도 없었습니다. 브레인스토밍의 목적은 창조적인 아이디어를 얻기 위해서입니다. 그렇다면 우리는 아이디어를 얻는 방법에 대해 큰 오해를 하고 있는 셈이지요."

그렇다면 우리는 창조적 아이디어를 어떻게 얻을까?

"당신의 마음속에서 '섬광 같은 통찰(Flash of insight)'이 오면서지요. 여러 가지 요소들이 당신의 마음속에서 문자 그대로 결합하면서 나타납니다."

섬광 같은 통찰, 다시 말해 '직관'을 통해 우리는 창조적 아이디어를 얻을 수 있다는 뜻이었다. 어떻게 그런 일이 가능할까. 더간 교수의 블로그(http://columbiapress.typepad.com/)는 실마리를 제공한다. 전쟁론을 쓴 독일의 역사가 클라우제비츠의 4단계가 그것이다.

전략적 직관을 얻는 4단계

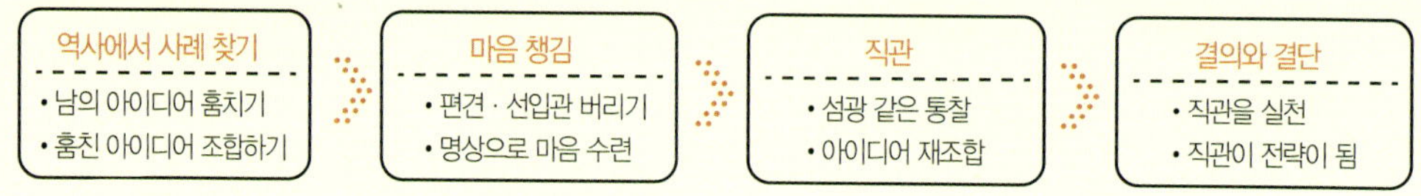

남의 아이디어를 훔쳐라

탁월한 직관을 얻으려면 먼저 '역사에서 배울 만한 가치가 있는 사례들(Examples from history)'을 찾아 두뇌의 선반 위에 올려놓아야 한다. 다음 단계는 '마음 챙김(Presence of Mind)'이다. 해결하려는 문제와 관련된 모든 선입관으로부터 우리의 두뇌를 자유롭게 만든다는 뜻이다. 그런 다음에야 비로소 섬광 같은 통찰, '직관'이 찾아온다. 두뇌의 선반에 올려져 있는 사례들이 전혀 새로운 방식으로 조합되면서 번쩍이는 아이디어가 떠오른다는 얘기다. 마지막 단계는 직관으로 얻은 아이디어를 실천하겠다는 결의(Resolution) 또는 결단(Determination)이다. 이처럼 직관은 아이디어로 끝나지 않고, 행동으로 이어지기 때문에 '전략적'이다. 더간 교수가 '직관'에 '전략적'이라는 수식어를 붙인 까닭이다.

이 대목에서 여러 가지 궁금증이 떠올랐다. '역사에서 배울 만한 사례를 찾으라고?, 어떻게 하란 말이지' 등이었다. 답을 얻기 위해 더간 교수에게 이메일을 보내 인터뷰를 요청했다. 더간 교수는 흔쾌히 인터뷰에 응했다.

Q. 클라우제비츠는 나폴레옹의 전투를 바탕으로 4단계 이론을 확립했다. 전투뿐만 아니라 일반 상황에서도 적용할 수 있나?

"그렇다. 전략적 직관을 얻기 위한 일반화된 규칙이라고 볼 수 있다. 또 전략적 직관을 얻기 위한 조건이기도 하다."

결국 경영자들도 탁월한 직관을 얻기 위해서는 클라우제비츠의 4단계를 따라야 한다는 뜻이다.

Q. 역사에서 사례를 찾아 두뇌의 선반 위에 올려놓으라고 말한다. 사례는 어떤 것을 말하나?

"다른 사람의 아이디어뿐만 아니라 다른 사람의 업적까지도 통칭한다. 남의 아이디어와 업적이 어떻게 작동하는지 훔쳐야 한다."

Q. 아이디어를 훔치라니 무슨 뜻인가?

"스티브 잡스 애플 CEO를 예로 들어보자. 스티브 잡스는 제록스로부터 한 가지 요소를 훔쳐왔다. 그러고는 잡스가 이미 보유하고 있던 소형 컴퓨터에 그 요소를 결합했다. 그런 게 바로 훔치는 것이다."

복사기 회사인 제록스의 팔로 알토 연구소(PARC)는 오늘날 애플의 핵심경쟁력인 '사용자 친화적인 인터페이스'를 개발한 곳이다. 잡스는 PARC 견학 때 GUI(그래픽 유저 인터페이스)를 보고는 "바로 이거야!"라며 섬광 같은 아이디어를 떠올렸다. 제록스의 GUI와 자신이 이미 갖고 있던 소형 컴퓨터에 대한 아이디어를 결합해 소형 컴퓨터를 만들자는 것이었다. 특이한 점은 소형 컴퓨터에 대한 잡스의 아이디어도 남에게서 가져온 것이라는 것. 결국 잡스는 남들의 아이디어에서 가져온 요소들을 결합해 성공한 셈이다.

Q. 훔친다는 것은 결국 모방 아닌가. 그렇다면 창조적 직관을 얻는 첫 번째 단계는 결국 모방이라는 말인가?

"모방은 다른 사람이 한 것을 정확하게 따라 하는 것이다. 결국 그 사람이 한 일의 모든 것을 훔치는 게 모방이다. 그러나 훔친다는 것은 남의 아이디어·업적에서 한 가지 요소를 가져와서, 또 다른 사람의 아이디어·업적에서 가져온 또 다른 요소와 결합하는 것이다. 훔치고 결합하는 게 탁월한 직관으로 이르는 길(Steal and Combine' is the way)이다. 스티브 잡스가 했듯이 말이다. 시인 T.S. 엘리엇은 '미숙한 시인은 모방하고, 성숙한 시인은 훔친다'고 썼다."

더간 교수가 인용한 T.S. 엘리엇의 말은 평론집 《성스러운 숲(*Sacred Wood*)》의 한 구절이다. T.S. 엘리엇은 "좋은 시인은 그가 훔쳐온 것들을 결합해 고유의 것으로 만든다"고 말했다. 놀랍게도 더간 교수의 '훔치고 결합하라'는 말과 전혀 차이가 없다. T. S. 엘리엇은 또 "좋은 시인은 다른 시간대에 살았던 작가, 다른 언어를 쓰는 작가, 관심사항이 다른 작가들에게서도 아이디어를 빌려 온다"고 썼다. 더간 교수가 직관에 이르는 1단계로 제시한 '역사에서 사례 찾기'라는 말과 흡사하다. 결국 더간 교수가 제시한 1단계는 클라우제비츠와 T. S. 엘리엇에게서 훔쳐온 것이다.

Q. 훔친다는 말의 뜻은 알겠다. 그러나 이 세상에는 사람들이 내놓은 아이디어가 너무 많다. 정보의 홍수라고 할 정도다. 남의 아이디어를 훔칠 때 선별의 기준은 있어야 하지 않겠나?

"스스로 선택한 분야를 깊이 있게 연구해야 한다. 하지만 이것만으로는 충분하지 않다. 특정 분야를 연구한 후에는 다른 모든 것들을 폭넓게 공부해야 한다. 워렌 버핏은 전문 분야와 그렇지 않은 분야를 50 대 50으로 나눠 독서한다. 좋은 아이디어다."

명상을 통해 선입관을 버려라

T. S. 엘리엇에게 아이디어를 훔친 이는 더간 교수뿐만이 아니다. 피카소는 '좋은 작가는 베끼고 위대한 작가는 훔친다'고 했고, 극작가 오스카 와일드는 '재능은 빌리고 천재는 훔친다'며 엘리엇의 말을 따왔다.

이처럼 이 세상에 온전히 새로운 것은 별로 없다. 남의 아이디어·업적에서 잘려져 나온 조각들이 내 머릿속을 채우고 있다가 어느 날 갑자기 새로운 방식으로 합쳐질 때, 창조적 아이디어가 직관적인 형태로 찾아온다.

그렇다면 또 다시 '어떻게'라는 문제에 부딪힌다. 남의 아이디어의 조각들을 훔쳐 두뇌 속 선반을 채웠다고 가정하자. 그렇다면 그런 조각들을 새로운 방법으로 정렬시키려면 어떻게 해야 하나?

더간 교수는 '마음 챙김(Presence of Mind)'을 해답으로 제시한다. 마음 챙김은 모든 선입관으로부터 자유를 뜻한다. 그래야만 기억의 조각들이 기존과는 다른 방식으로 머릿속에서 정렬되는 게 가능하다. 마음 챙김은 수련을 통해서 얻을 수 있다. 그래야만 예고 없이 찾아오는 깨달음, 직관을 기대할 수 있다.

Q. 마음 챙김에 이를 수 있는 팁을 알려 달라.

"명상을 훈련하는 게 좋다. 선(Zen)과 동양무술도 좋다. 이 부분은 한국 사람이 미국 사람보다 더 많이 알고 있지 않은가."

한국의 승려들이 깨달음을 얻기 위해 수행을 하듯이, 현대 경영자들도 직관을 얻기 위해 수행을 해야 한다는 뜻으로 풀이됐다.

Q. 마음 챙김, 훔치기 등에는 오랜 노력이 필요할 것 같다. 당신이 탁월한 직관을 활용했다고 인용한 부처는 6년의 수행 끝에 깨달음을 얻었다. 직관은 섬광처럼 찾아오지만, 과정은 길고 어렵다. 얼마나 많은 시간을 투자해야 하나?

"투자한 시간의 양이 아니라, 질이 더욱 중요하다. 피카소는 24세라는 젊은 나이에 화가 '마티스'로부터 아이디어를 훔쳐서 위대한 화가가 됐다. 물론 피카소는 그때 이미 1만 시간 이상을 그림그리기에 투자했을 것이다. 그러나 1만 시간 이상을 투자했으면서도 탁월한 직관을 얻지 못한 화가가 훨씬 많다. 얼마나 많은 시간이 필요할지는 아무도 모른다. 다만 (남의 아이디어를 훔쳐서) 조합하는 데 마음을 여는 게 중요하다. 이것은 정신적인 수련이다. 동양 무술을 가르치는 선생이라면 누구나 알고 있듯이 말이다."

훔친 조각이 강할수록 직관을 더욱 신뢰

이제 직관을 얻는 방법은 알았다. 훔치기와 마음 챙김이 핵심이다. 여기서 드는 궁금증 한 가지. 과연 우리 머릿속에 떠오른 섬광 같은 통찰이 맞다고 어떻게 확신할 수 있을까?

Q. 우리는 어떻게 직관을 믿을 수 있나?

"직관이 맞는지 알 수는 없다. 미래에 대한 추정(Project)이기 때문이다. 미래를 100% 정확하게 추정하는 것은 불가능하다. 회사들은 미래 이윤 등을 추정하지만 단지 짐작(Guess)일 뿐이다. 그러나 남의 아이디어에서 훔친 요소들이 더욱 강력할수록, 새로운 정렬과 조합이 더욱 현실에 들어맞을수록, 경영자들은 더욱 더 섬광 같은 통찰을 믿어야 한다."

Who he is

윌리엄 더간 미국 컬럼비아대 경영대학원 교수는 '전략적 직관'이라는 개념을 창안한 '직관 경영'의 대가다. 최근 10년 동안 직관을 연구하며 《나폴레옹에게 떠오른 섬광 같은 통찰: 전략의 비밀》(2002년), 《성취의 기술: 성공의 진짜 비결》(2003), 《전략적 직관: 인류 성과에서 창조적인 불꽃》(2007) 등의 베스트셀러를 내놓았다.

Chapter 3

분석 경영, 근거를 갖고 경영하라

당신은 혹시 돌팔이 경영자?

근거(Evidence)를 갖고 환자를 치료하자는 '근거 중심 의학(Evidence-based medicine)' 운동이 1990년대 초반 캐나다에서 시작돼 전 세계로 퍼져 나갔다.

너무나 당연해 보이는 이 말을 실천하기 위해 왜 사회 운동까지 벌였어야 했을까. 상당수 의사들이 데이터와 사실을 '분석'해 얻은 근거보다는 낡은 지식, 도그마, 개인 경험 등에 의존해 환자를 치료하기 때문이었다. 당시 내과 치료 결정의 15%만이 근거에 입각했다는 연구가 나왔을 정도였다.

오늘날 경영자는 어떨까? 상당수 경영자들은 근거보다는 개인 경험과 감 등을 믿고 중요한 의사결정을 한다. 이 같은 경향은 의학계보다 훨씬 심해 '돌팔이 경영자'들이 활보하고 있다. 로버트 서튼 미국 스탠퍼드대 교수 등이 근거 중심 의학에 영향을 받아 '근거 중심 경영(Evidence-Based Management)'을 창안한 이유다.[59]

근거를 얻는 가장 강력한 방법은 '분석'이다. 토머스 데이븐포트 미국 밥슨 칼리지 교수는 〈매일경제〉와의 인터뷰에서 "분석은 가장 강력한 사실을 제공하기 때문"이라고 설명했다. 분석을 통해 얻은 '사실'은 의사결정의 굳건한 '근거'가 된다. 데이븐포트 교수가 "분석은 가장 강력한 전략적 도구"라고 강조하는 이유다.

글로벌 기업들은 분석을 이미 기업경영에 적극 활용하고 있다.

글로벌 운송업체인 UPS는 개별 고객의 서비스 이용 패턴과 불만 사항을 데이터로 수집해 분석한다. 그 결과, 고객이 경쟁업체로 이탈할 가능성을 예측해 대응할 수 있게 됐다. 고객 대응과 관련된 의사결정이 철저한 데이터 분석을 통해 이뤄지는 셈이다.

또한 분석 능력은 신성장 동력을 발굴하는 데도 큰 역할을 한다.

영국 이지그룹은 저가항공 시장에서 익힌 '일드 매지니먼트(Yield Management)'를 토대로 호텔, 크루즈, 자동차 렌탈 등 다양한 영역으로 뻗어나갔다. 비행기 예약 시점과 고객의 성향 등에 따라 운임을 달리 해 최대의 수익(일드)을 올리는 분석 기법인 일드 매지니먼트를 타 사업에도 적용한 것이다.

얼핏 듣기에 분석은 매우 따분하다. 반면 눈 깜짝할 시간에 놀라운 통찰을 얻는다는 직관은 매우 매력적으로 들린다. 그러나 직관만으로 의사결정을 한다는 것은 위험하다. 직관과 분석을 결합할 때에 제대로 된 의사결정을 할 수 있다. 이 책이 직관 경영에 이어 분석 경영을 다루는 이유다.

그러나 일부 고위 경영자들은 분석을 기피하는 경향이 있다. 그들은 분석이 자신의 권위를 빼앗을까 걱정한다. 사실과 증거에 기반한 의사결정은 의사결정 참여자들의 '평등'을 전제로 하기 때문이다. 하지만 경영자들에게 분석이 없는 직관은 '장님'이나 다름없다. 돌팔이 경영자가 되지 않을 방법이 바로 분석이다.

회사 경영하려면 숫자형 인간이 돼라

"인생은 짧고, 기회는 떠돌고, 경험은 기만적이며, 결정은 어렵기만 하다."

의학의 아버지라고 불리는 히포크라테스가 한 말이다. 최고경영자(CEO)의 고민을 이보다 잘 표현한 말은 없을 것 같다.

CEO는 떠도는 기회를 잡기 위해 고민한다. 하지만 인생이 짧듯이 고민할 시간은 많지 않다. 금세 판단하고 결정해야 한다. 그러나 결정의 근거가 되는 경험은 얼마나 기만적인가. 과거의 경험에서 얻어진 직관과 감은 CEO를 철저하게 배신하기도 한다. 히포크라테스의 말대로 결정은 어렵기만 하다.

하지만 오늘날 경영자들은 불행 중 다행이다. 히포크라테스에게는 없었던 '무기'가 있기 때문이다. 바로 '분석'이라는 무기다. 정보통신의 발달로 쏟아지는 엄청난 데이터와 정보를 분석하면 의사결정의 길잡이를 얻을 수 있다.

미국의 프로야구단인 오클랜드 어슬레틱스는 분석을 통해 저렴한 투자로 높은 성적을 올린 대표적인 사례다. 오클랜드는 데이터를 분석했더니, 출루율이 높은 선수가 많아야 승리할 수 있다는 사실을 깨달았다. 이를 토대로 다른 팀이 눈여겨보지 않은 선수들을 낮은 연봉에 뽑아 큰 성과를 올렸다. 경영의 석학들은 "오늘날 '경영자'라는 직업은 '분석'을 빼고는 상상조차 할 수 없다"고 말한다.

경제현상에 인간 심리와 비합리성을 강조하는 로버트 쉴러 예일대 경제학과 교수마저도 〈맥킨지 쿼터리〉와 인터뷰에서 경영자는 '숫자형 인간(Quantitative Person)'이어야 한다고 강조할 정도다. "만약 당신이 회사를 경영하고 있다면 당신은 숫자형 인간이 돼야 한다. 수량적 디테일은 정말로 중요하다."[60] 숫자로 표현된 데이터를 '분석'하는 능력이 있어야 한다는 뜻으로 읽힌다.

데이터는 경영자에게 '사실'을 보여주는 거울이다. 따라서 데이터를 분석해 내리는 결정은 '사실에 기반한 결정'이다. 사실에 기반한 결정은 '근거(Evidence)'가 있는 결정이기도 하다. 토마스 데이븐포트 미국 밥슨 칼리지 교수 등이 분석의 핵심은 사실·근거에 기반한 결정이라고 말하는 이유다.

이베이 등의 선진기업에서는 의사결정의 근거가 무엇인지를 항상 따진다. 분석을 통해 의사결정의 근거가 되는 사실과 증거를 내놓으라는 뜻이다. 예를 들어 구글(Google)에서 새로운 아이디어는 항상 데이터를 통해 검증하도록 요구받는다. 구글의 9가지 혁신의 원칙 중에는 '데이터는 비정치적이다(Data is apolitical)'는 원칙이 있다.[61] 의사결정은 데이터에 기반해야 한다는 뜻이다. '내가 좋아서(I like)'와 같은 이유로 의사결정을 하는 것은 금물이다.

그러나 한국의 일부 경영자들은 분석을 평가절하한다. 엑셀 같은 기본적인 분석 도구에도 거부감을 표시한다. '당신의 의사결정의 근거가 무엇이냐'는 질문에 자랑스럽게 '나의 감'이라고 대답하기도 한다.

그러나 그 같은 '감'이 깊은 통찰에서 우러난 경우는 소수다. 근거를 대지 못하는 의사결정의 배경에는 통찰력 있는 직관보다는 낡고 오래된 지식, 개인적 경험, 도그마, 선두기업의 모방 등인 경우가 태반이다.

당신이 만약 분석 도구에 약한 경영자라고 해서 겁낼 필요가 전혀 없다. 분석가의 도움을 받으면 그만이기 때문이다.

한국 MS에는 파이낸셜 애널리스트(FA, 재무 분석가)라는 전문가 그룹이 있다. 이들은 경영진의 의사결정에 밑바탕이 되는 정보를 제공하는 구실을 한다.

"모든 의사결정의 배경에는 저희가 제공하는 정보가 있어요. 돈을 어디에 쓰고 있고, 물건이 어떻게 팔리는 등 회사 운영에 대한 공적인 데이터를 경영진에게 제공하니까요."

구체적으로 이들은 어떤 역할을 하는 것일까. 한 FA의 설명은 이랬다.

"제품 A의 매출 목표가 월별로 100억 원, 마케팅 비용 예상치는 9억 원이라고 합시다. 그런데, 매출 목표를 90%밖에 달성하지 못했고 마케팅 비용도 8억 원밖에 못 썼어요. 왜 이 같은 결과가 나타났는지, 숫자로 정보를 제공하지요. 그러면 경영진은 마케팅 비용을 추가로 지출해 매출 목표를 달성해야 하는지, 아니면 매출 목표 달성이 어려운 만큼 마케팅 비용을 축소한 상태에서 유지할 지 결정하게 됩니다."

결국 FA는 한국 MS의 경영진들이 감이 아니라 '사실'을 토대로 의사결정을 하도록 지원하는 역할을 하는 셈이다. 덕분에 의사결정이 필요한 여러 부서에서 FA를 호출한다. "데이터를 제공하고 제안을 할 수 있기 때문에 동네북처럼 여러 회의에 불려간다"고 말한다.

CEO가 전문 분석가일 필요는 없다. 한국 MS처럼 전문가를 키우고 도움을 받으면 된다. 분석을 통한 의사결정 문화가 회사 전체에 뿌리내리게 하는 역할이 CEO가 할 일이다.

분석 문화 키우려면 보스 권한 내놓아야

토마스 데이브포트 밥슨 칼리지 교수가 밝혔듯이 분석의 핵심은 '사실(Fact)'과 '근거(Evidence)'에 기반한 의사결정이다. 이 같은 의사결정이 기업에 뿌리 내리려면 어떻게 해야 할까. 의사결정 때마다 근거가 무엇인지 꼼꼼히 따지는 것을 당연하게 받아들이는 문화가 필요하다.

:: 수평적 조직을 만드세요

한국 기업에서는 보스의 결정에 이의를 제기하는 게 금기시된다. 보스에게 '결정의 근거가 무엇이냐'고 묻는 것은 보스의 권위에 도전하는 '경력 자살 행위(Career Suicide)'로 간주되곤 한다.

이 같은 문화에서는 '사실에 기반한 의사결정'이 뿌리내릴 수 없다. 보스가 자신의 감만 믿고 중요한 의사결정을 내린다고 해서 문제 삼기 어렵기 때문이다.

분석을 통한 의사결정은 참여자 모두가 평등하다는 것을 뜻한다. 권위나 직위보다는 사실과 근거가 의사결정을 판가름하기 때문이다.

당연히 보스의 권위와 권한은 축소되고 조직은 점점 수평적으로 변화한다. 로버트 서튼 미국 스탠퍼드대 교수가 "사실에 기반한 경영은 권력의 역학을 바꾼다"고 말하는 이유다.[62]

기업 내 분석을 강화하려면 보스는 권한을 일부 포기해야 한다. 분석이 중요시될수록 보스는 권위보다 실력으로 조직을 이끌 수밖에 없다.

:: **악마의 심문관을 임명하세요**

분석의 토대가 되는 데이터·사실은 서로 상충되는 경우도 많다. 그러나 인간의 두뇌는 모순되는 상황을 본능적으로 싫어한다. 그래서 자신이 보고 싶은 데이터·사실만을 보려 든다. 이 같은 편향성은 매우 위험하다. 제약사 머크가 2000년에 심장병 위험이 심각하게 제기된 진통제 바이옥스를 2004년 9월에야 리콜한 것도 '보고 싶은 데이터만을 보려는 편향성' 때문이라는 지적이 많았다.

세계 최고의 의학저널인 〈NEJM〉은 2000년에 바이옥스가 협심증 위험을 4배나 높인다고 보고했으며 머크 스스로도 바이옥스의 심장병 위험을 정부 규제기관에 보고한 적이 있었다. 머크가 때늦은 리콜로 신뢰도에 치명타를 입은 것은 머크 경영진이 무의식적으로 바이옥스가 안전하다는 데이터만을 우선해 보았기 때문이라는 분석이다.

이 같은 편향성 문제의 해결책으로 맥스 베제르만 하버드대 경영대학원 교수는 '악마의 심문관(Devil's Inquisitor)'을 임명하라고 제안한다.[63] 악마의 심문관은 '의사결정에 근거로 제시된 데이터·사실과 모순되는 게 없는지 계속해서 질문을 던지는 사람'이다. 의사결정이 특정 방향의 데이터·사실에 편향되지 않도록 막는 구실을 한다.

:: **실험을 통해 테스트하세요**

실험은 훌륭한 분석도구가 된다. 소규모 그룹을 대상으로 아이디어를 실험해 얻는 결과는 의사결정의 훌륭한 근거가 된다.

카지노 엔터테인먼트 회사인 해러스(Harrah's)의 개리 러브맨 최고경영자(CEO)는 실험을 중요시하는 경영자로 유명하다.

하버드대 경영대학원 수업에도 등장하는 해러스의 실험을 예로 들면 이런 식이다.[64]

'무료 숙박에 두 번의 스테이크 저녁 식사, 30달러어치 카지노 칩 제공 등이 포함된 125달러짜리 패키지 상품과 단지 60달러어치 카지노 칩 제공 상품 가운데 어느 쪽이 더 많은 매출을 올릴 수 있을까. 손님을 두 개 그룹으로 나누어 실험을 해보니, 60달러어치 카지노 칩 제공 상품이 훨씬 더 많은 매출을 올리는 것으로 나타났다.'

:: 의사결정 프로세스를 훈련하세요

인간의 의사결정은 두뇌 속에서 일어나는 복잡한 과정이다. CT로 두뇌를 스캔한다고 해서 그 같은 과정을 정확히 이해할 수는 없다. 그러나 심리학과 의학의 발달로 인간 두뇌에 대해 점점 더 깊은 지식을 쌓고 있다. 이 같은 지식을 바탕으로 의사결정 과정을 공부하고 훈련하면 의사결정의 오류를 크게 줄일 수 있다. 미리 체크리스트를 만들어 의사결정 때마다 점검하는 것도 좋은 훈련이다. 올바른 의사결정은 의식적이든 무의식적이든 오랜 훈련의 결과물이다.

가상으로 본 의사결정 과정: 전기차 시장 뛰어들까 말까

분석을 통한 의사결정은 어떤 과정을 통해 이뤄질까? 가상 사례를 통해 들여다 본다.

요즘 전기자동차가 화제다. 닛산 등 몇몇 자동차 업체는 전기차에 적극 투자할 예정이라고 한다. 이런 경우에, 자동차 업체의 최고경영자는 회사의 운명을 바꿀 수 있는 의사결정에 직면하게 된다. 전기자동차 시장에 진출할지 여부는 물론이고, 진출한다면 가솔렌 엔진과 배터리를 함께 쓰는 하이브리드형으로 진출할지, 아니면 순수하게 전기로 움직이는 배터리형으로 진출할지, 또 언제 진출할지 등을 결정해야 한다.

가상의 자동차 업체 A사의 B사장을 상상해보자. 그는 분석을 통해 의사결정을 할까, 아니면 직관에 의존할까?

:: 수량적 분석 모델 활용

B사장은 연구소장 C씨를 불러 "전기차 시장에 진출할지가 고민"이라고 털어놓았다. C소장이 기다렸다는 듯이 "진출 방안을 이미 분석했다"고 보고하는 게 아닌가? 얼굴이 환해진 B사장은 C소장의 보고를 듣기 시작했다.

"전기차는 가솔린차보다 가격은 높지만, 운영비용은 저렴합니다. 전기차를 얼마나 오랫동안 운행하면 운영비용의 절약으로 높은 가격을 상쇄할 수 있는지 '회수기간'을 계산할 수

DATA
analyze!

있습니다. 회수기간이 짧을수록 경제성이 높아집니다.”

C씨는 회의실 화면에 엑셀 표를 띄웠다. B사장의 얼굴에 주름이 잡혔다. ‘복잡한 저런 표를 꼭 봐야 하나’는 생각이 떠올랐기 때문이다. 그러나 C 소장의 설명은 계속됐다.

“엑셀의 시나리오 분석 도구를 활용했습니다. 기름 가격이 지금보다 30% 오른다고 가정했습니다. 이때 배터리 가격이 2008년 기준가격보다 30% 하락, 50% 하락, 70% 하락할 때마다 회수 기간을 계산했습니다.”

B사장은 ‘그래서 어쨌다는 거야. 결론부터 얘기해’라고 말하고 싶었지만, 하품을 꾹 참고 보고를 들었다.

“분석 결과, 배터리 가격이 50% 하락하면 ‘회수기간’이 6년 안팎에 불과했습니다. 자동차를 통상 6년 이상 운행한다는 점, 그리고 몇 년 내 배터리 가격이 50% 이상 떨어질 것으로 예상된다는 점에서 전기차는 투자가치가 높다고 분석됩니다.”

보고를 들은 B사장은 C소장에게 “그렇다면 하이브리드형과 배터리형 가운데 어느 쪽이 좋지”라고 질문을 던졌다.

“배터리 가격이 70% 이상 떨어지면 배터리형이 하이브리드형보다 회수기간이 짧아 유리합니다. 2015년께면 배터리 가격이 그만큼 떨어질 것으로 예상됩니다.”

최종적으로 C소장은 “따라서 2015년을 내다보고 배터리형 전기차에 투자하는 게 바람직하다”는 결론을 제시했다.

:: 경영자의 직관을 결합

C소장의 보고를 들은 B사장은 허탈감이 밀려왔다. ‘내가 결정할 것도 없을 것 같군. 엑셀이 결정을 다 해주잖아.’

그래도 마음 한 켠에서 허전한 느낌이 들어 C소장에게 질문을 던졌다.

“C소장의 분석이 정확하겠지?”

C소장은 멈칫하더니, 온갖 가정을 늘어놓기 시작했다.

“저희 결론은 여러 가정에 의존하고 있습니다. 전기차 유지비용과 향후 기름 가격 등 가정이 한두 가지가 아닙니다."

B사장에게 다시 불안감이 엄습해 왔다.

"기름·배터리 가격 등 핵심 가정이 들어맞지 않으면 전기차 투자가 틀릴 수 있다는 얘기 잖아."

B사장은 수량적 분석 모델을 면밀히 검토한 뒤 최종 결론을 내렸다.

"수량적 분석 모델은 의사결정의 훌륭한 길잡이가 되는군. 전기차 시장에 진출 때 고려할 변수들을 정확하게 보여주고 있어. 변수가 변할 때마다 투자 결정이 어떻게 달라져야 하는 지도 보여주는군. 그러나 미래는 여전히 불확실해. 분석이라는 길잡이는 기업이 나아갈 방 향을 보여주지만, 길 자체를 명확하게 보여주지는 못하는군. 결국 분석 결과를 판단하는 최 종 기준은 20년째 자동차 산업에서 갈고 닦은 내 경험과 직관이야. 다만 분석이 없다면 길잡 이 없이 판단하는 장님과 다름없겠어."

최고경영자(CEO)는 하루에도 몇 번 씩 중요한 의사결정의 순간에 맞닥뜨린다. 어떤 의사결정은 회사의 운명을 가를 정도다. 그 때마다 CEO는 무엇을 토대로 결정을 할까.

말콤 글래드웰 같은 학자들은 '직관(Intuition)'의 놀라운 힘을 말하지만 분석(Analytics)을 강조하는 학자들도 많다. 토마스 데이븐포트 미국 밥슨 칼리지 교수는 직관보다 분석에 방점을 찍는 대표적인 석학이다. 그는 〈매일경제〉와의 이메일·전화 인터뷰에서 "사실에 기반한 의사결정(Fact-based Decision)이야말로 분석의 핵심"이라고 강조했다. 어느 순간 머리에 떠오른 직관보다는 '사실'을 찾아내고 '분석'해 의사결정의 근거로 삼으라는 뜻이다.

데이븐포트 교수에게는 '근거는 딱히 모르겠지만, 내면의 목소리인 직관을 따를 거야'라고 말하는 경영자들이 위험해 보인다. 데이븐포트 교수는 근거가 무엇인지 검토되지 않는 의사결정(Unexamined Decision)은 가치가 없다고 단언할 정도다.

분석의 핵심은 사실에 기반한 의사결정

Q. 당신은 사실에 근거한 의사결정을 강조한다. 이 같은 의사결정에 분석의 역할은 무엇인가?

"분석은 가장 강력한 형태의 사실을 제공한다. 체계적인 관측과 같은 다른 여러 유형의 사실이 존재하지만 말이다. 따라서 분석의 핵심은 '사실'에 기반한 의사결정이라고 할 수 있다."

데이븐포트 교수의 조사에 따르면 경영자들의 중요한 의사결정의 40%는 사실이 아니라, 감

(Gut)을 바탕으로 이뤄진다. 의사결정이 오류를 빚는 이유 가운데 하나다. 따라서 사실에 기반한 분석은 의사결정의 오류를 크게 줄일 수 있다.

Q. 분석은 인간의 두뇌에만 의존하지 않는다. 기업들은 복잡한 하드웨어와 소프트웨어를 갖추고 분석을 한다. 정교한 정보 시스템이 분석에 꼭 필요하다고 보나?

"좋은 정보 시스템 없이 분석을 경쟁력의 원천으로 활용하기란 매우 어렵다. 정보 시스템은 분석할 데이터를 얻는 원천이기 때문이다. 물론 정보 시스템이 완벽하거나 믿을 수 없을 정도로 정교할 필요는 없다. 그러나 (여러 영역의 정보가) 통합된 높은 품질의 데이터는 만들어낼 수 있어야 한다."

고유의 데이터를 확보하라

Q. 당신은 신간 《일에서의 분석(*Anlaytics at Work*)》에서 '데이터가 비슷하면 분석 결과도 비슷해진다'고 말했다. '남들에게는 없는 고유의 데이터(Unique Data)를 확보해야 한다'고 강조하는 이유인 것 같다.

"기업이 성과를 내는데 정말로 중요한 요소가 있다고 한다면, 그 요소에 대해 고유의 데이터를 얻는 방법이 있기 마련이다. 예를 들어 한 서비스 회사는 종업원이 고객에게 미소를 짓는 횟수가 고객 만족도에 큰 영향을 미친다는 사실을 알게 됐다. 그러자 그 회사는 미소의 횟수를 측정해 데이터를 얻었다. 또 한 호텔 체인은 최적화된 가격 설정 모델을 날마다 적용했더니, 각 호텔 지점의 매출액을 예상할 수 있게 하는 한 가지 유형의 숫자를 찾아낼 수 있었다. 이처럼 고유의 데이터를 모으는 것은 어려울 수 있지만 대부분은 가능하다."

정보공학에서는 '쓰레기가 들어가면 쓰레기가 나온다(Garbage In, Garbage Out)'는 격언이 있다. 형편없는 데이터를 쓰면 분석 결과도 형편없다는 뜻이다. 분석을 통해 올바른 의사결정을 내리려면 고품질의 데이터 확보가 필수다.

Q. 분석은 중소기업에 불리할 것 같다. 데이터 확보와 소프트웨어·하드웨어에 투자할 여력이

낮기 때문이다.

"중소기업이 최고 수준의 분석 기업이 되기란 힘들 수도 있다. 그러나 중소기업도 분석적인 의사결정을 더 많이 할 수 있다는 것은 분명하다. 데이터 획득·분석을 가로막던 장벽들이 무너지고 있는 게 확실하기 때문이다. 예를 들어 웹사이트를 쓰는 기업이라면 누구나 무료로 구글 분석기(Google Analytics)로 트래픽 패턴을 분석할 수 있다."

아이디어의 근거가 되는 데이터를 질문하라

Q. 감이 중요시되는 기업 문화에서는 분석이 의사결정에 제대로 활용될 수 없을 것 같다. 기업 문화는 어떠해야 하는가?

"분석적인 기업 문화에는 분명한 특징이 있다. 누군가가 어떤 아이디어를 내놓으면 그에게 사람들이 '당신은 아이디어의 근거가 되는 데이터를 갖고 있는가'라고 묻도록 권장한다. 아이디어의 테스트도 독려한다. 이런 기업 문화 창조는 CEO를 비롯한 경영진의 책임이다."

구글·이베이 등은 분석적인 기업문화가 발달한 대표적인 기업이다. 데이븐포트 교수에 따르면 구글(Google)에서 새로운 아이디어를 제시한 사람이 첫 번째 받는 질문은 "아이디어에 대한 테스트는 거쳤는가. 데이터는 사용했는가"라고 한다.

Q. 데이터를 요구하는 기업 문화가 지나치면 부작용도 예상된다. 너무 많은 데이터를 요구하거나 의사결정에 너무 뜸을 들이는 경우 등이 생길 것 같다.

"관리자는 중요한 의사결정을 내릴 때마다 한 걸음 뒤로 물러나서 '내가 어떤 방식으로 의사결정을 내려야 하는가'라고 자문해야 한다. 의사 결정의 유형과 종류에 따라 분석의 강도를 달리하라는 뜻이다. 빠른 의사결정이 필요하다면 약간의 분석밖에 할 수 없다. 그러나 어느 정도 여유가 있다면 분석적인 의사결정에 투자할 수 있다."

분석가 비중이 30%는 돼야

Q. 컴퓨터와 데이터가 있다고 해도 최종적인 분석은 사람의 몫이다. 최고경영자(CEO)는 어

느 정도 수준의 분석가여야 한다고 보나?

"분석에 대한 의존도가 높아지는 금융 서비스 분야라면 경영진은 최소한 세미프로페셔널은 돼야 한다. 그러나 대부분의 다른 산업에서 경영진은 '분석의 챔피언(Analytical Champion)'이 될 필요가 있다."

데이븐포트 교수가 말하는 '챔피언'은 분석도구를 다루는 기술이 챔피언이라는 뜻이 아니다. 분석이 의사결정의 길잡이가 돼야 한다는 생각을 전사적 차원에서 실천하는 경영자급 의사결정자라는 뜻에서 '챔피언'이라는 용어를 붙였다. 분석을 경쟁력의 원천으로 삼고자 하는 CEO는 당연히 챔피언의 역할을 수행해야 한다.

Q. 회사에는 분석가가 많으면 많을수록 좋은가?

"챔피언·프로페셔널·세미프로페셔널 분석가 비중이 30% 정도면 차별화된 비즈니스 역량으로 분석을 활용하는 기업이 될 수 있다. 나머지 70%는 분석을 활용해 의사결정을 하고 이를 고객들에게 효과적으로 설명하는 '분석의 아마추어(Analytical Amateur)'면 충분하다."

가정이 맞는지 끊임없이 탐색해야

Q. 최근 글로벌 금융위기는 분석의 한계를 입증했다는 생각이 든다. 위기의 원인이 된 서브프라임 모기지 등 각종 파생 금융 상품 판매는 복잡한 분석에 기반한 의사결정이었기 때문이다.

"금융위기로부터 배운 교훈이 몇 가지 있다. 첫째는 분석 모델이 여전히 유효한지 스스로에게 계속해서 물어야 한다는 것이다. 경영환경이 바뀌면 분석 모델의 바탕이 된 가정도 유효하지 않게 된다(서브 프라임 모기지 등 많은 파생 금융상품들이 집값이 떨어지지 않는다는 가정 아래 만들어졌다. 그 같은 가정은 완전히 틀린 것으로 드러났다). 둘째 교훈은 분석가들과 경영자들이 분석 모델에 대해 원활하게 의사소통을 해야 한다는 것이다. 분석가들은 분석 모델이 어떻게 작동하는지 경영자들에게 더욱 분명하게 설명해야 하며, 경영자들은 그 같은 모델을 이해할 필요가 있다."

토마스 데이븐포트 밥슨 칼리지 교수가 직관보다 분석을 강조한다고 해서 직관의 가치를 무시하는 것은 아니다. 그도 분석과 직관을 함께 사용해야 한다는 데 동의한다. 최근 저서 《일에서의 분석》에서도 "최고의 의사결정자는 수량적 분석이라는 과학과 예술을 결합하는 사람"이라고 썼을 정도다.

Q. 당신은 과학과 예술을 결합하는 의사결정이 최고라고 썼다. 예술은 무엇을 뜻하는가?

"직관적인 의사결정(Intuitive decision-making)을 뜻한다. 직관이 들어맞는 경우는 의사 결정자의 두뇌가 과거에 유사 상황을 경험했으며 그 결과가 어떠했는지 알고 있을 때다."

Q. 언제 분석을 사용하고, 언제 직관을 사용해야 하는가?

"데이터를 얻을 수 있거나, 소규모로 실험을 할 수 있다면 분석을 사용해야 한다. 그런 경우가 아니라면 직관을 활용해야 한다. 특히 경험이 풍부한 분야라면 직관이 들어맞을 가능성이 크다. 분석에 따른 의사결정이 맞는지 점검하기 위해 직관을 사용할 수도 있다."

오늘날은 정보기술의 발달로 수많은 데이터를 얻을 수 있으며 데이터 분석 기술도 고도로 발달돼 있다. 데이터를 얻을 수 있다면 당연히 분석을 사용하라는 게 데이븐포트 교수의 충고다. 그런 상황에서도 직관에 의존해 의사결정을 하는 것은 위험하다.

Q. 의사결정에서 분석과 직관의 황금 비율이 있을까?

"어떤 비율이 좋다고 특정할 수는 없다. 미국 소매업체인 베스트바이(Best Buy)의 경영자들은 의사결정 때 '과학 70%, 예술 30%'라는 공식을 적용하고 있지만 말이다."

본서는 '직관 경영'을 통해 통찰력 있는 직관을 얻는 방법을 제시한 바 있다. 직관의 순간은 섬광처럼 짧지만, 통찰력 있는 직관은 오랜 시간을 투자해야만 얻을 수 있다는 사실을 밝혔다. 아무리 직관이 뛰어난 경영자라고 해도 인수합병, 마케팅·인사관리 등 다양한 분야에서 통찰력 있는 직관을 발휘하기란 애초부터 불가능하다. '분석'이라는 도구를 놓쳐서는 안 되는 이유다.

Who he is

토마스 데이븐포트 교수는 지식경영과 정보통신 분야의 석학이다. 세계 3대 비즈니스 애널리스트(2005년, Optimize Magazine), 세계 최고 컨설턴트 25인(2003년, Consulting Magazine), 정보 통신 산업에서 가장 영향력 있는 100인(2007·2008년, Ziff-Davis Magazine) 가운데 한 명으로 선정된 바 있다.

마케팅: 저절로 팔리게 하라

1 더하기 1은 최소한 100 이상인 '모멘텀 효과'를 꿈꿔야 한다

별다른 광고를 하지 않았는 데도 물건이 날개 돋친 듯 팔려나간다면? 기상천외한 마케팅 기법을 쓴 것도 아닌데 사람들이 너도나도 못 사서 안달이라면?

기업 입장에서 이보다 '천국 같은' 상황은 없다. 특히 요즘처럼 경쟁이 치열한 '레드오션(Red Ocean)' 시장에서 이런 마법 같은 일이 가당키나 할까. 결론부터 얘기하자면(쉬운 일은 아니지만) 가능하다. 가까운 예로 우리는 애플의 '아이폰 열풍'을 직접 경험했다. 말도 많고 탈도 많았지만 아이폰은 핸드폰 시장을 스마트폰 시장으로 빠르게 바꿔나가고 있다.

우리나라의 경우 2009년만 해도 휴대폰 사용자 가운데 스마트폰을 쓰는 비중이 2.7%에 불과했다. 하지만 2011년에는 전체 휴대폰 사용자의 60%가 스마트폰을 쓸 것으로 전망된다. 3,000만 명의 인구가 스마트폰을 쓰게 된다는 얘기다. 이는 애플이 전대미문의 신 기술을 발명해내어서도 아니고 애플 최고경영자(CEO) 스티브 잡스나 한국의 이동통신 사업자들이 열심히 마케팅 활동에 나서서도 아니다. 시장의 '큰 흐름'을 탔기 때문에 가능한 현상이다.

1에 1을 더하면 3~4 정도의 결과 나오는 '시너지 효과'에 주목했던 기업들은 이제 1 더하기 1은 최소한 100 이상인 '모멘텀 효과'를 꿈꿔야 한다. 챕터5에서 주목하는 핵심 콘셉트도 '모멘텀(Momentum)'과 '인간성(Humanity)' 두 가지다.

마케팅에서 모멘텀이란 처음에 작은 물꼬 하나만 터주면 이후엔 별다른 힘을 주지 않아도 스스로 긍정적인 방향으로 나아가는 추진력을 뜻한다. 이런 모멘텀은 고객에게 '최고의 제안'을 할 때 만들어진다.

Chapter 1에서 석학 장 클로드 라레슈 교수는 모멘텀 효과를 극대화시키기 위해 무엇보다 '모멘텀 리더십'이 필요하다고 역설한다. 모멘텀 리더들은 독특한 발상으로 세상을 놀라게 한다. 그 발상은 끊임없이 묻고, 궁금해 하고, 사고방식을 자유롭게 열어 둘 때에 찾아온다. 그래서 모멘텀은 발명이 아니라 발견이다. 모멘텀 리더들은 제품이 아닌 '제안'을 판다.

닌텐도 위(Wii)는 함께 즐기는 즐거움을, 현대자동차는 미국에서 '어슈어런스'라는 프로그램을 통해 '해고당해도 불안해 마세요'라는 배려를 제안했다. 여기서 흥미로운 점은 우리 모두가 모멘텀 리더가 될 자질, 즉 '다 떨쳐내고 한 번 지르고 싶은' 자율성과 창의성을 품고 있다는 사실이다. 경영자가 아니더라도 인생의 결정적 기회를 만들고, 잡고, 활용하기 위해 나만의 모멘텀을 끄집어 내야 한다.

Chapter 2에서는 한국 기업들이 반드시 관심을 가져야 할 '뉴프리미엄 브랜드'전략을 구체적으로 소개한다. 오늘날 한국의 제품과 서비스 질은 세계 톱 수준이다. 하지만 '럭셔리' 브랜드로 불리기엔 여전히 몇 퍼센트가 모자라다.

여기 우리 기업들을 위한 새로운 전략, 누구나 자부심을 가질 만한 프리미엄 브랜드를 합리적인 가격에 즐길 수 있게 하는 발상의 타협, 그리고 시장의 틈새가 있다. 스타벅스, 아이폰, 아이패드도 최상류 부자들만 가질 수 있는 제품은 아니지만 소비자들을 왠지 뿌듯하게 만드는 뉴프리미엄 브랜드들이다. 뉴프리미엄으로 가는 즐거운 길을 따라가 보자.

기업 마케팅에서 트위터, 페이스북 등 소셜 네트워크 서비스(SNS)가 갖는 영향력을 어떻게 표현하면 좋을까? 마케팅이 피자라면 두껍든 얇든 SNS라는 도우(Dough)를 쓰는 경우가 급속히 늘고 있다. 그만큼 SNS는 선택이 아닌 필수적인 환경으로 자리 잡았다는 뜻이다. SNS마케팅 공간에서 기업의 제1 덕목은 기술력이나 정보력보다 오히려 '솔직함(신뢰)'이다.

특히 Chapter 3에는 '한국식 SNS마케팅'을 제안한다. 한국의 SNS 유저들의 특성을 알아야 SNS 마케팅도 성공할 것이 아닌가? 그들은 정보보다 네트워크에 비중을 둔다. 또한 정서적 유대감에 민감하다. 아직은 토론보다는 댓글이 익숙하다. 그리고 무엇보다 기업의 마케팅 플랜에 휘둘리지 않을 만큼 강력하다!

Chapter 1

모멘텀 리더십

상품을 저절로 팔리게 만드는 '모멘텀 리더십'

5,000억 원. 현대자동차가 북미 시장을 겨냥해 내놓은 신차 제네시스에 쏟아부은 연구개발비다. 신형 쏘나타 2만 대 값과 맞먹는다. 그렇다면 2009년 북미시장에서 현대자동차가 시행한 어슈어런스 프로그램에 들어간 비용은 얼마일까? 실직이나 파산으로 자동차 할부금을 더 이상 내기 힘든 고객들의 차를 되사주는 이 프로그램을 통해 현대자동차가 돌려받은 차는 80여 대에 불과하다. 2010년형은 미국 현지 쏘나타 판매가를 적용하면 20억 원이 채 안 된다.

5,000억 원 대 20억 원. 들어간 비용으로는 경쟁이 불가능해 보이지만 현대자동차에 대한 공헌도는 '어슈어런스 프로그램(Assurance Program)'이 훨씬 컸다.

세계는 제네시스의 놀라운 성능보다는 어슈어런스 프로그램을 만들어 낸 현대자동차의 독특한 발상에 더 주목했다. 〈뉴욕타임스〉를 포함한 미국 유력 매체들은 2009년 초 미국 자동차 시장에서 거의 유일하게 성장한 현대자동차를 주요 기사로 다루며 '혁신적인 어슈어런스 프로그램'을 핵심 성장 요인으로 꼽았다.

마케팅 석학 장 클로드 라레슈 프랑스 인시아드(INSEAD) 경영대학원 석좌교수는 "현대자동차의 어슈어런스 프로그램은 모멘텀이 발현된 대표적인 사례"라고 말했다. 그가 말하는 모멘텀은 "초반에만 힘을 가하면 스스로 움직여 결국 손쉬운 성공을 가져다 주는 것"이다. 현대자동차는 80여 대 자동차를 되샀을 뿐이지만 소비자들의 마음을 끌어당기는 강력한 모멘텀을 만들어냈다. 이후부터는 추가 마케팅 비용을 쏟아붓지도, 별도 프로모션을 진행하지도 않았다. 그러나 세계적인 경기 침체에도 불구하고 현대자동차는 저절로 팔리는 듯 시장점유율을 높여나갔다.

이에 대해 라레슈 교수는 "구매행위를 통해 행복감을 느끼지만 동시에 실직의 불안감을 느끼는 소비자의 마음을 파악해 프로그램을 만든 순간 20년간 연구개발을 통해 일궈낸 성과와 맞먹는 효과가 나타난 것"이라고 설명했다. 력셔리 시장을 타깃으로 연구개발비를 쏟아부은 제네시스도 한 단계 더 도약하려면 고급 소비자의 마음을 이끌어내는 모멘텀을 만들어내야 한다는 지적이 나오는 이유다.

'노력한 만큼 얻는다'는 말은 진리일 수 있다. 하지만 그렇다고 '노력한 것보다 더 많이 얻을 수 있다'는 말이 거짓은 아니다. 특히 비즈니스 세계에서는 더욱 그렇다. 성공의 물살이 그치지 않고 콸콸 흘러 노력한 것 이상의 성과를 갖다 주는 데 필요한 건 작은 물꼬를 트는 일 뿐이다.

모멘텀 리더십이라는 열쇠만 있다면 방해요소는 성공요소가 될 수 있다

프랑스 남부의 한 마을. 차가 도난당하는 게 무서워 차를 사기 꺼리는 남자가 있다. '구더기 무서워 장 못 담그는' 미련한 사람이라고 비난할 수도 있지만 살펴보니 이 남자의 운명이 기구하다. 그는 치안부재로 강도와 살인, 도둑질이 많아 '험악한 나라'라고 불리는 베네수엘라에 3년간 거주한 경험이 있다. 이 사이에 거리에 잠깐 세워둔 차를 2번이나 도둑맞았다.

그런데 이 남자보다 더 기구한 운명을 지닌 사람이 있다. 그는 이 사람에게 차를 팔아야 하는 자동차 회사의 딜러다. 만약 당신이라면, 어떤 방법을 이용해 남자에게 차를 팔겠는가?

그 딜러는 색이 너무나도 독특해 누구에게도 팔지 못했던 초록색의 자동차를 고객에게

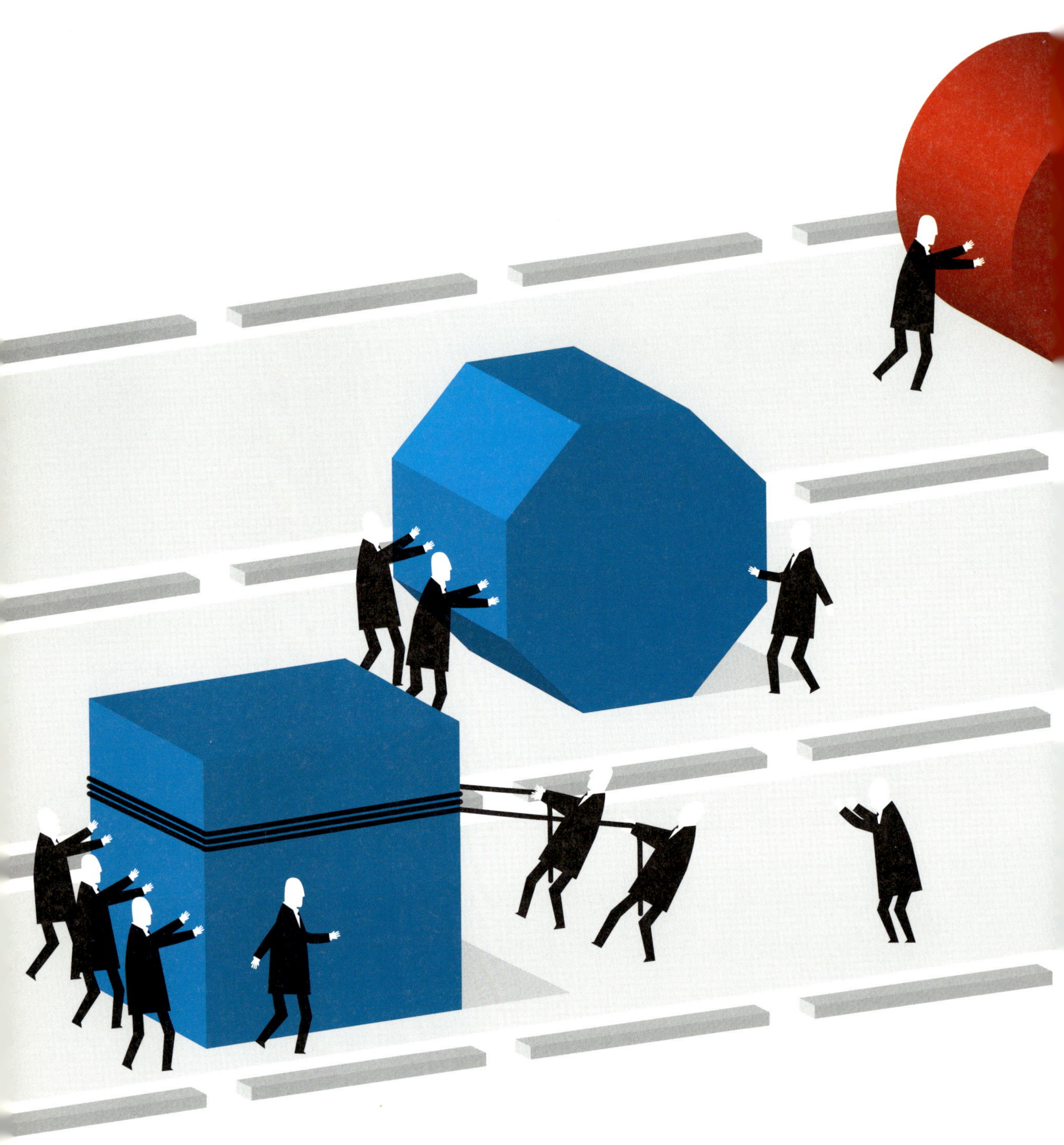

  Hello CEO

꺼내 놓았다.

"이 차는 색이 특이해 누군가가 당신의 차를 훔쳐간다고 하더라도 경찰이 바로 범인을 잡을 수 있을 겁니다."

고객은 도난의 위험이 없는 녹색 차를 흔쾌히 구매했고 그는 색이 특이해 팔지 못하고 짐만 됐던 골칫덩어리를 드디어 팔아버릴 수 있게 됐다.

절대로 팔지 못했던 녹색 자동차가 그 어떤 상황에서도 도난 대상이 되지 않는 훌륭한 차로 탈바꿈 한 것, 장 끌로드 라레슈 교수는 이를[65] '모멘텀 리더십'으로 칭한다.

사업에는 많은 방해요소가 있을 수 있다. 또한 실패도 있을 수 있다. 하지만 어떠한 계기를 통해 방해 요소를 긍정적인 방향으로 끌어나가면 이는 사업을 성공으로 이끄는 순풍이 된다. "사실 이 딜러는 무언가를 창출했다기보다는 긍정으로 바뀔 수 있는 무언가를 발견한 겁니다. 지금까지는 성공을 위해서는 기술적인 개발이 전부였다고 생각했다면 모멘텀은 고객의 발견에서도 찾을 수 있습니다. 이 둘을 제대로 조화시키는 리더가 모멘텀 리더십을 가진 리더입니다."

녹색 자동차 한 대를 팔았을 뿐인 딜러가 모멘텀 리더십의 전형이라는데 동의하기 어렵다면 그와 똑같이 사고한 다른 리더에 대해서도 생각해 볼 수 있다. 버진 그룹의 창업주 리처드 브랜슨은 '언젠가는' 우주에 한 번 다녀오고 싶다는 고객을 발견했다. 그들에게 브랜슨이 판 건 우주 왕복 여행권이 아닌 '언젠간 우주여행을 하게 해주겠다'는 약속이었다. 약속을 산 300여 명이 넘는 고객은 확신을 가지고 그들의 기술이 개발되기를 기다리고 있다. 우주 왕복 여행권은 언제 팔릴지 모르는 상품이지만 그들에게 2억 5,000만 원이라는 고가에 꿈을 팔았던 리처드 브랜슨의 전략은 적중했다.

이들은 마치 봉이 김선달과 같다. 독특한 발상으로 세상을 놀라게 한다. 그리고 대부분의 사업에 성공한다. 그래서 사람들은 그들을 괴짜라고 부르기도 한다. 하지만 이들이 연속적으로 성공하는 것은 운이 받쳐주었기 때문만은 아니다. 이들은 끊임없이 묻고, 발견하고 실천한다. 그러다 보면 어느 순간 손쉽게 성공을 한다.

물리학에서 모멘텀의 사전적 의미는 탄성, 혹은 탄력이다. 라레슈 교수는 모멘텀의 물리학적 의미가 물질이 스스로 움직이는 것이라고 말한다. 외부에서 추가로 힘을 가하지 않아도, 밀지 않아도 스스로의 추진력으로 움직인다. 그가 말하는 경영학적 모멘텀도 마찬가지다. 물꼬만 터주면 이후에는 긍정적인 방향으로 흘러간다. 특히 경영학적 모멘텀에서는 추가로 확인할 힘이 필요하지 않을 경우도 있다. 외부로부터 에너지 공급이 전혀 없는 환경에서 한 번 작동하기 시작하면 추가 연료공급 없이 움직이는 제1종 영구기관(무한동력)은 물리학적으로 불가능하다. 하지만 경영에서는 무한동력이 가능하다는 게 라레슈 교수의 설명이다.

단, 불가능을 가능으로 바꾸기 위해서는 하나의 열쇠가 필요하다. '모멘텀 리더십'이라는 열쇠는 리더의 손에 달려있다.

수잔 보일의 사례에서 찾는 '모멘텀 리더십'

2009년 4월. 뚱뚱하고 볼품없는 여성이 영국의 스타발굴 프로그램 〈브리튼스 갓 탤런트(Britain's Got Talent)〉의 화려한 조명 아래 등장할 때만 해도 사람들은 아무런 기대를 하지 않았다. 그녀는 지나치게 어눌했고, 못생겼고, 촌스러웠다. 하지만 그녀가 입을 열고 노래를 부르자 하나의 모멘텀이 형성됐다. 관중과 시청자는 더 이상 수잔 보일이라는 47세 여성의 촌스러운 원피스와 덥수룩한 눈썹, 못생긴 외모에 주목하지 않았다. 놀랍도록 아름다운 목소리에 세계는 놀랐고 동영상 사이트 유투브에서는 수백만 건의 다운로드가 이뤄졌다. 이후 정식 데뷔한 수잔 보일의 음반은 '데뷔 앨범 발매 첫 주 최대 판매량'으로 기네스북에 올랐다. 무대에 선 지 1년 반, 지금 그녀는 '천상의 목소리'를 가진 가수로 불리며 세계인의 사랑을 받고 있다.

세상은 수잔 보일의 신데렐라 이야기에 주목한다. 하지만 리더들이 주목해야 할 부분은 그녀의 성공 스토리가 아니다. 장 끌로드 라레슈 인시아드 교수는 이 이야기 안에서 '모멘텀이 이뤄진 순간'에 대해 주목하라고 조언했다. 그녀는 최고의 자리에 오를 때까지 수많은 오디션을 거쳤고 또 어느 정도 '무대'를 알았지만 가장 보잘 것 없는 옷을 입고 나왔다. 또한 화장도 최대한 예쁘지 않게 했다. 청중의 기대를 최대한 낮춰 그녀 목소리를 극대화하기 위한 '브리튼스 갓 탤런트'의 전략이었다. 그녀가 목소리를 내는 순간 수잔 보일의 인생에서 실패라는 단어가 사라졌다. '엄청난 성장을 향해 거침없이 쑥쑥 밀어주는 순풍', 즉 모멘텀이 그녀를 밀어준 것이다.

라레슈 교수는 그녀의 성공보다는 '너무 늦게 수잔 보일을 발견한 데' 따른 손실에 집중했다.

"수잔 보일은 9살 때부터 노래를 부르기 시작했지만 외적인 부분에 치중한 음반업계 리더들은 정작 그녀의 목소리를 발견하지 못했어요. 그녀는 이미 47세이고 그녀를 발견하지 못한 리더들 덕에 청중은 한창 전성기였을 수잔 보일의 목소리를 즐길 수 없었습니다."

음반 업계 역시 일찍 발견했으면 창출할 수 있었을 수백만 달러의 수익을 하늘로 날린 꼴이 됐다.

그는 프랑스에서 가장 아름다운 목소리를 가졌다고 평가받는 샹송 가수 에디트 삐아프(Edith Piaf)를 수잔 보일과 비교했다. 구걸을 위해 길거리에서 노래를 부르던 왜소하고 예쁘지도 않던 고아 에디트 삐아프의 재능을 눈여겨 본 한 술집 주인이 그녀와 프랑스 음악계의 미래를 바꿨다.

"당시 길거리에서 노래를 부르던 그녀에게 아무도 주목하지 않았다면 전 세계인의 사랑을 받고 있는 '사랑의 찬가(L'Hymne A L'amour)'를 포함한 다수의 노래 역시 없었겠지요. 샹송의 역사가 다시 쓰였을 수도 있습니다."

라레슈 교수는 뒤늦은 발견으로 인한 사회적인 낭비에 주목했다. 우리 사회는 한정적인 자원을 가지고 있다는 사실을 모두 받아들여야 한다는 것이다. 이제 사회가 집중해야 할 문제는 새로운 자원의 개발이라기보다 한정된 자원을 활용하는 방법이라는 게 라레슈 교수의 시각이다.

라레슈 교수는 "모멘텀 리더십을 키우기 위해서는 이제 각 산업별로 사고하는 방식을 바꿔야 한다"며 "사회에는 너무나도 많은 수잔 보일이 있다는 것을 기억해야 하며 이를 양지로 끌어내기 위해서는 새로운 것을 항상 '발견(Discovery)'하려는 마음을 가져야 한다"고 조언했다.

누구든 모멘텀 리더가 될 수 있다

장 끌로드 라레슈 교수가 주목하는 모멘텀 리더는 누구일까? 그는 항상 GE의 창업주 잭 웰치와 세계적인 유통기업 월마트를 창업한 샘 월튼, 세기의 갑부 마이크로소프트의 빌 게이츠를 '5성급 파워 모멘텀 리더'로 꼽는다. 그의 저서 《모멘텀 이펙트》에도 이들의 이야기가 상당부분을 차지한다. 이들은 누가 보기에도 놀랄 만한 성공을 거뒀다. 하지만 사실 그들은 너무 먼 존재다. 장 끌로드 라레슈 교수의 표현을 빌리면 "와 닿지 않는 사람들"이다.

"사실 내가 지금껏 내놓은 사례들은 일반 대중을 위한 사례는 아니에요. 그러다보니 대중들의 피부에는 와 닿지 않지요."

그는 "모멘텀이 거창한 성공을 의미하는 것은 아니다"라며 "새로 저술하고 있는 책에 들어갈 소박하지만 파워 있는 모멘텀의 사례에 대해 소개하겠다"고 말했다.

라레슈 교수는 스코틀랜드의 한 명함 제작 업체의 이야기를 꺼냈다. 하루는 이 회사의 CEO가 직원들을 모아두고 하나의 질문을 던졌다고 한다. "자신의 명함을 가지고 있는 직원이 있는가?"에 대한 것이었다. 이 질문에 대답할 수 있는 직원은 아무도 없었다. 그는 당장 모든 직원들이 자신의 이름이 적혀 있는 명함을 만들도록 지시했다.

'명함회사의 직원들에게 명함이 없으면 안 된다'는 단순한 사고는 놀라운 모멘텀이 됐다. 직원들의 업무몰입도가 현격히 향상됐다. 이들은 주변 이들에게 자신의 명함을 나눠주며 '우리 회사가 이런 명함을 만든다'고 자발적인 홍보를 시작했다. 이후 이 회사는 건물 청소부들에게도 명함을 만들어주기로 결단을 내렸다. 대신 화장실 문 앞에 붙어있는 위생 체크

리스트는 떼어 버렸다. 그 자리에 담당 청소 직원의 명함을 붙였다. 위생 점검 사항이 담긴 체크리스트를 뗐지만 위생상태는 전보다 나아졌다.

한 청소 직원은 "아들에게 명함을 건네며 '엄마는 이런 사람이다'라고 말하다가 감격해 눈물을 왈칵 쏟았다"며 경영진에게 감사의 편지를 쓰기도 했다. 회사는 내부에서 일어난 모멘텀을 외부로 확장시켰다. 화장실에 놓인 체크리스트를 떼고 대신 명함을 만들라. 놀랍도록 깨끗한 화장실을 보게 될 것이라며 자신들의 사례를 영업에 활용했다. 결과는 성공적이었고 스코틀랜드의 회사들은 청소부원과 경비원을 위한 명함을 이 회사에 의뢰하기 시작했다.

라레슈 교수는 "청소부들이 일을 더 열심히 하게 된 것이나 직원들이 자발적으로 회사를 홍보하기 시작한 것은 누구의 강압이나 명령이 아니었다"며 "명함이라는 출발지점의 작은 푸시(Push)로 인해 무한대의 모멘텀을 발산한 것"이라고 말했다. 그는 "일반 사람들, 작은 기업들의 모멘텀은 빌게이츠와 같은 기업가들의 모멘텀과 다르지 않다"며 "순간을 캐치하고 이를 활용한다면 누구나 모멘텀 리더가 될 수 있다"고 덧붙였다.

"내가 적용한 비즈니스 세계에서의 모멘텀은 스스로 움직이는 거예요. 방해 요소 없이 사업이 성공하는 것이죠. 시작할 때는 힘을 들여야겠지만 이후에는 저절로 움직일 수 있는 게 모멘텀입니다."

다소 황당해 보이는 이야기다. 과연 실패 없는 성공이 있을 수 있을까? 하지만 이 말을 내뱉은 주인공이 마케팅 분야의 구루이자 세계적인 명문 경영대학원 인시아드(INSEAD)의 석좌교수인 장 끌로드 라레슈 교수라면 이야기는 달라진다. 그의 확신은 청중을 휘어잡는다. 라레슈 교수의 저서 《모멘텀 이펙트》는 스테디셀러로 사랑받고 있다. 인터뷰를 시작하며 '맞는 말인가?'라고 고개를 갸우뚱하던 기자도 어느 순간 고개를 끄덕일 수밖에 없었다. 그건 라레슈 교수의 장기일 수도, 그리고 그의 말이 진실이라는 증거일 수도 있다. "모멘텀은 있어요. 그리고 누구에게나 가능합니다. 모멘텀 리더십이 있다면 말입니다."

모멘텀 리더는 괴짜가 아니라 천재: 끊임없이 질문을 던져라

Q. 모멘텀이라는 개념이 사실 애매합니다.

"사실 모멘텀이라는 단어에 대해서는 저도 확실히 설명하기 어렵습니다. 모멘텀(Momentum)은 우리나라에서 탄력, 가속도 등으로 번역된다. 사실 모멘텀이란 물리학을 전공한 엔지니어들에게 친근한 단어이지요. 영어권 국가의 사람들에게도 매우 당연하게 쓰이는 단어고요. 정의를 내리자면 '스스로 속도를 붙여 움직이는 것' 정도라고 할 수 있습니다. 물리학에서 보면 모멘텀이 가능한 공간은 우주뿐입니다. 스스로 움직이기 위해서는 공기의 마찰력 등을 포함한 모든 방해 요소가 없어야 하지요. 비즈니스 세계에도 역시 많은 방해 요소가 있습니다. 수천에서 수만 가지의 방해요소는 비즈니스가 알아서 좋은 방향으로 움직이는 것을 어렵게 하지요. 하지만 물리학에서 물체들 안에서 뿜어져 나오는 에너지가 모멘텀을 만들어낼 수 있듯, 비즈니스에서도 모멘텀은 발휘될 수 있습니다. 비즈니스가 움직이기 시작할 때 처음에만 힘을 가하면(Push) 그 이후에 저절로 사업이 움직이는 거예요."

Q. 모멘텀 리더들에게 특징이 있나요?

"버진 그룹의 리처드 브랜슨을 보세요. 그는 예순이 넘었지만 어린 아이처럼 행동할 때가 많다는 걸 느낄 수가 있어요. 월마트의 샘 월튼 회장도 마찬가지입니다. 그는 나이가 일흔이 되어서도 아이처럼 행동해 사람들이 놀랄 지경이었지요. 젊은 행동을 이끌어내는 젊은 생각이 모멘텀 리더들의 대표적인 특징입니다."

Q. 사실 리처드 브랜슨은 괴짜 경영자로 더 유명합니다.

"그는 괴짜라기보다는 천재성을 가지고 있는 사람입니다. 리처드 브랜슨을 포함한 모멘텀 리더들은 멍청하게 보일 정도로 이상한 행동을 하거나 남들이 이해할 수 없는 상상을 하지만 그렇다고 그들이 멍청한 것은 아니지요. 그들은 끊임없이 질문합니다. 항상 질문이 끊이지 않아요."

Q. 그들이 던지는 질문이란 무엇일까요?

"질문이 무엇인지가 중요한 게 아닙니다. 스스로를 제약하지 않는다는 게 더 중요해요. 브랜슨은 매번 자신의 모멘텀을 만들어내고 그걸 절대 숨기지 않아요. 매일을 주말처럼 보낸다고 상상해보세요. 대부분의 회사원들은 주중과 주말을 다르게 보냅니다. 주말에는 음악도 하고, 봉사활동을 하기도 하지요. 이렇게 주말에 쏟는 에너지와 창의성을 주중에 발휘한다면 탁월한 모멘텀을 발휘할 수 있어요."

Q. 자율성과 창의성이 모멘텀을 만든다는 뜻이군요.

"사실 그 부분은 모든 이들이 내면에 가지고 있는 겁니다. 다만 이런 창의적인 발상을 어떻게 체계화해 시행하느냐가 모멘텀 리더십의 관건이라고 볼 수 있어요. 내부적으로 계획할 때는 다들 즐겁게 하지만 행동할 때 오합지졸인 경우가 많아요. 콜럼버스는 자신이 어디에 있는지 알지도 못했지만 진정한 아메리카 대륙을 발견했어요. 행동은 창의적이었지만 항해를 시작할 땐 철저한 계획이 필요했고 이는 놀라운 발견이라는 결과로 다가온 것입니다. 사람들은 의외로 아이디어에 대한 디자인을 체계적으로 깊이 있게 하는 데 소홀한 면이 있습니다. 이를 놓치지 않는 게 진정한 모멘텀 리더입니다."

충성도 높은 고객은 제2의 직원: 제품이 아닌 제안을 팔아라

Q. 힘들이지 않고도 사업이 운영된다는 건 너무 꿈 같은 소리로 들리는데요.

"사고를 전환해야 합니다. 장애물이라고 방해 요소로만 바라보고 있다면 이 이야기가 꿈처럼 들릴 수도 있죠. 하지만 장애물이라고 생각하는 요소들이 사실은 모멘텀이 될 수도 있어요. 직원, 고객, 심지어 불만사항도 모멘텀으로 작용할 수 있죠. 충성심은 기술의 변화보다 더 큰 모멘텀으로 작용할 수 있어요. 애플이 대표적입니다. 애플은 엄청난 기술의 힘을 보여주는 기업이라기보다는 무한 충성심을 보여주는 기업입니다. 누구도 사람들에게 강압적으로 '애플을 사라'고 말하지 않지만 모두 애플사의 제품을 즐겨 사용합니다. 애플의 경우는 고객이 그들의 모멘텀이라고 볼 수 있습니다."

Q. '고객 자체가 모멘텀이 된다'는 내용에 대해 설명이 필요해 보입니다.

"가령 이런 것입니다. 미국 애리조나에 있는 많은 양로원은 닌텐도 위(Wii)를 쓰게 됐어요. 우리는 이 사례에 대해 연구를 시작했습니다. 과연 이게 닌텐도 사의 마케팅 전략에 따른 결과였을까요? 사실 닌텐도 사는 위를 개발할 때 양로원을 전혀 염두에 두고 있지 않았어요. 홍보하지도 않았습니다. 단지 한 양로원에서 일하는 복지사 한 명이 자녀들을 위해 닌텐도 위를 구입했을 뿐입니다. 몸을 움직이면서 게임을 하는 데 흠뻑 빠진 그 직원이 자신의 닌텐도 위를 양로원에 가져갔어요. 가져가 보니 반응이 좋아 양로원 자체에서 닌텐도 위를 구매했습니다. 이후 양로원들끼리 정보 공유를 하고 결과적으로 더 많은 양로원에서 구매를 하게 된 것이지요. 어떻게 보면 이들은 게임기를 스스로 의료기기처럼 생각하고 활용하고 있는 것입니다."

Q. 마케팅 없이도 물건이 알아서 팔리게 되는 것이군요.

"저절로 알아서 팔리게 되는 것이지요. 회사가 하는 것은 물건을 개발하는 단계에서 고객이 스스로 물건을 구매하지 않고 못 배기는, 즉 '파워 오퍼(Power offer)'를 만들어야 합니다. 현대 비즈니스에는 이게 가장 중요해요. 고객이 우리를 위해 일할 수 있게끔 하는 거지요."

Q. 그런 스타 제품을 만드는 것은 쉬운 일이 아닐 것 같은데요.

"우선 제품(Product)라는 말에는 정정이 필요합니다. 기업에서 제품이라는 말은 사용하면 안 돼요. 더 이상 고객들은 제품을 사지 않기 때문입니다. 우수한 제품을 만들어내는 건 기업의 기본 사항이지만 기업이 팔아야 하는 것은 제품이 아닌 '제안(Offer)'이에요. 고객이 사지 않고는 못 배기는 물건들은 제안을 팔지요. 위에서 제공하는 제안은 사람들이 함께 모여 즐거운 시간을 보낼 수 있다는 것이지요. 하는 사람도 지켜보는 사람도 즐겁게 말입니다.

사람들은 위(Wii) 자체가 아니라 각자가 모두 즐길 수 있다는 데 열광했습니다. 아이폰은 독특하고 아름다운 디자인을 통해 아이덴티티를 제공했어요. 현대자동차가 미국에서 진행한 어슈어런스 프로그램도 마찬가지입니다. 직장을 잃으면 자동차를 반납할 수 있도록 한 이 프로그램은 '현대자동차를 통해 해고로 인한 파산의 불안함을 덜라'는 제안을 했던 것입니다."

모멘텀은 혁신이 아니라 발견: 모두가 즐거운 회사 만들어야

Q. '최고의 제안'을 만들어내는 게 모멘텀이라면 모멘텀이 즉 혁신이라고도 볼 수 있겠네요.

"제가 가장 많이 받는 질문이 모멘텀이 혁신이 아니냐는 것입니다. 하지만 이 둘은 아주 달라요. 가령 세그웨이를 봅시다. 세그웨이는 전기로 가는 두 개의 바퀴가 달린 이동 기구입니다. 어떤 이름으로도 정의내릴 수 없이 그냥 세그웨이이지요. 이게 바로 혁신입니다. 아무도 생각하지 못했던 제품을 탄생시킨 것이지요. 하지만 이건 모멘텀은 아니에요. 혁신적이긴 하지만 전 세계에서 오직 4만 개밖에 팔리지 않았어요. 심지어 세그웨이를 발명한 세그웨이 회장은 본인이 그 세그웨이를 타다 죽었습니다. 혁신은 했지만 안정적이지 못한 혁신으로 죽음을 맞이했지요. 반면 버진 갈락틱을 봅시다. '우주여행을 시켜주겠다'는 그들의 이야기는 터무니없이 들릴 수 있지만 이미 언제 갈지도 모르는 우주여행상품권을 팔아 모은 돈이 5,000만 달러(560억 원)입니다. 상품은 기업의 느낌이에요. 고객들은 그 느낌을 보고 모멘텀을 만들어내는 것이지요."

Q. 그 '느낌'을 만들어 내기 위해서 경영자들은 어떤 노력을 해야 할까요?

"나는 모멘텀을 이끌어내기 위한 8가지 단계에 대해 이야기한 적이 있어요. 하지만 솔직히 내가 만들었어도 이건 너무 복잡해요. 가장 중요한 건 발견(Discovery)이에요. 이것 하나만 기억하면 됩니다. 일상적인 것에서 탈피해야 합니다. 스스로에게도, 직원들에게도 그런 기회를 줘야 합니다. 많은 사람들은 직장 내에서 볼 수 없는 탤런트를 보유하고 있어요. 그것을 찾아낼 수 있는 눈을 리더가 가져야 합니다. 매주 같은 일을 하지 말고 딱 하나씩만 과거보다 다른 일을 해보세요. 아주 다른 환경에서 업무를 본다든지, 새로운 상황을 만들어 보세요. 현장을 직접 찾아보는 것도 좋지요. 일에서뿐 아니라 여가에서도 다른 걸 찾아보세요. 항상 같은 곳으로 휴가를 떠나지 말고 다른 곳으로 휴가를 떠나보는 겁니다."

인터뷰 말미에 모멘텀 리더십을 자가 진단할 수 있는 체크 리스트를 제공해줄 수 있겠냐고 묻자 그는 단호히 고개를 저었다. 방법론은 언제나 '발견'에서 비롯되는 것이며 정형화된 무언가는 항상 논란거리를 만들어 낼 수 있기 때문이란다.

"만약 제가 체크 리스트에 '절박감(Sense of urgency)'에 체크를 하라고 한다면 절박한 사람뿐 아니라 그저 잔업으로 바쁜 사람들도 체크를 할 수 있겠지요. 저는 그냥 바쁜 사람이 이 항목에 체크하길 원치 않는데도요. 즐거움을 체크리스트에 넣으면 '일하는 즐거움, 영향력을 끼치는 비즈니스를 창출하는 즐거움'에 대해 아는 사람이 아니라 '술 마시는 즐거움'을 느끼는 사람도 들어갈 수 있어요. 사실상 체크리스트는 불필요합니다. 그러나 확실히 말할 수 있는 건 모멘텀 기업들은 항상 즐겁다는 겁니다. 소수의 사람들만이 일을 즐기는 게 요즘의 회사이고 비즈니스입니다. 월요일부터 금요일까지 우울하다 주말에만 즐거운 게 요즘의 직장인이고요. 그러나 모멘텀 회사의 기본은 매일이 주말같은 회사입니다. 심신이 즐거운 회사이지요. 이 단 하나의 항목에 당신은 체크를 할 수 있는지 되돌아 보세요"

Who he is

장 끌로드 라레슈 교수는 프랑스 명문경영대학원 인시아드(INSEAD) 석좌교수이자 마케팅 전문가다. 그의 저서 《모멘텀 이펙트》는 세계 최대 인터넷 서점 아마존(Amazon)에서 비즈니스·투자관련 서적 4위에 올랐다. 런던대에서 컴퓨터 과학 전공 후 스탠포드에서 비즈니스 박사를 이수했다. 〈포춘〉 500위 안에 드는 기업들의 자문을 하고 있으며 현재 인시아드 이사회에서 14년째 활동하고 있다. 유럽의 마케팅 전문가 커뮤니티 클럽55(Club 55)가 선정한 2010년의 마케팅 전문가로 선정되기도 했다.

Chapter 2

뉴 프리미엄 브랜드의 창조

따라갈 것이냐, 따라오게 할 것이냐

장면1. 할렘가의 한 허름한 농구장. 흑인들이 3 대 3 길거리 농구를 하고 있다. 농구를 하고 있는 그들의 모습과 클래식 음악이 묘하게 어우러진다. 그런데 농구공이 조금 특이하다. 자세히 보니 익숙한 무늬가 눈에 들어온다. 이 농구공은 럭셔리 브랜드의 상징인 루이비통을 연상케 하는 문양이 박힌 가죽으로 만들어졌다.

장면2. 골목 순찰을 돌고 있는 경찰은 세계 3대 진미라는 캐비어(철갑상어 알)를 비스킷에 얹어 먹는다. 화면은 공장 노동자의 점심식사로 넘어간다. 침침한 조명 아래 식당의 허름한 철제 식탁에는 고된 일을 마친 노동자들을 위해 최고급 코스요리와 일급 요리사가 대기하고 있다. 고상한 클래식 음악은 식기가 달그락거리는 소리와 함께 계속된다.

얼핏 보면 한 럭셔리 브랜드의 광고가 아닐까 생각할 만한 장면이지만 사실 이는 현대자동차가 2010년 초 미국 슈퍼볼 경기에서 내보낸 준중형차 '쏘나타' 광고다. 반복되는 화면을 본 시청자는 고개를 갸우뚱하게 된다. 쏘나타는 한국에서 국민차 라는 별명이 붙을 정도의 대중적인 자동차. 미국에서도 쏘나타의 포지셔닝은 마찬가지다. 그런데 왜 자신의 광고에 루이비통이나 캐비어 같은 럭셔리한 아이템을 등장시킨 것일까?

"모든 사람이 즐길 수 있는 럭셔리가 과연 존재하는가? 이를 럭셔리라고 부를 수 없다면 새로운 단어가 필요하지 않은가? 그 새로운 단어는 바로 '현대'다."

현대자동차는 광고에서 이같이 선언하며 소비자의 의문에 대한 답을 내놓는다. 이는 현대가 앞으로 가야 할 새로운 길을 소비자에게 알리는 선전포고다. 기존의 럭셔리, 최고급 브랜드처럼 고객에게 특별함과 자부심을 선사하면서도 어느 누구나 향유할 수 있도록 값은 적당한 뉴 프리미엄의 길이 자신들이 추구하는 새로운 길이라는 뜻이다.

뉴 프리미엄 브랜드란 일부 고객을 대상으로 초고가·고품질 전략을 구사하는 프리미엄이나 럭셔리 브랜드 전략과 구분되는 것으로 합리적인 가격에 모든 고객이 즐길 수 있는 프리미엄 브랜드를 말한다.

대표적인 예가 애플의 태블릿 PC인 아이패드의 브랜드 전략이다. 아이패드는 60만 원대 가격으로 고객이 갖고 싶은 제품 브랜드를 만들었다. 가격도 기존 컴퓨터와 비교해 합리적이다. 게다가 사용자들에게 '아이패드 유저(User)'라는 자부심까지 느끼게 하고 있다. 이 길은 현대자동차 혼자만 가야 할 길이 아니다. 후발주자로 시작해 당당히 글로벌 기업 반열에 오른 한국 기업들이 이제 제2 도약을 위해 가야 하는 뉴 프리미엄 브랜드의 길이다.

지금까지 한국 기업들은 선발자(First Mover)라기보다는 재빠른 추종자(Fast Follower)였다. 누군가가 만든 기준과 룰을 빠르게 흡수해내는 능력이 강했다는 뜻이다. 그러나 추종자로는 한계가 있다. 이제 한국 기업은 선발자가 되어야 한다. 누군가의 기준을 따라가는 게 아니라 새로운 기준을 제안하는 위치로 도약해야 할 시점이다.

기술로 인정받은 한국 기업이 새로운 도약을 위해 고민해야 할 부분은 '브랜드'다. 전 세계 소비자들에게 단순히 '써보니 괜찮은 제품'이 아닌 '꼭 써보고 싶은 제품'이라는 이미지를 전달해야 하는 때가 온 것이다. 브랜드를 통해 구매 고객이 자부심을 느낄 수 있도록 해야 한다.

이 때문에 '뉴 프리미엄'은 기존의 프리미엄 전략과 다소 차이가 있다. 기존의 프리미엄·럭셔리 브랜드가 초고가·고품질로 극소수의 사람에게 만족감을 제공했다면 뉴 프리미엄은 제품을 소장하는 사람에게 자부심을 느끼게 해주면서 가격에 대한 벽까지 제거해준다.

충성 고객이 있지만 고객층을 넓히는 데는 한계가 있는 프리미엄·럭셔리 브랜드와 대조적이다. 예를 들어 럭셔리 가전 업체 뱅앤올룹슨의 오디오는 음악을 좋아하는 사람이라면 누구나 하나쯤 소장하길 원하지만 높은 가격 때문에 고객들은 구매를 포기한다.

'뉴 프리미엄'을 통해 퍼스트 무버로 나서기 위한 한국 기업들의 움직임은 이미 곳곳에서 감지되고 있다. 2009년 말 현대자동차는[66] '많이 팔리는 브랜드'를 넘어 '베스트 바이 브랜드(Best Buy Brand: 가장 사고 싶은 브랜드)'를 자사의 목표로 삼겠다고 밝혔다. 이를 위해 현대자동차는 2010년부터 프랑스 명문 경영대학원 HEC의 장 노엘 카페레 교수에게 브랜드 자문을 맡겼다. 카페레 교수는 브랜드 관리 분야, 이 중에서도 럭셔리 브랜드 연구의 석학이다. 삼성, LG 등 각 기업들도 별도의 팀을 마련해 뉴 프리미엄 브랜드로써의 자리를 공고히 하기 위해 골몰하고 있다.

럭셔리 VS 프리미엄 VS 뉴 프리미엄: 개념부터 잡아라

"프리미엄은 뭐고 럭셔리는 뭐지?"

사람들은 종종 '프리미엄'과 '럭셔리'를 혼동한다. 이 두 단어가 고급스러움, 특별함 등의 느낌을 공유하고 있기 때문이다. 심지어 '프리미엄 럭셔리 커플링', '럭셔리 프리미엄 자동차' 등 프리미엄과 럭셔리를 함께 사용하는 경우도 왕왕 발생한다.

하지만 카페레 교수는 학문적인 의미에서 프리미엄과 럭셔리에는 엄연한 차이가 있다고 강조한다.[67] 우선 럭셔리란 쉽게 말해 '최상급'이다. 다른 것과 비교를 할 수 없는 최상급 예술품으로 지칭된다. 이런 특징 때문에 럭셔리는 고객에게 접근하는 데 있어서도 배타성을 갖는다. 고가 전략으로 극소수 사람들만 제품을 향유하게 해 '당신이 꿈꾸는 것'이라는 가치를 부여한다. 이를 위해 럭셔리 브랜드는 오랜 시간을 두고 브랜드를 신화화하는 데 골몰한다. 카페레 교수는 "럭셔리는 가치를 매기는 기준이 고객이라기보다 브랜드 자신"이라고 표현한다. 자신들이 브랜드 가치 수준을 설정하고 그것을 고객에게 전달한다는 의미다. 에르메스나 페라리 등은 럭셔리의 카테고리에 든다.

반면 프리미엄은 럭셔리와는 달리 '비교할 수 있는 가치'를 가지고 있다. 다른 것과 비교해 보다 나은 것이라는 의미로 소비자에게 다가간다. 럭셔리 브랜드와 같이 전략과 고급 마케팅을 진행하지만 그들의 가치는 브랜드 자체가 아닌 고객이 정하고 인정해주는 가치다. 가령 어떤 자동차를 구입하는 데 있어 소비자가 '편안함', '조정 가능성' 등의 기준이 타 제품에 비해 뛰어나다고 인정할 때 이는 프리미엄이 된다.

그렇다면 '뉴 프리미엄'은 무슨 의미일까? 프리미엄의 개념에 '가격 합리성'을 더한 개념이다. 합리적인(Reasonable) 프리미엄, 유의미한(Meaningful) 프리미엄이라는 단어와 궤를 같이한다. 제품을 사용함으로써 소비자에게 특별함과 자부심을 주지만, 가격 접근성도 가지고 있는 제품을 의미한다. 한국 기업이 지향해야 할 브랜드 카테고리이기도 하다.

아이폰의 경우 많은 사람들이 구입하는 데도 불구하고 제품 소유자가 '아이폰 유저'라는 자부심을 느끼게 한다. 커피전문점 스타벅스 역시 일반 직장인이 접근 가능한 수준의 가격

으로 커피를 팔면서도 '스타벅스 커피를 마신다'는 특별함을 느끼게 하는 대표적 뉴 프리미엄 브랜드다.

뉴 프리미엄으로 가는 4가지 전략

'프리미엄=고가'라는 공식을 불러일으키도록 고가 정책을 펼치는 과거의 프리미엄 전략은 이제 수정이 필요하다. 가격 경쟁력으로 승부하며 급속한 성장으로 세계를 놀라게 한 한국기업은 이제 가격을 떠나 '사고 싶다'는 느낌이 아니라 '갖고 싶다'는 느낌을 주는 브랜드, 뭔가 특별하지만 값도 적당한 브랜드가 되기 위한 전략을 세워야 한다. 이것이 '뉴 프리미엄 브랜드 전략'이다. 특별하기 위해서는 값이 비싸야 한다는 일반적인 통념을 뒤집기 위해서는 지금과는 다른 전략을 세워야 한다.

::소비자 라이프를 공유하는 브랜드를 만들라

간단한 질문이다. 팝콘의 경쟁자는 뭘까? 감자칩일까? 혹은 나초라고 생각할 수도 있겠다. 하지만 어바인 캘리포니아대의 리처드 매킨지 교수는 자신의 저서에서 팝콘의 경쟁자는 아이패드라고 말한다.[68]

어디서나 영화를 볼 수 있게 해주는 아이패드로 인해 영화관에서 영화를 보려는 사람이 줄어들고 마찬가지로 영화관에서 팔리는 팝콘을 구매하는 고객도 뚝 떨어질 것이라는 분석이다. 시야를 넓히는 순간, 진정한 경쟁자가 눈에 보이기 시작하는 것이다.

마찬가지로 브랜드의 가치를 높이기 위해서는 사고의 폭을 넓혀야 한다. 프리미엄 브랜드는 고객의 생활을 점유해야 한다. 장 노엘 카페레 교수는 프리미엄 브랜드가 가져야 할 핵심 요소를 '경험'이라고 말한다. 단지 사용하기 위해 구입하는 제품이 아니라 생활의 일부분이 되어야 한다는 것이다.

조경식 제일기획 마케팅전략 본부장은 "이제는 마켓셰어(Market Share)와 마인드셰어(Mind Share)를 넘어 라이프셰어(Life Share)의 시대가 왔다"고 말한다. 단순한 양적 성장을 마켓셰어, '이 제품 꽤 괜찮네'라는 인식을 전달하는 것을 마인드셰어라고 한다면 라이프셰어는 '제품이 고객의 생활을 얼마나 공유하고 있는가'를 의미하는 척도다.

조 본부장은 "음악을 듣고 싶을 때 MP3플레이어가 생각나는 게 아니라 아침부터 잠을 잘 때까지 계속 노래를 듣고 싶게 만드는 MP3플레이어를 만들어야 한다는 게 라이프셰어의 의미"라고 설명했다. 브랜드를 관리할 때도 단순히 제품 카테고리 내 경쟁에서 벗어나 고객의 생활을 브랜드가 점유하는 방법을 고민해야 한다는 뜻이다.

나이키 운동화가 경쟁하는 상대가 닌텐도 게임기가 된 지는 이미 오래됐다. 브랜드가치의 향상은 이겨야 할 상대를 제대로 고르는 데서부터 시작된다. 조 본부장은 "브랜드 전략의 흐름에 맞춰 2010년 안에 '라이프셰어'를 객관적으로 입증하고 수치화할 수 있는 툴을 내놓을 예정"이라고 밝혔다.

:: 품질 이상의 '특별함'으로 승부하라

품질과 기술은 기업이 성장하는 데 필수요소다. 매력적인 디자인의 제품이라도 질이 떨어진다면 고객을 끌어당기기 힘들다. 특히 뉴 프리미엄 시대에는 품질과 기술 발전이 핵심가치로 작용한다. 제품 속에서 새로운 기술을 접하며 '특별함'을 느끼게 하는 것이 뉴 프리미엄이기 때문이다.

한국 기업들은 뉴 프리미엄 시대의 법칙을 숙지해 글로벌 시장에서 선전하는 대표주자들이다. 삼성과 LG는 카메라를 장착하고 햅틱 등 신기술을 접목해 휴대폰 시장을 장악했고

3D TV와 LED TV를 내놓으며 프리미엄 TV시장을 이끌어 가고 있다. 현대자동차는 과거 럭셔리급 차에만 존재했던 주차 보조장치나 차체 자세제어 장치를 준중형급 차종에까지 장착해 현대자동차를 타는 자부심을 고객들에게 제공하는 데 성공했다.

도요타도 그랬다. '품질과 기술의 도요타'라는 별명은 도요타의 자랑이었다. 하지만 추락하는 도요타에 이 별명은 오히려 '독'으로 작용했다. 김근한 이노션 브랜드커뮤니케이션 연구소장은 "도요타는 품질과 기술에 있어서 누구에게나 인정받는 기업이었고 그게 바로 브랜드의 가치였지만 품질이라는 건 너무도 공격받기 쉬웠다"고 말했다.

품질 이외의 가치를 키워야 했지만 도요타는 그렇게 하지 못했다는 것이다. 그는 "아이폰은 배터리가 쉽게 닳는다는 치명적인 단점을 가지고 있지만 사람들에게 '그래서 아이폰 안살 거야?'라고 물으면 '뭐, 감수해야지'라는 대답이 돌아온다"며 "배터리의 품질이 좋지 않은데도 불구하고 제품을 사야겠다는 결심을 사람들이 꺾지 않는 이유는 품질 이상의 무언가가 있기 때문"이라고 설명했다.

잠깐의 실수로 브랜드 전체가 무너지지 않도록 브랜드를 잡아줄 브랜드만의 '이야기'가 필요하다는 설명이다.

:: '휴머니티'로 다가가라

기업이 고객에게 전달해야 할 이야기란 어디서 찾아야 할까? 전문가들은 보다 인간적인 모습으로 고객에게 접근하는 전략이 주효하다고 조언한다. 인간의 감정과 욕구를 흔들 수 있는 감성을 제품에 입히는 것이다. 김근한 소장은 "인간적인 모습은 다양한 의미로 해석될 수 있다"며 "우선은 기술 개발이나 브랜드 이미지 설정이 인간의 감성을 나타내는 방향으로 흐르는 데 주목할 필요가 있다"고 말했다.

LG가 글로벌적으로 펼치고 있는 '라이프 이즈 굿(Life is Good)' 캠페인은 인간미를 브랜드에 입히기 위한 대표적인 전략이다. 실제 이 캠페인은 LG의 브랜드 이미지를 각인하는 데 공을 세웠다. 현대자동차가 2009년 초 미국 고객을 대상으로 실직 등의 이유로 차량 유지가 어려울 경우 무상으로 차를 반납할 수 있도록 한 '어슈어런스 프로그램'도 인간적임을 내세워 미국 시장에서 호평을 얻었다.

휴머니티는 캠페인이 아닌 기술적 측면에서도 발현될 수 있다. 아이폰은 직관적인 사용자 환경(UI)을 통해 첨단 기술을 아날로그적 감성으로 승화시켰다. 닌텐도의 '위'도 그랬다. 조작이 간단하고 누구나 쉽게 체험할 수 있는 위에서 사람들은 휴머니티를 느꼈다. 사용자가 만지면 진동으로 반응하는 삼성의 햅틱 기술도 마찬가지다.

사회적 공헌이나 후원을 통해 제품 구매고객에게 '내가 쓸만한 브랜드'를 넘어 '나에게 필요한 일을 하고 있는 브랜드'라는 이미지를 전달하는 것도 방법이다. 조경식 제일기획 마케팅전략 본부장은 "예를 들면 졸부와 경주 최 부자의 차이가 되지 않겠냐"며 "사람들이 브랜드에 대한 존경심과 자긍심을 가질 수 있는 이유를 만들어 줘야 한다"고 말했다. 그는 "활동을 통해 인간적인 철학이 담기면 이를 공유하는 과정에서 브랜드에 대한 존경심이 생긴다"고 말했다.

:: 스타 브랜드 키워 모기업 위상을 끌어올려라

슈퍼맨, 원더우먼, 배트맨, 스파이더맨…. 이들의 이름을 듣고 '누구지?'라고 고개를 갸우뚱할 사람은 없다. 이처럼 세월이 지나도 한 번 만들어진 영웅은 쉽게 사라지지 않는다. 브랜드에서도 마찬가지다. 카페레 교수는 "기업명과는 다른 제품 브랜드를 키워 '스타'를 만들어 내는 건 중요한 프리미엄 브랜드로 한 걸음 더 나가기 위해 굉장히 중요한 전략"이라고 말한다.

그는 "사람들의 인식이라는 것은 생각보다 매우 게을러 새로 업데이트하는 것을 싫어하고 자주 바꾸려들지도 않는다"며 "기업이 '히어로'를 만들어 내면 그 명성은 꽤 오래간다"고 말했다. 스타는 창조자(기업)의 이미지가 나빠진다고 하더라도 본인의 명성을 유지하는 힘을 가지고 있다.

카페레 교수는 "최근 도요타 사태의 원인은 프리우스의 브레이크였음에도 여전히 사람들은 '나의 프리우스는 다르다', '도요타는 싫지만 프리우스는 좋다'고 말한다"며 "한 번의 스타 창조는 기업 전체에 높은 성장을 가져올 수 있다"고 설명했다. 이를 증명하듯 한국 기업들 역시 스타를 만들기에 골몰한다.

현대자동차도 국내에서 판매되는 제네시스와 에쿠스에서 과감히 현대자동차를 상징하는 로고를 떼어냈다. 현대자동차 내 럭셔리 브랜드를 키우기 위해서다. 삼성은 프리미엄 스마트폰에 '갤럭시'라는 이름을 붙였다.

하지만 전문가들은 제품군 내 스타 브랜드 양성이 기업의 성장과 브랜드 가치 향상을 가져다주는 데 지름길이 될 수는 있지만 브랜드 전략의 궁극적 목표가 돼서는 안 된다고 경고한다. 김근한 소장은 "기업마다 제품별로 '급(Class)'이 있고 타깃으로 삼는 고객층이 다르기 때문에 클래스별로 별도의 이름을 정하는 것이 마케팅 측면에서도 도움이 된다"며 "그러나 세계적인 브랜드로 성장하기 위해서는 장기적으로 모기업의 이미지와 위상 자체를 끌어올려야 한다"고 말했다.

그는 "폭스바겐은 차급별로 폴로, 골프, 파사트, 제타 등의 이름이 있지만 이들이 지향하는 바가 '폭스바겐 다스 아우토' 하에 하나로 묶여 있기 때문에 개별 브랜드가 성공할 수 있는 것과 같은 이치"라고 덧붙였다.

프랑스 명문 대학원 HEC의 장 노엘 카페레 교수는 최근 현대자동차의 관심을 한 몸에 받고 있는 인물이다. 정몽구 현대자동차 회장이 심혈을 기울이고 있는 현대자동차의 뉴 프리미엄 브랜드 전략에 깊이 관여하고 있기 때문이다. 브랜드 매니지먼트 석학인 카페레 교수의 생각이 시장에 들어맞느냐에 따라 현대자동차의 미래 브랜드 가치가 달라질 수 있다. 따라서 그의 생각에 관심이 가는 것도 당연한 일.

카페레 교수에게 한국기업의 브랜드 전략을 묻자 그는 대뜸 독일의 아우디 자동차 얘기를 꺼냈다.

"한국 기업은 아우디를 주목하고 배워야 한다."

아우디는 대표적인 럭셔리 자동차 브랜드. 많은 한국 기업들이 브랜드 가치가 아직 낮은데 럭셔리 브랜드부터 배우라니, 너무 지나친 비약이 아닐까 싶었다. 하지만 카페레 교수의 얘기를 들으면서 절로 고개가 끄떡여졌다.

"30년 전에는 유럽에서 그 누구도 아우디를 타고 싶어 하지 않았다는 사실을 알고 있나요?"

명차 아우디가 기피 품목이었다니, 뜻밖이었다. "아우디는 이제 프리미엄 브랜드를 넘어 럭셔리 브랜드로 성장해 누구나 타고 싶지만, 쉽게 탈 수 없는 명차가 됐다"는 게 카페레 교수의 설명이었다. "수십 년간 디자인과 혁신을 고민하면서 조금씩 프리미엄으로 성장시킨 결과"라고 했다.

아우디가 했다면 현대자동차를 비롯한 한국 기업이 못할 것도 없다. 게다가 한국 기업의 목표는 당장 럭셔리를 만들겠다는 것도 아니다. 합리적인 가격으로 소비자에게 사랑받는 뉴 프리미엄 전략이 흐름이다. 어쨌든 저절로 자신감이 드는 대목이다.

그러나 한국 기업이 궁금한 대목은 역시 '어떻게'다. 아우디는 어떻게 프리미엄 브랜드로 거듭났을까? 역시 출발점은 선택과 집중을 통한 품질의 향상이었다.

"아우디라는 이미지를 키우기 위해 자신들이 최고가 될 수 있는 부분을 전략적으로 선택했고, 이를 위해 아낌없이 자원을 투입했어요. 이 같은 장기 전략이 브랜드 이미지를 크게 바꿔 놓았어요."

아우디는 자동차를 구성하는 알루미늄 프레임을 주목해 이 분야에 대한 투자를 아끼지 않았다는 게 카페레 교수의 설명이다. 그 결과 선도 기업을 앞지르는 최고의 프레임을 만드는 데 성공했다는 것이다. 디자이너를 끊임없이 발굴해 프레임의 디자인을 혁신했음도 물론이다. 아우디는 2009년 새롭게 디자인한 로고 디자인에 자신들의 알루미늄 프레임 기술(아우디 스페이스 프레임, ASF)을 상징하는 알루미늄 실버 컬러를 넣을 정도로 알루미늄 프레임에 대한 자부심이 강하다.

이제 한국 기업에 출발은 선택과 집중이다. 최고가 될 수 있는 부분을 선택하고 장기간 투자해야 한다는 뜻이다. 하지만 뭔가 부족한 느낌이다. 최고 품질의 제품을 만들었다고 해서 소비자 마음을 사로잡는다는 보장은 없기 때문이다. 이에 대해 카페레 교수는 "경험(Experience)을 소비자에게 제공하라"는 처방을 내놓았다.

"한국 기업은 가격 경쟁력보다는 소비자에게 경험을 제공해 그들의 욕구(Desire)를 충족시키는 전략적 마케팅을 해야 합니다. 그러기 위해서는 사람들이 선망하는 라이프 스타일을 만들어 주어야 합니다."

잠깐 동안 눈을 감았다. 현대자동차로 어떤 라이프 스타일을 창조할 수 있을 것인가? 품질 대비 가격이 저렴하다는 장점 말고 고객들이 현대자동차를 타서 어떤 욕구를 충족시킬 수 있을까? 답이 나오지 않았다. 어떻게 해야 하는 것일까?

카페레 교수는 "소수의 롤모델(Role Model)을 창조해내는 것이 방법"이라며 "서양에서는 소비자들이 선망하는 스타들을 마케팅에 활용한다"고 설명했다.

도요타의 하이브리드 자동차 '프리우스'를 예로 들어보자. 젊은이들의 우상이며 환경보호론자인 영화배우 리어나도 디캐프리오는 프리우스의 오래된 고객이다. 덕분에 소비자들은 프리우스를 타면서 그들이 선망하는 디캐프리오처럼 '환경을 지킨다'는 자부심을 경험하게 된다.

"소비자들은 그들이 선망하는, 스타들이 사용하는 자동차 등 물건에 집착합니다. 그런 물건을 사용하게 되면서 스타들, 다시 말해 롤 모델처럼 되고 싶다는 선망과 욕구가 충족되는 것이죠."

카페레 교수는 "(디캐프리오 같은) 어느 스타가 만약 '나는 나의 현대자동차를 사랑한다'고 한마디만 한다면 그 파급효과는 기대 이상일 것"이라며 "한국 기업들도 사람들이 선망하는 라이프 스타일을 브랜드에 입히려면 유명인을 활용하라"고 주문했다. "이를 통해 소비자들이 원하는 삶이나 그들이 특별하게 느끼는 삶이 바로 '브랜드'를 통해 완성된다는 이야기와 욕구를 기업 브랜드에 담아내야 한다"고 카페레 교수는 강조했다.

하지만 그는 이 특별함은 과거의 '특권의식'과는 다르다고 경고했다. 카페레 교수는 "지금의 프리미엄이란 극소수의 사람들을 위한 것이 아니다"며 "사람들이 알지도 못하고 느끼지도 못하는, 즉 '도를 넘어선' 질을 달성할 필요가 없다"고 말했다. 합리적인 가격에 많은 사람들에게 사랑을 받으며 사지 않고는 못 배기게 만드는 브랜드 제품을 만들라는 뜻이다. 이 같은 주문을 충족시키는 대표적인 제품이 애플의 아이폰과 아이패드 등이다. 한국 기업이 나아갈 '뉴 프리미엄 브랜드 전략'의 방향이기도 하다.

그는 "질을 무조건 높이거나 가격을 천정부지로 올리기보다는 세계 시장의 흐름을 잘 파악하고 그에 따른 알맞은 질과 가격을 통해 승부하는 것이 한국 기업이 순조롭게 제2의 브랜드 도약 단계를 맞이하는 방법"이라고 조언했다.

한편 카페레 교수는 한국 기업의 성장에 대해 극찬을 아끼지 않았다.

"20년 전으로 되돌아가 보자. 지구 반대쪽에서 누가 삼성과 LG의 제품을 사고 싶어 했을까? 하지만 지금은 이들을 모르는 사람을 찾기 힘들 정도다."

그는 "저가 브랜드, 후발주자로 시작한 기업 중 한국 기업만큼 성공적으로 브랜드를 성장시킨 경우는 드물다"며 "이 경험이 이들 기업에는 굉장히 큰 자산"이라고 말했다. 또한 보통의 기업은 주로 기술적인 부분에만 투자를 쏟아붓는 데 반해 한국 기업들은 기술적인 측면과 감성적인 측면(디자인) 두 부분을 고루 발전시켰다는 것이 강점이라고 설명했다.

Who he is

장 노엘 카페레 교수는 럭셔리 업계와 브랜드 마케팅 분야 최고 권위자다. 1949년 파리 출생으로 프랑스 유명 경영대학 HEC(Hautes Etudes Commerciales)에서 MBA를 마치고 미국 노스웨스턴대 박사 학위를 받았다. 그는 노스웨스턴대에서 교수로 활동하다 현재는 HEC 경영대 교수를 맡고 있다. 《럭셔리 전략》, 《전략적 브랜드경영》 등 커뮤니케이션 및 브랜드경영 관련 저서를 10권 출판했고, 국제 학술지에 100편 이상 논문을 게재했다. 카페레 교수는 한국 기업들의 브랜드 카운슬러뿐 아니라 서울 럭셔리 비즈니스 인스티튜트(SLBI) 초빙 교수로 한국과 인연이 깊다.

Chapter 3

마케팅 효자 소셜 네트워크 서비스

140글자의 위력에 주시하라

'칼라 보카 갈바오(Cala boca Galvao).'

당신은 이 어구가 무엇을 의미하는지 이해할 수 있는가? 이 어구가 《아라비안나이트》 속 알 수 없는 주문처럼 보이는 것은 사실 미국인들에게도 마찬가지다. 그런데 뜻도 모르는 이 어구가 2010년 6월 북미 구글 사이트에서 가장 많이 검색된 단어로 꼽혔다. 누군가 이 어구가 '멸종위기의 새인 갈바오를 구하자'라는 뜻의 포르투갈어라는 글을 자신의 트위터에 올리며 이 캠페인에 동참해달라고 호소하고 난 직후부터였다. 이 소식은 트위터와 페이스북, 유투브 등 소셜 미디어를 통해 빠르게 전 세계에 퍼졌다.

사실 이 단어는 포르투갈 어로 'Shut up Galvao(갈바오, 조용히 해)'라는 뜻이다. 브라질의 월드컵 중계아나운서 '갈바오'에 대한 비판적인 시각을 가지고 있는 브라질 네티즌들이 소셜미디어 상에서 그에 대한 불만을 표시하기 위해 똘똘 뭉쳐 만들어낸 해프닝이다.

이 황당한 사건은 갈바오에게만 일어날 수 있는 일이 아니다. 소셜미디어 상에서는 누구나 갈바오가 될 수 있다. 한국 기업도 예외는 아니다. 해독조차 힘든 말이 천 리를 넘어 만 리를 갈 수도 있는 위험하지만 기회가 가득한 소셜미디어의 세계가 한국의 기업들 앞에도 펼쳐지고 있기 때문이다.

일주일 만에 읽을 수도 없는 단어를 포털 검색어 순위 1위에 올려놓을 만한 적극적이고 힘있는 소비자가 넘쳐나는 곳. 하지만 손을 써볼 새도 없이 순식간에 전 세계에 이슈가 퍼질 수도 있는 곳이 바로 소셜미디어다. 힘있는 소비자들은 기업의 좋은 이야깃거리들을 기꺼이 전달해가며 '스타'를 만들기도 하지만 마음에 들지 않는 부분은 무섭게 다그치며 태풍을 불러오기도 한다. 이들의 힘은 당신에게 힘을 줄 수도 있지만 역시 독이 될 수도 있다.

소셜미디어가 '두려운 존재'로 느껴지는가? 하지만 이는 한국 기업이 직면한 거대한 트렌드이자 현실이다. 소셜미디어라는 거대한 바다 속에서 펼쳐지는 마케팅 전쟁은 더 이상 피할 수 있는 것이 아니라 겪어야 하는 것이다.

'할까, 말까' 고민하는 사이 고수들은 이미 대어를 낚는다

스웨덴의 세계적인 가구브랜드 이케아(IKEA)는 2009년 가을 스웨덴에 위치한 말모(Malmo) 지역에 새로운 매장을 열었다. 이들이 매장 런칭과 함께 진행한 것은 소셜 네트워크 서비스인 페이스북(Facebook)에 매니저의 이름으로 계정을 개설하는 것이었다.

페이스북 사진 앨범에 2주간 총 12장의 매장 사진을 올려놓고 이벤트를 펼친다. 사진에 있는 이케아 제품에 처음으로 태그(꼬리표)를 다는 사람에게 그 제품을 무료로 보내주는 이벤트였다. 사람들은 행동하기 시작했다. 사진을 퍼다 나르고 주변인들에게 이벤트 관련 소식을 알렸다. 사진은 이벤트 소식과 함께 수천 또는 수만 페이스북 사용자에게 전달됐다. 이케아 측은 "마케팅에 큰 비용을 들이지 않았지만 '애초에 존재하는 공간'인 페이스북에서 '누구나 알고 있는 기능'인 포토태깅(사진에 꼬리표를 다는 기능)을 통해 소통을 할 수 있는 수많은 소비자들을 얻었다"고 자평했다.

SNS마케팅의 '모범생'은 이케아뿐만이 아니다. 2008년 헐리우드 스타 데미 무어는 화장품 브랜드 헬레나 루빈스타인과 손을 잡고 '원티드(Wanted)'라는 이름의 향수를 출시했다. 향수 홍보를 위해 데미 무어가 선택한 수단 역시 소셜미디어다. 그녀는 자신의 트위터를 통

해 누리꾼들에게 '원티드'라는 향수의 의미에 맞춰 "당신이 원하는 것(Wanting)이 무엇인지 비디오를 만들어달라"고 요청했다.

데미 무어의 트위터 팔로어는 200여 만 명. 여기에 전 세계에서 가장 많은 팔로어 숫자 (400만 명)를 보유하고 있는 그녀의 남편 애쉬튼 커쳐도 홍보를 돕기 위해 나섰다. 이들과 트위터 상에서 관계를 맺고 있는 600만 명의 네티즌은 이들의 글과 동영상을 통해 향수의 존재에 관심을 가지게 됐고, 상당수의 네티즌은 이들이 내건 이벤트를 위해 동영상을 만들어 유투브에 올리며 자발적으로 향수의 존재를 알렸다.

이미 발 빠른 글로벌 기업들 중 상당수는 소셜미디어를 새로운 마케팅 수단으로 주목하고 있다. 실제 〈포춘〉이 선정한 글로벌 100대 기업 중 79%는 하나 이상의 소셜미디어를 보유하고 있으며 20%는 주요 SNS라고 볼 수 있는 페이스북·유투브·트위터·블로그를 모두 사용하고 있다는 조사 결과도 발표됐다.[69]

펩시는 2010년부터 23년 동안 매년 참가하던 미국 미식축구대회 수퍼볼에 광고를 내지 않기로 결정했다. 수퍼볼 광고에 투자하던 2,000만 달러의 광고비는 소셜미디어 캠페인에 쏟아부었다. 개인 혹은 비영리단체가 소셜미디어를 통해 자신의 아이디어를 홍보하면 2010년 1년간 매달 투표를 진행해 선정된 팀에게 후원금을 전달하는 방식이다. 펩시가 이런 결정을 내린 이유는 소통과 대화를 원하는 새로운 고객들의 기대에 부응하기 위해서다. 이들에게 다가서기 위한 가장 효율적인 공간이 소셜미디어라는 것이다.

그렇다면 한국의 현실은 어떨까? 한국에서도 SNS가 새로운 소통 수단으로 각광받고 있지만 아직 한국기업이 소셜미디어를 활용하는 경우는 16%에 불과하다. KT, 삼성 등 몇몇 대기업을 제외하고는 현재 소셜미디어를 사용하고 있는 기업들 중 상당수가 '유행을 쫓는다'는 생각으로만 활용한다는 지적을 받고 있다. 접근이 쉽다는 이유로 '값싸고 손쉬운 마케팅 수단'으로 치부하며 단순하게 광고글만 반복해 올리는 경우도 상당수다. 방법론에 대해 고민해 보지 않았기 때문이다.

하지만 전문가들은 한국 기업들이 '유행 따라 너도나도 건드려보는 SNS마케팅'이라는 생각에서 하루 빨리 벗어나야 한다고 지적한다. 이제 SNS마케팅에 대해 단순히 '할까, 하지 말까' 하며 고민하던 시기는 지났다. 가이드라인을 만들고, 공부하며, 전략적으로 접근해 어떻게 '잘 준비된 SNS마케팅을 해야 하나'에 대해 생각해야 한다. 소셜미디어의 바다에는 누구나 들어갈 수 있다. 그러나 대어(大漁)를 잡는 사람은 낚시하는 법을 아는 고수들 뿐이라는 것을 기억해야 한다.

한국에서는 '한국식' SNS마케팅을 하라

아좋당, 강남고대당, 솔로당….

다소 가벼운 이름을 봐도 알겠지만 이 당은 여의도에 새로 생긴 정치 모임은 아니다. 이 당에 가입된 이들의 활동처는 트위터다. 가끔은 시간이 되고 마음이 맞는 사람들끼리 모여 '번개'를 하기도 한다. 아좋당은 아메리카노 커피를 좋아하는 사람들의 모임, 강남고대당은 강남에 거주하는 고려대 동문들의 모임, 솔로당은 현재 애인이 없는 청춘 남녀들의 모임이다. 이 '당'들은 한국의 트위터 사용자들이 자체적으로 만들어 낸 일종의 동호회다. 해외에는 없는 독특한 한국의 트위터 문화다.

'뭉치면 살고 흩어지면 죽는다'는 한국인 특유의 끈끈함은 한국만의 독특한 소셜 네트워크 문화를 만들어 가고 있다. 이런 독특한 국내 SNS문화는 마케팅을 시도하려는 기업에게 약이 되기도, 독이 되기도 한다. 이 때문에 전문가들은 기업이 SNS마케팅을 진행하기 위해서는 먼저 국내 SNS문화에 대한 철저한 이해가 필요하다고 조언한다.

:: 당? 맞팔? '주고받아야' 직성이 풀린다: 정서적 유대감을 활용하라

트위터를 이용하다 보면 '당'만큼 독특한 한국 트위터 사용자들만의 단어를 찾을 수 있다. 바로 '맞팔'이다. 트위터에서 관심 있는 사람을 등록해 그 사람의 글을 공유하는 것을 팔로우(Follow)라고 하는데, 맞팔은 서로가 서로를 팔로우하는 경우를 말한다. 제일기획 커뮤니케이션 연구소의 박경연 연구원은 "해외에서는 누군가가 내 트위터를 몇 명이나 팔로우했는지 즉, 나를 따르는 팔로어(Follower)가 몇 명인지에 관심을 기울이지 않지만, 우리나라 사용자들은 독특하게 서로가 서로를 팔로우하는 경우, 즉 맞팔이 얼마나 되는지에 주목한다"고 말했다.

션 가렛 트위터 부사장이 트위터를 정보를 전달하는 네트워크, 즉 '인포메이션 네트워크'라고 정의한 것에 빗대어 설명하면 트위터의 속성은 '정보'와 '네트워크'로 나눌 수 있는데, 이때 해외 사용자들은 '정보'에 보다 초점을, 한국 사용자들은 '네트워크'에 더 무게를 둔다는 것이다. 맞팔, 또는 당이라는 단어에서 보듯 한국의 SNS를 공략하려는 기업들은 공감대를 조성할 수 있는 사람들과의 모임과 관계형성을 중시하는 한국 SNS 사용자들과의 정서적인 유대감 조성에 보다 관심을 기울여야 한다. 함께 정보를 공유하는 모임(당)을 직접 만들어 모임을 유도하거나 '맞팔'을 통한 이벤트를 진행하는 것도 한국형 트위터 마케팅의 방법이다.

:: 토론보다는 일방적인 댓글이 익숙하다: 끈기를 가져라

한국 인터넷사용자들의 고질병인 '악플(악성 댓글)'은 소셜 네트워크 문화에서도 바이러스처럼 끊임없이 퍼진다. 김치영 이노션 인터렉티브팀 팀장은 "해외의 인터넷 사용자들이 글을 적고 토론을 하는 문화를 가지고 있다면 우리나라는 아직 이것은 싫다는 식의 일방적 댓글 문화를 벗어나지 못하고 있다"고 말했다. 특정 상품에 대한 마케팅 관련 글이 블로그나 트위터 같은 소셜미디어에 올라올 때 "써 봤는데 좋아요"라는 글보다는 "안 좋다"는 글을 더 많이 올리는 경우가 특히 많다는 것이다.

현대자동차는 내수차와 수출차의 강판 두께가 다르다는 일반 사람들의 편견을 극복하기 위해 자동차를 직접 잘라 두께를 잰 뒤 이를 트위터와 페이스북, 유투브 등에 올리려는 계획을 세우고 있다. 하지만 오해를 풀 수 있는 가장 좋은 방법임에도 부정적인 시각을 가진 사람들이 '또 사기다'라는 식의 글을 올린다면 큰 파장이 일어날 수 있다. 김 팀장은 "이럴 경우 최소 몇 개월간의 풍파를 거치고 일방적인 비난 역시 감수해야 한다"며 "진실이 밝혀지고 이에 대한 효과를 보는 데까지 기업이 끈기를 가지고 감수하려는 자세를 가지는 게 중요하다"고 말했다.

:: '정보'도 좋지만 '정(情)'이 더 좋다: 1 대 1로 접근하라

한국인의 '정(情)'은 소셜 네트워크에서도 그대로 통한다. 댓글 문화의 영향으로 실수를 매섭게 질책하기도 하지만 한편으로는 한없이 너그럽게 용서해주기도 하는 게 한국 SNS사용자들이다. KT가 처음 소셜 네트워크 서비스에 발을 들여놓았을 때 네티즌은 답변 속도에 끊임없이 불만을 제기했다. 하지만 어느 날부터인가 답변이 새벽에도 올라오고 있다는 것을 알아챈 뒤 사람들의 마음은 변하기 시작했다. 관리자가 밤새 정보를 검색하고 솔루션을 제공한다는 것에 호감을 가지게 된 것이다.

박경연 제일기획 연구원은 "어느 날부터인가 사람들은 KT 트위터에 답변이 늦었는데도 불구하고 불만이 아닌 '밤새 혼자 힘드셨겠다'는 식의 위로와 격려의 글을 올리기 시작하더라"라며 "해외 기업 트위터나 페이스북에서는 절대 볼 수 없는 일"이라고 말했다. 해외의 사용자들이 기업의 SNS 내에 담긴 글을 보며 기업 그 자체에만 주목한다면 한국의 사용자들은 기업뿐 아니라 SNS담당자라는 한 사람에게까지 마음을 쓴다는 설명이다.

박 연구원은 "소셜미디어가 굉장히 개인적인 매체이기도 하지만 한국인들은 특히 '정(情)'에 이끌리는 부분이 강하다"며 "소셜 네트워크에서 접근할 때도 사람 대 사람의 입장에서, 1 대 1로 소통한다는 느낌을 어필하는 게 중요하다"고 강조했다. 하지만 지나친 휴머니티(Humanity)로 인해 정보 전달과 기업 브랜드 이미지 제고라는 본연의 목적을 망각하는 태도는 금물이다.

2010년 남아공 월드컵 현장을 방문한 KT트위터 운영자는 말을 한 번 잘못 했다가 네티즌들에 된통 당했다. '팔로어 수가 목표치를 달성하지 않으면 원정 리포팅을 중단하고 바로 귀국하겠다'는 반 장난스러운 취지의 말에 네티즌들은 "기업 트위터를 팔로우하는 것은 감성적인 부분에서 친밀감을 느끼려는 부분도 있겠지만 그만큼 관련 정보의 실시간적 습득도 있다고 봅니다. 사실 남아공에 계시면서 실시간 상황 트윗에는 별 관심이 없다고 냉정히 말하고 싶네요" 등의 따끔한 충고를 남겼다.

기업들에 있어 인터넷은 통제 불능이다. 기사든 루머든 한 번 인터넷이라는 바다에 띄워지면 관심이 있는 사람들을 통해 끊임없이 퍼져나간다. 트위터 등 마이크로블로그까지 확산되고 있는 최근의 소셜미디어는 이런 인터넷의 파급력에 모터를 달았다. 인터넷이나 SNS 사용이 컴퓨터뿐 아니라 휴대폰에서도 가능해지고 사용법도 단순해지면서 기업의 작은 실수부터 이슈, 루머까지 입소문보다 더 빠르게 퍼지는 '손소문'시대가 열렸다.

소셜미디어를 통해 열린 새로운 세상은 기업들에게도 새로운 기회를 준다. 소셜미디어를 통해 적극적인 소비자들을 만나고 이들과 소통하는 것은 이제 기업에 선택이 아닌 '필수'다. 하지만 섣부른 접근은 금물이다. 디지털 마케팅 전문가 바니 로니스 오길비원 아시아 태평양 대표는 "언제든 자신의 의견을 말하고 알리는 소셜미디어 속 소비자들에게 접근하기 위해서는 철저한 준비작업이 필요하다"고 조언한다. 이슈를 생산해내는 '힘있는 소비자'들이 모여 있는 거대한 사회 속에서 기업은 어떻게 그들의 이야기를 전해야 할까?"

안 하는 것보다는 하는 게 낫다

바니 로니스 대표는 기업들이 소셜미디어 상에서 범하는 가장 큰 오류를 "괜히 소셜미디어 (SNS)에 접근했다가 잘못된 이야기가 끝도 없이 퍼질까 전정긍긍하는 것"이라고 말했다. 하지만 그는 소셜미디어의 파급력에 대한 부정적인 생각은 버리라고 단호히 충고한다.

Q. 소셜미디어의 전파력은 엄청납니다. 하지만 기업에 득이 되지 않는 일종의 '배드 뉴스 (Bad news)'도 쉽게 퍼지지 않을까요?

"맞습니다. 기업들이 우려하는 것도 바로 그것입니다. 그래서 SNS에 접근하기를 두려워하는 기업도 많습니다. 나쁜 이야기가 퍼질까봐 이슈가 터져도 섣불리 접근하지 못하는 경우도 있고 요. 하지만 기업들은 전전긍긍하다 결국엔 '아무것도 하지 않는 것'이 가장 큰 타격을 가져다 준 다는 사실을 알아야 합니다."

Q. 나쁜 이슈를 기업이 먼저 꺼내들었다가 괜히 '긁어 부스럼'만 만드는 건 아닐까요?

"아닙니다. 영국 석유기업인 BP의 입장에서 생각해 봅시다. 멕시코만에서 2010년 4월 세계 2위 석유회사 BP의 석유시추시설이 폭발해 엄청난 양의 기름이 유출됐죠. 이후 전 세계의 원 망을 사고 있고요. 이런 BP에게는 두 가지 선택이 있습니다. 아무것도 하지 않고 사태가 잠잠 해지길 기다리거나 어떤 이야기라도 앞에 나서서 하는 거죠. BP에게 이 시점에서 옳은 선택은 비난을 감수하고 대화를 시도하는 것입니다. 뒤에서 사람들이 나쁜 이야기를 하고 있을 때, 이 를 풀어보려는 시도조차 하지 않았다는 사실이 그들에게는 더 큰 화살로 돌아올 수 있기 때문 입니다."

로니스 대표는 소비자들이 과거에 브랜드를 인지할 때는 그들이 화장한 모습(Cosmetic), 즉 포 장되고 꾸며진 모습을 보기를 원했지만, 이제 기업의 '생얼(민낯)'을 보기 원한다고 강조했다. 이 들은 기업의 정직성을 최고의 가치로 삼고 이들의 목소리를 직접 듣고 싶어 한다. 이들에게 '무반 응'은 '정직하지 못함', '무언가 감추려 함'이라는 뜻으로 해석된다는 게 로니스 대표의 설명이다.

파티장에서 보험을 팔 수는 없다. 타깃층을 바르게 설정하라

"페이스북과 트위터를 디너파티장이라고 가정합시다. 여기는 자유롭게 칵테일을 한 잔 기울 이며 즐거운 이야기를 하는 곳이지요. 파티장에서 만난 한 무리의 사람들이 새로운 패션 트렌드 에 대해 이야기를 나누고 있는데 누군가가 갑자기 보험을 판다면 어떻게 될까요? 사람들은 뿔 뿔이 흩어지고 파티장의 분위기는 망가지겠죠."

파티장에서 보험을 팔 수는 없다. 엄숙한 분위기의 회의장에서 갑자기 휴가에 대한 이야기를 꺼낼 수도 없다. 소셜미디어에서도 마찬가지다. 파티든 회의장이든 소셜미디어라는 공간의 호스트는 기업이 아니다. 기업은 '분위기'를 파악해야 한다. 그리고 분위기에 맞춰 행동해야 한다.

Q. 무작정 뛰어들면 본전도 못 찾는다는 뜻이군요.

"그렇습니다. 기업과 마케터들이 인터넷에서 마케팅 활동을 펼칠 때 쉽게 간과하는 부분은 '전략 수립'입니다. 특히 지금 진행하고 있는 일련의 활동이 과연 적절한지에 대한 고민이 필요하죠. SNS 안에서 소비자들과 직접적인 대화를 하는 게 어떤 경우에는 옳은 방법일 수 있습니다. 하지만 상황에 따라 자제해야 할 수도 있어요."

Q. 소셜미디어 활동을 '안 하는 것보다 하는 게 낫다'고 한 말과 상충되는데요.

"이건 다른 차원의 문제입니다. 우리가 마케팅을 한다는 말을 주로 소비자를 대상으로 생각하기 때문에 발생하는 오류지요. 트위터와 페이스북 등 SNS 채널은 최종소비자만 만날 수 있는 곳이 아닙니다. 보험회사를 예를 들어 설명하자면, 보험회사가 SNS를 통해 소통해야 할 상대는 소비자 외에도 직원, 주주, 경쟁사, 언론 등 다양하죠. 이들 중 누구와 소통할 것인지를 분명히 해야 한다는 것입니다. 주주나 언론은 SNS를 통해 이벤트거리가 아닌 정보를 듣기 원합니다. 이들에게는 트위터를 통해 짤막하고 확실한 정보를 전달할 수 있어요. 소비자와 이야기를 하려면 딱딱한 회사 이야기보다는 그들에게 도움이 되는 생활 정보를 통해 접근해야겠지요. 생각보다 소통해야 할 이해관계자(Stakeholder)는 많다는 사실을 꼭 기억해야 합니다."

소셜미디어 마케팅이 온라인 마케팅이라는 생각은 편견이다

"루이비통은 온라인 쇼핑몰에 콜센터를 도입했어요. 원클릭으로 주문이 가능한데 굳이 추가 비용을 들여 콜센터를 도입할 필요가 있을까요? 보통은 '너무 구식이야'라고 생각할 수 있겠지요. 하지만 이들의 전략은 대성공이었습니다. 기업 사이트를 통해 주문을 한 고객에게 콜센터 직원이 일일이 전화를 해 감사하다는 인사와 함께 제품이 잘 도착했는지, 불편함은 없었는지에 대해서 물었을 때 소비자들은 '나를 챙겨주고 있구나'라는 안정감을 느끼게 됐죠. 자연스레 쇼핑몰 고객은 늘어났습니다."

로니스 대표는 루이비통 온라인 쇼핑몰의 고객들이 콜센터의 직원들의 목소리를 통해 보다 '풍성한 경험(Rich Experience)'을 했다는 느낌을 받는다고 이야기 한다. 소셜미디어는 기업과 소비자 간의 거리를 줄였지만 사실상 디지털이 갖는 차가움을 완전히 해소할 수 없다. 소비자는 콜센터 직원의 목소리를 통해 보다 인간적임을 느끼게 된다는 뜻이다.

Q. 온·오프라인의 조화가 일종의 시너지를 일으켰다는 말이군요

"그렇죠. 아직도 사람들은 '휴머니티(Humanity)'를 꿈꿉니다. 그리고 보호받고 싶어 하지요. 호텔 체인인 스타우드(Starwood)는 SNS만 전문으로 담당하는 직원 6명을 고용했어요. 이들은 불만을 토로하는 고객들에게 소셜미디어에서 일일이 댓글을 달고 또 직접 연락해 진심어린 사과를 전달했습니다. 불만이 있던 소비자들은 투숙이 끝난 후에도 호텔로부터 정중한 대접을 받고 있다고 생각했고, 이런 느낌을 다시 페이스북이나 트위터를 통해 사람들에게 알렸습니다. 궁극적으로는 긍정적인 효과를 가져 오게 된 거죠."

Q. 더이상 SNS마케팅은 온라인에서만의 마케팅이 아니군요.

"맞습니다. SNS마케팅을 온라인에서만 진행하려고 하면 안 됩니다. SNS에서 소비자들이나 네티즌이 직접 이야기를 나눌 수 있도록 기업은 이야깃거리를 만들어내야 합니다. 삼성전자는 유럽에 3D 텔레비전을 런칭하면서 2010년 5월 네덜란드 암스테르담에서 영상쇼를 진행했습니다. 이를 지켜본 사람들은 자발적으로 유투브, 트위터, 페이스북 등에 촬영한 영상과 사진을 올렸어요. 암스테르담이라는 제한된 공간에서 행사지만 디지털 매체에 사람들이 이 영상을 올리며 전 세계 네티즌들의 주목을 받았지요. 기업이 오프라인에서 콘텐츠를 만들어 내면 소비자들은 이를 온라인에서 재생산합니다."

삼성전자는 영상쇼가 진행되고 40여 일 만에 120국가 5,000만 명의 사람에게 이 행사가 노출된 것으로 분석하고 있다.

Q. 네티즌이 콘텐츠를 가공하고 재생산할 수 있는 공간을 만들어 주는 것도 방법이겠네요.

"아웃도어 회사 노스페이스가 중국에서 진행한 이벤트가 대표적인 사례입니다. 빠른 산업화를 겪은 중국의 국민들은 도시화된 삶을 최고로 여깁니다. 술을 먹거나 영화를 보거나 인터넷을 하는 도시형 여가를 즐기기 때문에 레포츠라는 개념은 이들에게 깊게 인식되지 않았어요. 그래서 노스페이스는 체험 캠페인을 시작했습니다. 산 정상에 오르면 꽂는 깃발에서 착안한 가상 깃발(Virtual Flag)을 개발해 중국의 모바일 유저들이 자기가 방문한 곳에 깃발을 꽂을 수 있는 가상 공간을 만들었지요. 총 18일 동안 중국 전역에 65만 1,000여 개의 깃발이 꽂혔습니다. 이 캠페인 후 노스페이스의 세일즈는 2배 가까이(106%) 성장했습니다.

Q. 소셜미디어에도 소셜 에티켓이 있다

"SNS는 이미 하나의 사회에요. 그렇다면 이곳의 '룰'을 따라야 합니다. 최소한의 예의는 지켜야 한다는 거죠."

여럿이 토론을 하는 공간에서 다른 사람의 의견을 듣지 않은 채로 끊임없이 자신의 주장만 반복한다면 어떨까? 혹은 레스토랑에서 불만을 토로하는 손님에게 주인이 "우리 레스토랑이 마음에 안 든다면 앞으로 오지 마세요"라고 대꾸한다면? 사실 현실에서 이런 일이 일어나는 경우는 드물다. 현실사회에는 오랜 세월 많은 사람들이 서로 부딪히며 만들어낸 예절, 즉 에티켓이 존재하기 때문이다. 사람과 사람이 만나는 공간에는 에티켓이 필요하다. 소셜미디어도 예외는 아니다. 대화를 먼저 시작하려면 이 에티켓을 지켜야 한다는 게 로니스 대표의 조언이다.

Q. 소셜미디어의 에티켓은 현실과 차이가 있나요?

"소셜미디어로 소비자는 보다 강력해졌지요. 이들은 기업과 브랜드가 보다 투명해지기를 원합니다. 또 '인간적인 면모'도 느끼길 원하죠. 여기서 말하는 인간적인 면모는 정직함과 뜻을 같이 합니다. 소비자가 기업에게 가치나 추구하는 바를 직접 물어봤을 때, 솔직하게 대답을 하는 것. 우선은 그것이 첫 번째입니다."

Q. 화법도 중요할 듯합니다.

"문자와 문자로 이야기가 전달되기 때문에 면 대 면으로 대화하는 것보다 더 정중한 화법을 구사해야지요. 물론 이메일을 통한 답변이었지만 아이폰4 수신율 불량에 대해 의견을 제기했던 한 소비자에게 애플의 CEO 스티브 잡스는 '네가 전화기를 잡는 방식에 문제가 있다. 방식을 바꿔라'라고 답변을 보냈죠. 실제 말이 오간 것이라면 말투나 표정에 따라 다른 의도로 전달될 수 있겠지만 단순한 문자로 전달되는 글에서는 '네가 잘 해, 이 바보야'라고 읽힐 가능성이 더 높지요."

Q. 소셜미디어에서 가장 중요한 에티켓이 정중한 화법 구사인가요?

"아니요. 불쾌한 화법보다 더 나쁜 건 '시간관념'입니다. '인간적이지만 느린 답변'은 상대방에게 더한 불쾌감을 줄 수 있습니다. 답변은 48시간 안에 해야 합니다. 즉각적이지 못한 대답으로 인해 대화가 지연되는 것은 소셜 네트워크에서 가장 예의 없는 행동이니까요."

인터뷰 막바지에 그는 "확산 속도가 빠르다는 소셜미디어의 특성을 '속도가 빠르니 당장 마케팅 효과가 드러날 것'이라고 착각하지 말라"며 우려 섞인 경고를 남겼다. "과거에 광고 매체 전략을 세울 때는 월간·계간에 맞춰 광고를 투입하고 바로 효과를 측정했죠. 하지만 이제는 아닙니다. 소셜미디어는 즉각적인 효과를 보여주지 않아요. 오랜 기간 사용자들과 소통하고 신뢰를 쌓으면 그때서야 효과가 조금씩 드러나는 것입니다. 이제는 생각 자체를 바꿔야 하는 것이지요."

Who He is

바니 로니스 대표는 20여 년간 모바일을 포함, 디지털 분야를 두루 경험한 디지털 마케팅 전문가다. 영국계 마케팅회사 이지스의 아시아·태평양 부문 총괄을 거쳐 현재는 세계적인 마케팅 기업 오길비 그룹 내 디지털 전문가 그룹 오길비원 아시아·태평양 대표를 역임하고 있다. 노스페이스, IBM, 삼성 등 다양한 글로벌 기업들의 성공적인 소셜미디어 관련 캠페인을 진행한 경험이 있다.

Part 6

전략: 100년 기업은 어떻게 나오나

우리가 꿈꾸는 장수 기업은 '나이는 많지만 누구보다 힘이 넘치는' 그런 기업이다

'생존(Survival)'은 기업이 존재하는 이유다. 오래오래 살아남는 기업은 나라 경제의 버팀목이자 살아있는 역사가 된다. 이 책은 마지막으로 기업인들의 영원한 목표, '장수 기업'들을 살펴보고 그들만이 가진 장수 비결이 무엇인지 생각해본다. 첫머리부터 다뤄온 여러 가지 주제도 결국 '어떻게 해야 기업과 그 구성원들이 건강히 오래 살아남을까'에 대한 다양한 풀이와 해법들이었다. 그런데 여기서 아주 중요한 포인트가 있다.

우리가 꿈꾸는 장수 기업은 '나이는 많지만 누구보다 힘이 넘치는' 그런 기업이다. 애초에 기업은 사람과 달리 중병에 걸려 비틀거리면서 오랜 세월 명맥만 잇는 것은 어렵다. 하지만 역시 사람과 달리 아무리 연혁이 오래 되었더라도 말 그대로 조직이 젊고 활기찰 수도 있다.

안타깝게도 우리나라 기업들은 갈수록 평균 수명이 줄어들고 있다. 현재 한국거래소에 등록된 기업들의 평균 수명은 10세가 조금 넘는다. 100년 이상 된 기업은 두산 등 세 곳에 불과하다. 반면 일본에는 100년이 넘은 기업이 5만 개에 달한다.

2008년 글로벌 경제위기 이후 기업들은 더 큰 도전을 받게 됐다. 국내외 거시경제와 산업 전반에 수많은 변수가 등장해 예상치 못한 악재로 작용하는 경우가 많아졌기 때문이다. 기업의 '살아남기'는 이제 상징적인 목표가 아닌 매우 현실적인 당면과제가 돼가고 있다. 죽느냐, 사느냐, 그것이 '핫이슈'인 시장이 펼쳐진 것이다.

이런 상황에서 Chapter 1은 우선적으로 '신성장동력' 찾기에 혈안이 된 기업들의 현주소를 살펴본다. 2010년 5월 '5대 신수종 사업'을 선정해 발표한 삼성그룹이 대표적인 케이스다. 공교롭게도 최근 국내외 기업들의 신성장동력은 태양전지, 헬쓰케어 등 겹치는 부분이 많다. 과연 누가 남보다 나은 경쟁력을 가지고 승자가 될 수 있을 것인가? 과연 누가 '기존의 규칙을 깨뜨려' 시장의 흐름을 내 것으로 만들 것인가?

혁신의 대가 콘스탄티노스 마르키데스 런던비즈니스스쿨 교수가 삼성의 태양전지 사업의 비전을 조목조목 분석한다.

Chapter 2에서 밝혀 낸 '장수 기업의 DNA'는 크게 세 가지로 압축된다. 한 우물 파기, 끊임없는 변신, 건전한 재무상태 등이 그 특성들이다. 한 우물 파기와 변신은 언뜻 서로 상충된 개념처럼 보인다. 하지만 이들 기업에는 같은 업종을 고수하되 그 안에서 개발과 혁신의 고삐를 늦추지 않았거나, 시장에 적응해 끊임없이 변신하면서도 창업할 때 가졌던 초심과 철학을 꾸준히 지켰다는 묘한 접점이 분명히 존재한다. 1,500여 년간 건설업을 고집하고 있는 일본의 곤고구미와 친환경 재생 에너지그룹으로 거듭난 미국의 제너럴일렉트릭(GE)이 각각의 좋은 예다.

기업이 사람과 꼭 같은 점도 하나 있다. 움직이지 않으면 쇠한다는 것. 시장의 치열한 경쟁 속에 매순간 새로운 성공모델을 만들어 가는 기업이 바로 미래의 장수 기업이다.

기업의 생존전략을 논할 때 Chapter 3의 주제인 인수·합병(M&A)도 빼놓을 수 없다. 특히 M&A는 2011년 이후 아시아 등 이머징 시장을 중심으로 활발히 진행될 것으로 예상된다. 미래 M&A의 성공은 '상호 윈-윈(Win-Win)'이라는 마인드와 치밀하게 짜인 '합병 후 통합(PMI)'과정에 달려있다. 최고경영자(CEO) 못지않게 최고재무책임자(CFO)의 역할이 중요해졌다는 점도 주목할 만하다. 하지만 글로벌 M&A 전문가들은 무엇보다 이 점을 강조한다.

"제발 가격 경쟁에 눈이 멀어 무리한 돈을 퍼붓지 마라."

우리나라 기업들이 반드시 가슴에 새길 말이다.

Chapter 4의 이사회 이슈는 기업의 투명성·신뢰와 직결된다는 점에서 '건강하게 오래살고 싶은' 기업들에게 던지는 메시지가 의미심장하다. 우리나라도 외환위기 이후 기업지배구조 개선 차원에서 사외이사 제도를 의무화했지만 상당수가 기업현장경험이 없거나 CEO의 비위를 맞추기에 급급한 경우가 많았다. 이사회는 사교클럽이나 퇴직 후 몇몇 직종을 위해 만들어진 안전지대가 아니다. 특히 글로벌 금융위기 이후 선진국에서도 이사회의 참 역할을 촉구하는 목소리가 높다. 제도의 문제가 아니라 어떤 사람들이 모여 어떻게 일하는지가 핵심이라는 이야기다. 이사회는 풍부한 정보와 지식을 바탕으로 경영진의 전략이 옳은지 그른지 따져내야 한다. 객관적인 관찰과 날카로운 조언으로 수렁으로 가려는 기업을 건져낼 수 있는 조직이 바로 위대한 이사회다.

Chapter 1

새로운 성장엔진을 찾아라

신수종 사업 성공에는 특별한 조건이 있다

2000년대 들어 미래 성장동력이 될 신수종 사업 찾기가 글로벌 차원에서 화두다. 한국 대표기업 삼성도 2010년 5월 자동차용 전지와 태양전지·LED·바이오제약 등 5개 신수종 사업을 선정했다고 발표했다.[70] 묘한 점은 국내외 글로벌 기업의 신사업과 내용이 매우 겹친다는 것. 소니는 자동차용 전지, 파나소닉은 태양전지가 신수종 사업이다. LG도 자동차용 전지와 태양전지·LED 등이 성장동력이다. GE는 의료기기 등 헬스케어 분야에 60억 달러를 투자하겠단다.

이런 치열한 신사업 전쟁에서 모두가 승리할 수 없다는 것은 자명하다. 특히 이미 틀이 잡혀 있는 시장에 뛰어들면 실패 확률이 85%라는 게 런던비즈니스스쿨의 연구 결과다. 삼성도 자동차 산업에 뛰어들어 실패를 맛본 쓰라린 경험이 있다. 콘스탄티노스 마르키데스 영국 런던 비즈니스스쿨 교수는 〈매일경제〉와 인터뷰에서 "모두가 태양전지 사업을 원하지만 필요한 역량을 갖춘 소수만이 승리할 것"이라고 밝히기도 했다.

그렇다고 해서 기존 사업에 남아 있으라는 뜻은 아니다. 신사업으로 성공을 거둔 기업을 찾는 것도 그렇게 어렵지 않다. 1900년대 초 대형 소매 체인 사업에 뛰어든 JC페니에서부터 1960년대 복사기 사업에 진출한 캐논, 1970년대 계산기 사업을 시작한 텍사스 인스트루먼트, 2000년대 스마트폰으로 대박을 터뜨린 애플까지 많은 기업이 신사업에서 크게 성공했다.

그렇다면 이 대목에서 질문은 한 가지로 요약된다. 기업은 어떤 조건을 충족해야 신수종 사업에 성공할 수 있을까 하는 질문 말이다.

초과 역량·자산 있어야

신사업에 성공하려면 특별한 조건이 필요하다. 첫째 조건으로 마르키데스 교수는 "기존 사업의 역량·자산을 신사업에 활용해 고유의 시너지를 만들어내야 한다"는 조건을 제시한다. 특히 기존 사업에서 온전하게 활용되지 않은 '초과 자산(Excess Asset)'이 있어야 한다는 게 마르키데스 교수의 설명이다.[71]

"소니처럼 가전제품을 더 소형으로 만드는 기술을 보유하고 있다고 합시다. 그렇다면 라디오를 더 작게 만들 수 있고, 텔레비전도 더 작게 만들 수 있으며, MP3플레이어도, 컴퓨터도 더 작게 만들 수 있을 거예요. 이런 역량을 텔레비전 사업에만 쓰고 있다면 자산을 온전히 활용한 게 아닌 셈이죠. 소니처럼 다양한 가전제품 분야에서 신사업을 시작할 수 있는 것이지요."

애플의 성공도 "전자 제품을 더 아름답고 사용자 친화적(User Friendly)인 방법으로 만들 수 있는 애플 특유의 초과 자산·역량을 활용했기 때문"이라는 게 마르키데스의 설명이다.

"애플은 처음에 컴퓨터를 아름답고 사용자 친화적으로 만들어내는 데 뛰어났어요. 이런 능력을 컴퓨터에만 한정시킨다면 역시 자산을 온전하게 활용하지 못하는 것이죠. 애플이 아이팟 같은 MP3플레이어, 아이폰 등의 휴대폰 사업으로 사업을 넓혀 나간 이유인 것이죠."

결국 초과 자산이란 기존 사업뿐만 아니라 다른 사업에도 충분히 활용할 수 있는 역량을 뜻한다. 이 같은 초과 자산을 비싼 값에 팔 수 없다면 신사업 진출을 고려하라는 게 마르키데스 교수의 충고다.

규칙 파괴자의 전략 세워야

그러나 '초과자산 활용'이라는 첫 번째 조건을 충족했다고 해서 신사업에 성공하는 것은 아니다. 태양전지 시장에 뛰어든 수많은 기업들 가운데 유독 삼성전자만이 첫 번째 조건을 충족했을 리는 없다. 다른 경쟁기업도 기존 사업의 초과자산을 활용해 신시장에 뛰어든다. 따라서 경쟁자들을 이길 수 있는 특별한 전략이 필요하다. 마르키데스 교수는 〈매일경제〉 와의 인터뷰에서 "게임의 규칙을 깨뜨려 경쟁자와 다른 게임을 하라"며 '규칙 파괴자(Rule Breaker)'가 될 것을 제안했다. 경쟁자의 전략을 낡고 무의미하게 만들기 위해서다.

그렇다면 어떻게 해야 게임의 규칙을 깰 수 있을까? 마르키데스 교수는 자신의 저서 《게임의 규칙을 바꾸는 전략(Game-Changing Strategies)》에서 구체적인 방향을 제시하고 있다. 그는 기존 시장의 게임 규칙을 바꾸는 새로운 비즈니스 모델(Game-changing business model)을 만들기 위해서는 사업·고객·상품을 재정의하고 긍정적인 위기를 만들라고 조언한다.[72] 마르키데스 교수의 조언에 들어맞는 사례를 찾아보았다.

:: 사업을 재정의하라

세계를 주름잡는 캐나다의 서커스단 '시리크 뒤 솔레이유'는 사양산업인 서커스를 재정의해 엄청난 수익을 올리고 있다.

시리크 뒤 솔레이유는 일반인들이 따라하기 힘든 묘기 또는 광대들의 우스꽝스러운 놀이 등으로 해석됐던 서커스에 연극과 뮤지컬 요소를 도입했다. 주제가 있는 이야기와 예술적 음악을 서커스의 일부로 흡수한 것이다. 이 같은 새로운 공연은 서커스를 싫어했던 관객마저 끌어들이며 전 세계에서 커다란 인기를 모으고 있다.

:: 고객을 재정의하라

애플이 아이폰을 내놓기 전만 해도 스마트폰 고객은 주로 비즈니스맨이었다. 아이폰 이전에 스마트폰의 대명사였던 RIM의 블랙베리가 그랬다. 그러나 애플에게 스마트폰 고객은 일반 휴대폰 소비자였다. 애플은 기존 시장에서 고객의 정의를 깨뜨렸다.

:: 제품을 재정의하라

스위스 시계 회사 '스와치'는 기존 중저가 시계의 정의를 깨뜨리면서 스위스 시계의 르네상스를 가져왔다. 1970년대 들어 세이코 등 일본 시계 회사의 공격 앞에서 스위스 시계 회사들은 속수무책으로 시장을 내주었다. 그러나 1980년대 들어 스와치는 '재미있는 브랜드(Fun Brand)'를 기치로 세계 시계 시장에서 돌풍을 일으켰다. 기존 중저가 시계는 정확한 시간을 알려주는 기능성 제품으로 정의됐지만, 스와치에게 시계는 가격은 저렴하지만 스타일이 우수한 '패션 제품'으로 정의됐다.

:: 긍정적 위기를 만들어라

게임의 기존 규칙을 깨뜨리려면 상품, 고객, 시장의 정의를 어떻게 깨뜨릴 수 있는지 끊임없이 질문을 던져야 한다. 그러나 현실에 안주하고픈 게 인간의 속성. 따라서 최고 경영자는 직원들을 긴장시켜 게임의 규칙을 깨뜨리는 데 적극 나서도록 독려해야 한다. 이를 위해 직원들에게 '긍정적인 위기(Positve Crisis)'를 조성할 필요가 있다는 게 마르키데스 교수의 주장이다.

이건희 삼성 회장은 5대 신수종 사업 발표 두 달 전에 "지금이 진짜 위기다. 글로벌 일류 기업들이 무너지고 있다. 삼성도 언제 어떻게 될지 모른다. 앞으로 10년 안에 삼성을 대표하는 사업과 제품은 사라질 것이다. 다시 시작해야 한다. 머뭇거릴 시간이 없다. 앞만 보고 가자"며 직원들에게 위기의식을 불어넣은 것도 같은 맥락으로 풀이할 수 있다.[73] 신사업 성공의 필요성을 직원들 마음에 심어주는 효과가 있었다.

:: 두 가지 조건 충족 못했다면 신사업 말라

초과 자산 활용과 규칙파괴자의 전략은 신사업 성공을 위한 필수적인 조건이라고 할 수 있다. 이 같은 특별한 조건을 충족할 수 없다면 그냥 기존 사업에 집중하는 게 현명하다.

짐 로저스 로저스홀딩스 회장 말대로 '계란을 한 바구니에 담고 제대로 관찰하는 전략'을 쓰는 게 나을 것이다. 그의 말은 무분별한 다각화를 경계하는 말이다. 자동차회사가 건설업에 뛰어들려고 하는 한국에서는 귀담아 들을 얘기다. 다음은 짐 로저스의 말이다.[74]

"헨리 포드는 절대 신사업을 하지 않았다. 빌 게이츠도 그러지 않았다. 부자들은 자신들의 계란을 한 바구니에 넣고 조심스럽게 관찰한다. 바구니를 제대로 선택했는지 항상 확인한다. 다각화를 하면 망할 수가 있다. 지난 3년간 사업을 다각화한 누구에게나 물어봐라. 그들은 돈을 잃었다."

용어설명

신수종(新樹種)

새로운 종류의 나무라는 뜻이다. 따라서 신수종 사업은 기업이 미래에 새롭게 육성해나갈 신사업을 뜻한다. 기존 사업을 유지하면서 미래 주력사업을 찾는 것이기 때문에 사업 다각화의 한 유형으로 볼 수 있다.

신수종 찾기 7단계 로드맵-삼성의 태양전지 사업에 적용해 보니

신수종 사업을 찾는 방법은 여러 가지다. 외길이 있는 것은 아니다. 본서는 콘스탄티노스 마르키데스 런던비즈니스스쿨 교수와 아닐 카나니 미국 미시간대 교수 등의 방법론을 활용해 '신수종 사업 찾기 로드맵'을 제시한다. 이 로드맵에 대해 마르키데스 교수도 "좋다"고 평가했다. 다만 마르키데스 교수는 "한 가지 문제를 여러 각도로 보려는 노력을 멈추지 말라"고 주문했다. 당연한 얘기다. 신수종 사업은 기업이 사활을 걸 정도로 중요한 문제니까 말이다. 매경이 고안한 로드맵을 삼성의 태양전지 사업 진출에 적용해 보았다.

:: 1단계: 기존 사업의 초과자산 · 핵심역량 확인

삼성전자는 반도체 사업의 초과자산과 핵심역량을 활용해 태양전지 사업에 진출하려고

한다. 당연히 삼성 반도체 사업의 초과자산과 핵심 역량을 구체적으로 확인해야 한다. 불량률을 낮추는 수율 관리 능력, 연구개발 결과물을 대량생산으로 재빨리 연결하는 시간 관리능력, 생산공정 기술의 우수성 등이 삼성 반도체 사업의 핵심역량이다. 또 이 같은 역량이 마르키데스 교수가 말하는 초과자산에 해당되는지 분석해야 한다.

:: 2단계: 신사업에 필요한 역량 확인

태양전지 사업에 필요한 역량과 자산을 확인해야 한다. 태양전지 사업도 반도체처럼 수율 관리 능력, 우수한 생산공정 기술 등도 필요하지만 태양전지의 에너지 효율을 높이는 기술도 매우 중요하다. 현재 태양전지의 낮은 효율로는 석유·석탄 등 화석 에너지와 경쟁이 불가능하기 때문이다.

:: 3단계: 핵심역량 · 초과자산 이전 가능성 확인

기존 사업의 핵심역량과 초과자산을 신사업에 활용할 수 있는지 확인하는 단계다. 반도체 사업의 생산공정 기술과 수율관리 능력, 시간관리능력 등의 역량과 자산을 태양전지 사업에 이전할 수 있을지는 확인해야 한다.

이를 위해서는 먼저 두 산업의 차이점을 분석해야 한다. 태양전지는 반도체 사업에 비해 원재료가 차지하는 원가 비중이 크고 원재료 공급 업체의 영향력도 강력하다. 또 태양전지 시장은 반도체 시장보다 경쟁 업체의 수가 많고 진입장벽도 낮은 편이다. 이처럼 시장 특성이 다른데도 삼성 반도체의 핵심역량이 태양전지 사업으로 효과적으로 이전돼 활용될 수 있는지를 확인해야 한다.

또 삼성의 기존 핵심역량과 자산이 여러 가지 다양한 요소가 결합돼 만들어졌다면 신사업으로의 이전이 생각보다 어려울 수가 있다. 삼성의 기존 핵심역량이 생산직 직원들의 높은 숙련도와 연구개발 능력, 경영진의 판단력 등이 유기적으로 결합돼 만들어졌다면, 이를 한꺼번에 신사업에 이전하기란 어렵기 때문이다. 여러 가지 요소를 분리해 신사업으로 옮겨서 다시 결합하는 과정에서 어려움을 겪을 수 있다.

그러나 아닐 카나니 미시간대 교수는 〈매일경제〉와 인터뷰에서 "삼성의 기존 사업과 태양전지는 시너지가 있어 보인다"며 기존 핵심역량의 활용 가능성을 긍정적으로 내다봤다.

:: 4단계: 부족한 역량을 확인 · 확보

신사업에는 꼭 필요한 역량이지만 기존 사업에 없는 역량을 확인하고 확보하는 방안을 찾는 단계다. 태양전지가 화석에너지와 경쟁하려면 에너지 효율을 획기적으로 높여야 한다. 그러나 에너지 효율 기술을 삼성이 현재 확보했다고 보기는 어렵다. 따라서 삼성은 에너지 효율 기술을 확보한 기업과 전략적 제휴를 맺거나 인수·합병을 시도할 필요가 있다.

:: 5단계: 장기 성장성 확인

신사업에서 장기적으로 돈을 벌 수 있는지 확인해야 한다. 현재 태양전지는 정부 보조금에 의존하고 있다. 아직 석유와 경쟁할 단계에 이르지 못했기 때문이다. 향후 경제위기가 심화돼 각국이 정부 보조금을 대폭 삭감할 경우, 장기 성장성이 훼손될 수 있다.

:: 6단계: 게임의 규칙을 바꾸는 전략 수립

이미 시장을 선점한 경쟁자들과 다른 전략을 사용해 게임의 규칙을 바꾸라는 이야기다. 이를 통해 경쟁자들의 전략을 낡고 쓸모없게 만들어야 한다.

:: 7단계: 다양한 시각 적용

1~6단계 분석을 수행해 긍정적인 결과를 얻었다고 해서 곧바로 신수종 사업 진출을 결정하는 것은 성급할 수도 있다. 다양한 시각을 적용해 신수종 사업 진출 여부를 검토해야 한다. 글로벌 경제 상황, 국내 정치·사회적 여건 등이 신사업의 발목을 잡을 수도 있기 때문이다. 그 같은 충분한 검토 과정을 거쳤다면 최고 경영자의 결단을 통해 신사업에 진출하게 된다.

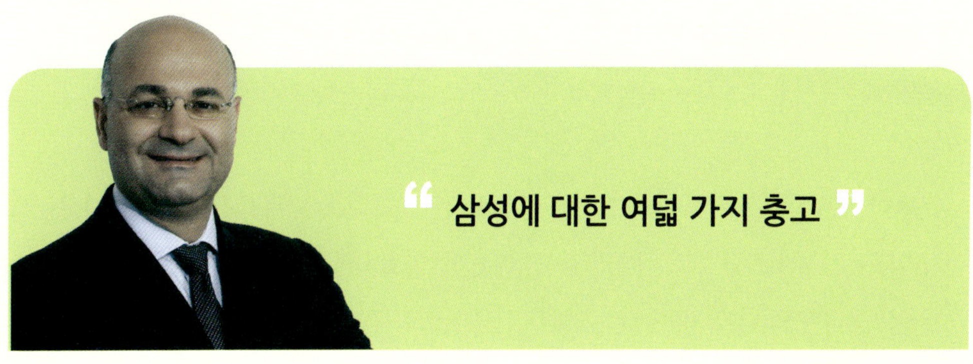

한국 대표 기업을 꼽으라고 한다면 모두가 삼성을 떠올릴 것이다. 그만큼 한국 경제에서 차지하는 위상이 엄청나다. 이 같은 삼성이 2010년 5월 태양전지와 바이오제약 등 5대 신수종 사업을 선정했으며 2020년까지 23조 원을 투자하겠다고 밝혔다. 삼성의 위상을 감안할 때 삼성이 신수종 사업에 성공하느냐, 실패하느냐에 따라 한국 경제의 미래는 크게 달라질 수 있다.

그렇다면 이처럼 중요한 이슈에 대해 세계적인 경영 구루(Guru, 스승)는 어떤 생각을 갖고 있을까?

세계 50대 경영사상가 중 한 명으로 꼽히는 콘스탄티노스 마르키데스 런던비즈니스스쿨 교수에게 이메일을 보내 한국 기업의 신수종 사업 전략에 대해 의견을 물었다. 마르키데스 교수는 한국 경제에서 가장 큰 몫을 차지하는 삼성의 5대 신수종 사업에 대한 생각을 거침없이 밝혔다.

1. 5대 사업에 동시 진출은 금물

런던 비즈니스스쿨의 전략·국제경영 학과장이기도 한 마르키데스 교수는 "삼성은 5개 신수종 사업에 동시에 진입하지 말라"고 강조했다. 그는 이메일로 보내온 자신의 대답에 일부러 느낌표를 찍을 정도로 생각이 확고했다. 대부분의 기업이 신수종 사업 진출에 실패하는데, 삼성이 한꺼번에 5개 신사업을 동시에 시작하는 것은 무리라는 뜻이다. 대신 마르키데스 교수는 "한 가지 시장을 선택해 전략을 세워서 진출하되 인내심을 갖고 전략을 실천하라"고 충고했다.

2. 바이오·태양전지 시장의 기존 규칙을 파괴해야

그렇다면 어떤 전략으로 신사업을 시작해야 할까? 앞서 밝혔듯이 마르키데스 교수는 기존 시장의 게임 규칙을 깨뜨리는 규칙 파괴자(Rule Breaker)의 전략을 삼성이 활용해야 한다고 말한다.

애플 아이폰은 기존 시장의 규칙을 깨뜨린 대표적인 사례다. 아이폰 이전의 휴대폰 시장은 통신사업자가 장악하고 있었다. 애플리케이션(이하 앱) 개발자들은 통신사업자가 원하는 앱만을 개발해야 했다. 그러나 아이폰은 앱 개발자가 자유롭게 개발한 앱을 소비자에게 팔 수 있도록 '앱 스토어'라는 장터를 만들었다. 아이폰은 소비자들이 통신사업자의 통제에서 벗어나 원하는 앱을 자유롭게 다운로드받아 이용하면서 폭발적인 인기를 끌었다. 덕분에 애플은 단숨에 노키아 등 기존 시장 지배자들을 공포에 떨게 만들었다. 비결은 애플이 게임의 규칙을 바꿔 놓았기 때문이다.

삼성도 바이오제약 시장에 진출해 성공하기 위해서는 기존 바이오 시장의 게임을 파괴하는 전략이 필요하다. 자동차용 전지와 태양전지·LED 시장에서도 마찬가지다.

3. 인내심을 가지고 최소 10년은 투자해야

그러나 아이폰처럼 단기간에 성공을 거두기란 매우 어렵다. 마르키데스 교수는 삼성에게 벤처 기업에 맞먹는 인내심을 강조한다.

"벤처 기업이 적자에서 벗어나는 데 평균 10년이 걸린다는 사실을 우리는 잘 알고 있어요. 삼성이 5개 신사업 각각에서 적어도 10년은 인내하고 기다릴 용의가 있는지, 그 기간 동안 투입할 돈과 시간, 관심 등의 자원을 보유하고 있는지 묻고 싶군요."

삼성의 계획은 마르키데스 교수의 기준보다는 다소 조급해 보인다. 마르키데스 교수가 '인내의 시기'로 잡은 10년 내 가시적인 성과를 올릴 계획이기 때문이다. 삼성은 2020년 매출 목표를 태양전지 10조 원, 자동차용 전지 10조 2,000억 원, 의료기기 10조 원, LED 8조 6,000억 원, 바이오제약 1조 8,000억 원 등으로 잡고 있다.

4. 반도체 사업의 역량 · 자산 활용해야

앞서 밝혔듯이 기존 사업의 자산·역량을 신사업에 활용할 수 있느냐 하는 것도 마르키데스 교수의 강조점 가운데 하나다. 마르키데스 교수는 "(삼성의 신수종 사업은) 반도체 등 기존사업과 연관돼 보인다"면서도 "그러나 연관성만으로는 부족하며 기존사업의 역량을 신사업에서 쓸 수 있느냐에 성공 여부가 달려 있다"고 지적했다. 예를 들어 태양전지는 반도체 등과 생산 공정이 겹치기 때문에 삼성의 기존 반도체 생산 역량을 활용할 수 있을 것 같다.

그러나 눈에 보이는 연관성만으로 신사업에 뛰어드는 것은 위험하다. 콘티넨탈 등 미국 대형 항공사들이 저가 항공 시장에 뛰어들어 실패한 것도 그래서였다. 대형 항공사들은 저가 항공 시장도 승객을 비행기로 실어 나른다는 점에서 기존 시장과 차이가 없는 만큼 기존 역량을 활용할 수 있을 것으로 생각했다. 그러나 가치 창출 과정이 기존 시장과 전혀 달랐기 때문에 기존 역량을 활용할 수 없었다.

5. 모방이 어려운 고유의 자산 활용해야

초과 자산·역량이 있다고 해서 반드시 신사업 진출이 정당화되지는 않는다. 마르키데스 교수는 "기업이 신사업에 활용할 수 있는 자산·역량은 고유(Unique)의 것이야 한다"고 강조한다. 다른 기업이 쉽게 모방할 수 있는 자산·역량이라면 가치가 반감되기 때문이다. 따라서 삼성이 태양전지 등 5대 신사업에 활용할 초과 자산·역량은 경쟁 기업이 쉽게 흉내 낼 수 없는 것이라야 한다.

삼성의 최신 스마트폰 '갤럭시S'는 애플 아이폰만큼 아름답고 사용자 친화적이라는 평가를 받는다. 이런 평가가 옳다면 삼성은 애플의 신사업을 가능하게 한 초과 자산·역량을 1~2년이라는 짧은 시기에 모방하는 데 성공한 셈이다. 모방이 쉬운 자산·역량을 활용해 신사업에 진출할 경우, 금방 다수의 경쟁자에 포위된다.

6. 고유의 시너지 창출해야

신사업에 기존 자산을 활용할 수 있다면 신사업과 기존사업에서 시너지를 낼 수 있다. 빈손으

로 신사업을 시작하는 경우보다 성공 가능성이 높기 때문이다. 기존 역량을 활용해 신사업에서
새로운 역량을 창조할 수도 있다. 게다가 신사업으로 기존 역량이 더욱 발전되면 기존 사업도
더욱 성장할 수 있다. 이 때문에 아닐 카나니 미국 미시간대 교수 등 많은 전문가들은 "시너지가
있다면 신사업 진출을 정당화할 수 있다"고 말한다.

그러나 마르키데스 교수는 "시너지만으로는 불충분하다"며 "기존 사업과 신사업 사이에 고유
의(Unique) 시너지가 있어야 한다"고 말한다. 기업 고유의 시너지가 아니라면 경쟁 기업도 쉽게
그 같은 시너지를 흉내 내어 만들어낼 수 있기 때문이다.

7. 다각화의 한계 인식해야

그러나 이 대목에서 한 가지 의문점이 든다. 마르키데스 교수의 논리라면 기업은 관련성이 높
은 사업만을 신수종 사업으로 선정해야 할 것만 같다.

그러나 현실에서 일부 기업은 전혀 관련 없어 보이는 여러 사업에서 동시에 큰 성공을 거두기
도 한다. 영국의 버진그룹은 통신, 엔터테인먼트, 항공, 스포츠, 미디어, 철도, 스포츠, 헬스케어
등 여러 사업에서 성공했다. 도대체 버진그룹의 초과자산(핵심역량)은 무엇일까?

"철학과 문화입니다. 버진은 기존 사업의 철학과 문화를 신사업으로 옮겨 심습니다. 그들의
철학·문화는 '버진'이라는 브랜드에 체화돼 있어요. (유럽의 저가 항공사인) 이지젯도 마찬가지
에요. 이지젯도 항공부터 크루즈, 버스, 인터넷 카페까지 다양한 사업을 수행하죠."

그러나 전혀 다른 업종에서 일하는 사람들이 한 브랜드 아래에서 같은 문화와 철학을 갖고 일
한다는 것은 매우 어려운 일이다. 그래서 마르키데스 교수도 "문화와 철학을 자산으로 신사업에
진출하는 것은 매우 어려워 대부분의 회사가 실패하고 말 것"이라고 경고했다. 버진그룹을 흉내
내지 않는 게 좋겠다는 뜻이다.

그러나 많은 한국 기업들은 관련 없어 보이는 여러 사업을 벌이고 있다. 삼성도 이미 LCD·반
도체·TV·화학·중공업 등 제조업은 물론이고, 증권·보험·카드 등 금융업까지 진출해 있다. 여기에
5가지 신수종 사업까지 포함하면 삼성의 사업영역은 열 손가락으로 헤기도 힘들다.

삼성 등 한국 기업은 이미 지나치게 다각화돼 있는 만큼 신수종 사업 진출을 위해 기존 사업

일부를 포기해야 하는 것은 아닐까? 마르키데스 교수는 "전적으로 경영진이 얼마나 관심과 시간을 쏟을 수 있느냐에 달린 문제"라고 말했다.

"만약 (이건희 회장 같은) 최고 지위에 있는 경영자가 개별 사업의 최고 경영자(CEO)에게 큰 재량권을 준다면 여러 다양한 사업을 모니터하고 평가할 수 있을 것입니다. 그러나 최고 지위에 있는 경영자가 쏟을 수 있는 시간과 자원에는 분명한 한계가 있습니다."

마르키데스 교수는 "여러 사업을 모니터하기 어렵다고 판단한다면 신수종 사업 진출 전에 기존 사업 일부를 매각할 필요가 있다"고 결론지었다.

8. 기존 사업의 성장 기회 놓치지 말아야

기존 사업에서 엄청난 성장 기회가 있는데도 이를 놓치고 신사업을 찾는 경우를 종종 볼 수 있다. 이에 대해 마르키데스 교수는 "기업은 항상 '남의 떡이 커 보인다(The grass is greener on the other side)'고 생각하기 때문"이라고 설명한다.

"항상 기업은 기존 사업에 공을 들이기보다는 새로운 사업에서 돈을 버는 게 더 쉽다고 생각합니다. 그래서 너무나 빨리 기존 사업에서 벗어나 새로운 시장으로 진출하려고 들죠."

삼성과 LG의 휴대폰 사업도 예외는 아니다. 삼성은 2007년에도 7대 신수종 사업을 선정하는 등 오래 전부터 신수종 사업에 공을 들여왔고 LG도 마찬가지였다. 그러나 등잔 밑이 어둡다고 했던가? 스마트폰의 잠재력을 깨닫지 못해 휴대폰 사업의 신참인 애플에게 시장의 상당 부분을 내주고 말았다. 신수종 사업 이전에 기존 사업을 제대로 챙기는 지혜가 필요하다.

Who he is

콘스탄티노스 마르키데스 런던비즈니스스쿨 교수(전략·국제경영 학과장)는 지중해 동부에 있는 섬나라인 키프로스에서 태어났다. 미국 보스턴대에서 경제학 학사와 석사를, 미국 하버드대에서 경영학 석사와 박사 학위를 받았다. MIT 〈슬론매니지먼트 리뷰〉를 비롯한 주요 경영 저널의 편집위원이기도 하다.

다각화된 기업의 경영을 비롯해 혁신과 창조성을 활용해 기업의 전략적 돌파구를 마련하는 데 관심이 많다. 2005년에 펴낸 《재빠른 2등(Fast Second)》은 〈파이낸셜타임즈〉의 '골드만 삭스 2005년 경영도서'에 선정되기도 했다. 2008년에는 《게임의 규칙을 바꾸는 전략(Game-Changing Strategy)》이라는 책을 펴냈다. 지금은 《파괴적 기업을 파괴하기: 파괴적 비즈니스 모델에 대항해 반격하기》라는 책을 집필 중이다.

Chapter 2

장수 기업의 DNA

한국인이 가지고 있는 장수 DNA, 기업도 가지고 있나요

80세.

2010년 세계 보건기구(WHO)가 발표한 '세계보건통계 2010'에서 나타난 한국인의 기대 수명이다. 8년 전보다 4살이 더 늘어났으며 세계에서 가장 높은 수준을 자랑한다.

10.4세.

거래소에서 파악하고 있는 2006년 한국 기업의 평균 수명이다. 2000년 기업의 나이는 12.7세. 6년 만에 2.3세가 줄었다.

과학 기술이 발달함에 따라 인간의 평균 수명은 늘어나지만 기업의 평균 수명은 계속 줄고 있다. 기업의 평균 수명은 30년이라는 일반적인 연구 결과에 한참 못 미친다. 한국은 장수 국가 반열에 오른 지 오래지만 '한국 기업=단명'이라는 공식은 세월이 지날수록 벗어나기 힘든 굴레가 되고 있다.

생명 연장이 모든 인류의 꿈이듯 기업의 장수는 모든 기업인들의 목표다. 또한 기업의 죽음은 기업가 개인뿐 아니라 사회 전체에 손실을 가져다 준다. 그래서 많은 이들은 기업의 장수를 바란다. 협력업체와 주주·종업원을 포함한 많은 사회 구성원들이 기업에 관여해 있기 때문이다.

기업은 살아남아야 한다. 100년, 1,000년 살아남아 국가와 사회에 든든한 기둥이 되어야 한다. 단, 단순히 살아남기만 해서도 안 된다. 나이는 많아도 누구보다 젊어야 한다. 하루가 멀다 하고 기업이 생기고 사라지는 사회지만 묵묵히 새로운 역사를 만들어 내고 있는 기업은 전 세계에 포진해 있다. 200년이 넘은 기업도 5,000여 개가 넘는다. 가까운 나라 일본에는 100년 이상이 넘은 기업이 5만 개에 달한다는 조사 결과도 있다.

한편 한국 최고 장수 기업의 역사는 114년(두산)에 불과하다. 100년 넘은 기업도 두산, 동화약품공업, 신한은행 세 곳에 불과하다.

이제 대한민국 기업들도 이들에게 2% 부족했던 '장수 DNA'를 기업 곳곳에 심어야 한다. 핵심 이념은 유지한 채 변신에도 두려워하지 않는 이들의 보이지 않는 힘을 찾아 지체 없이 수용해야 한다.

살아남아라, 이들처럼

'Built to Last.' [75)

경영학자 짐 콜린스의 베스트셀러《성공하는 기업의 8가지 습관》의 원제인 이 짧은 문장의 뜻은 '기업의 영속성'이다. 살아남는 것. 이는 기업의 존재 이유이기도 하다. 즉, 기업은 '끝까지(Last) 살아남기 위해' 만들어졌다(Built)는 것이다. 기업의 지속 성장은 기업가의 꿈이자 모든 기업의 지향점이다.

하지만 이렇듯 기업의 1차적 목표가 '생존'이라고 해도 사실 오래 살아남는 기업은 흔하지 않다. 기업의 평균 수명은 30년에 불과하다는 게 통설이다. 대부분의 기업이 30년이 되면 도약과 추락의 갈림길에 서게 된다. 〈포춘〉이 선정한 500대 기업의 평균 수명도 40년 정도다. 기업의 평균수명은 과거에 비해 점점 줄고 있다. 글로벌 컨설팅회사 맥킨지의 분석 결과에 따르면 1930년대 S&P 500대 지수에 등장하는 기업의 평균은 수명은 65년 정도였으나, 2000년 이후에는 지수에 계속 머무는 평균 연수가 10년에 불과하다. 특히 우리나라 기업의 경우는 '단명'의 대표주자다. 대한상의의 조사에 따르면 2005년 말 국내 거래소 상장 기업의 평균 수명은 32.9년, 코스닥 등록 기업의 경우 16.7년에 불과하다. 한국 전체 기업의 평균 수명은 10.4년에 불과하다는 연구 결과도 존재한다.

하지만 기업의 장수는 기업이 초우량 기업으로 성장하기 위한 기초가 된다. 오랜 시간을 버티며 수많은 위험요인들을 극복하는 과정에서 만들어지는 강한 체질과 기업문화는 어느 것과도 바꿀 수 없는 재산이 된다. 세기를 넘어 성장하는 기업을 키우는 게 모든 기업인들의 '꿈'인 이유다.

기업의 평균수명이 점점 줄고 있다고 해도 세상에는 수세기를 넘어 1,000년이 넘는 역사를 지닌 기업도 존재한다. 1,000년이 넘은 기업은 전 세계에 총 10개가 있다. 2,000년이 넘은 기업은 전 세계에 41개국에 5,500여 개가 존재한다. 특히 일본 내에는 100년 이상 된 기업이 5만 개에 달한다. 미국에서 가장 매출이 많은 기업의 70%가 100년에 가까운 역사를 가지고 있는 장수 기업들이다.[76]

수십 개국에 수천 개의 장수 기업이 존재하지만 이들은 크게 두 가지로 나눌 수 있다. '한 우물 기업'과 '변신 기업'이다. 한 우물 기업에는 1,500여 년간 건설업에 몸담은 최고(最古) 기업 곤고구미와 영화 〈007 제임스본드〉와 함께 떠올릴 수 있는 최고급 총기 제작 업체 베레따 등이 있다. 이들은 대부분 소규모 가족 기업으로 시작해 여러 세대가 지난 후에도 가족 기업이라는 타이틀을 놓지 않으며 가문의 전통을 중시한다. 이들은 시대의 변화를 읽고 기술을 꾸준히 개발하지만 '본업을 중시한다'는 기본 개념에도 충실하다. 핵심을 잊지 않고 자신이 정해놓은 분야의 최고가 되기 위해 꾸준히 노력하는 것이다.

반면 '변신 기업'은 시대의 흐름에 맞게 끊임없이 변신을 추구한다. 미국의 장수 기업 GE가 대표적인 변신기업이다. 잭 웰치 전 GE 회장은 "나의 임무는 어떤 사업을 버리고 어떤 사업에 진입해야 하는가를 매일 고민하는 것"이라고 말했다. 이들은 탄탄한 기업 이념과 기업문화를 무기 삼아 두려움 없이 새로운 산업에 도전한다.

한 우물 기업이든, 변신 기업이든 이들에게는 공통점이 있다. '나이는 많지만 늙지 않았다는 것'이다. 이들이 늙지 않을 수 있었던 비결은 무엇일까?

'장수 국가' 일본의 장수 기업을 주목하라

일본에는 핵심 사명을 잊지 않고 꾸준히 분야의 최고가 되기 위해 도전하는 장수 기업들이 존재한다. 이들은 나이가 무색할 만큼 젊고 빠르다. [77]전해동박(Copper Foil) 기술의 최고 권위를 가지고 있는 후쿠다 금속은 1,700년 창업한 장수 기업이다. 후쿠다 금속은 종업원 수 500여 명인 중견기업이지만 300여 년간의 기술 개발을 통해 전 세계 휴대전화에 사용되는 전해동박 점유율 40%를 잡은 대표적인 기업이 됐다.

창업 초기부터 이 회사는 1940년대부터 모두의 관심 밖이었던 전해동박 연구를 시작해 지금에 이르렀다. 일본의 장수 기업을 연구하고 분석한 호세이대의 염동호 연구원은 "핵심 사명을 잊지 않고 끊임없이 도전하는 게 이들의 장수 비결"이라며 "시대의 변화를 읽지만 창업 초기부터 놓지 않았던 핵심 사업 분야를 살려낸 기술 개발을 하는 게 한 우물 기업의 성공 요인"이라고 말했다.

혈족이 이끌어 가는 기업이 가족 기업이라지만 일본의 장수 기업들은 '가족 기업'을 이끌기 위해 새로운 인재를 양자로 영입하는 수고도 아끼지 않았다. 경영자의 자질을 가지고 있는 후계자를 영입하다보니 다나카 귀금속(1885년 창업)의 경우 현재 사장은 다나카 집안과는 전혀 관계가 없다. 도쿄에서 작은 전당포로 시작한 다나카 귀금속은 1g의 순금을 3km까지 늘릴 수 있는 기술을 보유하고 있으며 휴대전화의 진동기능을 최초로 개발하기도 했다.

한국은행은 지난 2008년 발표한 보고서에서 일본 경제가 1980년대의 엔고와 1990년대의 장기 불황에서 벗어날 수 있었던 원동력을 '고유의 기반기술을 살리면서 장기적인 관점에서 연구개발을 지속한 장수 기업'이라고 분석했다.[78] 1907년에 창업한 아사히가라스는 유리 업체로 시작했지만 자사의 고유한 유리제조기술을 IT분야에 응용해 세계를 제패했다. 아사히가라스는 PDP용 유리기판 세계 시장에서 무려 85%의 점유율을 기록하고 있으며 PDP 필터 분야에서도 과반(50%)의 점유율, 플라즈마 디스플레이 패널, 브라운관용 유리밸브에서 각각 65%, 30% 점유율을 차지하고 있다. 이 외에도 자동차용 유리나 건축용 판유리 등 전통적 분야에서도 세계 최고수준의 점유율을 유지한다.

1902년 창업해 먹을 제조하던 구레다케는 먹 기술을 활용해 일반인들이 잘 알고 있는 '붓펜'을 개발했을 뿐 아니라 먹 제조기술의 기초인 카본 기술을 응용해 용설제(눈 제거제), 자동발광 표지 등도 개발해냈다. 구레다케는 카본 기술로 다양한 사업 분야에 진출했지만 여전히 먹 장인의 고용과 양성도 소홀히 하지 않는다.

한국은행은 보고서에서 한 앙케이트의 조사결과를 인용해 "일본 기업들이 장기적 존속이 가능했던 요인은 본업을 중심으로 한 경영과 품질의 유지라는 결과가 나왔다"며 "장수 기업은 시대와 환경 변화에 대응하는 제품을 개발하면서도 창업 이래의 고유기술과 노하우를 축적하고 고수하는 등 본업을 중시했다"고 설명했다.

장수의 비결? '통섭'을 통해 길을 찾다

"나는 생명이라는 건 죽기 위해 태어난 존재가 아니라고 생각해요. 살기 위해 태어나는 거지요. 기업도 마찬가지 아니겠어요? 기업 또한 살기 위해 존재하는 것이라는 것을 느끼고 있어요."(박상철 서울대 의대 교수)

"어떤 사회과학도 그 기반은 자연 과학에 있습니다. 경영학의 기반은 생물학이에요. 인간이 생로병사를 거치듯 기업도 생로병사를 거칩니다. 장수와 관련된 여러 가지 이론과 모델에서 기업에 적용해야 할 부분이 너무나도 많아요."(조동성 서울대 경영대 교수)

한국 '장수 기업의 대가'와 '장수학의 대가'가 만났다. 장수 기업 연구의 대가 조동성 교수는 자신을 '박상철 교수의 공식 대변인'이라고 소개하며 웃었다. 장수학의 대가 박상철 교수는 "장수학을 기업에도 적용해 보자고 먼저 제안한 건 조 교수"라며 자신을 낮춘다.

이들은 지난 2006년 '장수 문화 연대'를 결성했다. 지식의 통합, 즉 통섭(Consilience)을 통해 각자의 학문 영역을 더욱 발전시키자는 취지였다. 이후 3년 반, 둘은 많이 닮아있었다. 박 교수의 입에서 기업에 대한 견해가 나오고, 조 교수의 설명에서도 생물학 이론이 자연스레 흘렀다. 대담 내내 이들은 입을 모아 '응내성(Hormesis)'을 강조했다. 자극을 이겨내는 힘. 외부 자극이 왔을 때 이를 받아들이고 끊임없이 적응시켜 내는 이 응내성이 사람의 장수에도, 기업의 장수에도 가장 큰 역할을 한다는 것이다.

다음은 대담 내용이다.

Q. **'응내성'이 필요하다는 소리는 기업이든 사람에게든 끊임없는 스트레스가 주어져야 한다는 뜻으로 읽힌다. 단순히 평탄한 길을 걸어야 오래 산다는 기존의 생각과 많이 다르다.**

박상철: 응내성은 자극을 받고 그것을 견디면서 생겨나는 것이다. 보통 순탄한 인생을 살아야 장수한다고 생각한다. 하지만 장수를 위해서는 끊임없이 적당한 자극이 있어야 한다. 이게 장수의 기본 요건인 옵티멈 스트레스다. 자극이 많이 오면, 큰 자극이 왔을 때도 살아남을 수 있는 힘이 생긴다. 처음으로 큰 방사능에 노출되면 세포는 죽어버리지만, 조금씩 자극을 주면 자극에 견디는 힘이 생겨 큰 자극을 받아도 살아남을 수 있다. 외부 자극이 오면 내부가 그를 이겨내기 위한 방향으로 변화한다. 기업도 마찬가지다. 신선한 자극이 있어야 한다.

조동성: 경영학의 역사는 생물학에 비해 오래지 않다. 그러나 그 사이에도 많은 변화가 있었다. 특히 1970년대에는 오일쇼크가 엄습해 많은 회사가 무너졌다. 이후 블루오션이라고 해서 경쟁강도가 약한 산업으로 들어가려는 많은 시도도 있었다. 그러나 이 과정에서도 많은 기업이 극복하지 못한 채 쓰러졌다. 이제는 또 초 경쟁의 시대다. 경쟁이 치열하기만 한 게 아니라 선도자의 수명 주기가 짧아진 현상이다. 경영 환경과 전략은 계속 변한다. 적절한 자극을 내외부에서 꾸준히 받은 기업은 이러한 급격한 변화 속에서도 살아남는다. 하지만 대부분의 기업들이 변화와 새로운 전략을 극복해내지 못하고 쓰러진다.

Q. **그렇다면 단순히 장수하는 게 중요한 것만은 아닌 것 같다. 응내성을 가질 수 있도록 체질 개**

선을 해야 한다는 소린데, 이를 위한 방법은 어떤 게 있을 수 있나?

박상철: 물론이다. 병원에서 100년, 200년 사는 게 진정한 장수는 아니다. 젊음을 유지
한 채 오래 살아야 한다. 내가 연구하는 분야에 대한 한 재미있는 예를 들려주
겠다. 세포는 크게 핵과 기질(매트릭스)로 구성된다. 그런데 핵은 그대로 있더
라도 매트릭스를 젊은 세포의 매트릭스로 바꾸면 세포 자체가 젊어져 버린다.
중요한 건 환경이라는 소리다. 환경을 바꾸면 얼마든 세포도 젊어질 수 있다.

조동성: 전적으로 동감한다. 기업에도 실제 나이가 많고 적음을 떠나 '늙은 것처럼 느껴
지는 회사'와 '젊어 보이는 회사'가 있다. 나이가 많다고 느껴지는 회사의 회장
단을 보면 회장단 주변에는 모두 나이 많은 사람뿐이다. 반면 젊은 느낌의 기업
체에 가 보면 젊은 사람과 늙은 사람이 섞여있다. 골프를 치러 갈 때도 마찬가
지다. 나이 많은 사람은 나이 많은 사람끼리, 젊은 사람은 젊은 사람끼리 따로
노는 기업은 늙은 기업이다. 반면 젊은 기업은 모두 어울려 골프를 즐긴다. 매
트릭스가 잘 섞여있다는 거다. 늙은 세포와 마찬가지로 늙은 기업도 순식간에
젊은 기업으로 바꿀 수 있다. 사람들의 배열만 바꾸면 금방 활성화가 된다.

박상철: 나이가 들어서 높은 자리에 있을 필요도 없는 것 아니냐. 나는 기능적 장수라는
말을 많이 쓴다. 모든 기능이 원활하게 돌아간 상태에서 오래 살아야 한다는 말
이다. 핵심은 기능이다. 모든 기능이 원활하게 돌아가야 한다.

조동성: 조직도 충분히 젊어질 수 있다. 윗자리에 나이가 많은 사람들이 몰려있을 필요
가 없다. 연세가 많은 회장의 회장실은 절간처럼 고요하더라. 하지만 요새는 대
기업에서도 CEO들이 50평짜리 개인 사무실을 포기하고 젊은 사람들과 함께
앉아 생각하고 고민하지 않냐.

박상철: 생명의 미학이란 대등주의, 평등주의다. 대등은 서로가 모두 같다는 걸 말하는
게 아니다. 서로 다르지만 각자의 역할이 있다는 것이다. 자기 역할을 인정하고
받아들이는 게 필요하다.

조동성: 대등의 대전제는 커뮤니케이션이 쌍방으로 흘러가는 것을 의미한다. 직급에

관계없이 정보가 자유롭게 흘러야 한다. 그게 젊은 기업이다.

박상철: 그렇다. 사람을 죽게 만드는 대표적인 병은 두 가지다. 하나는 암이고 하나는 심혈관 질환이다. 둘 다 소통 부재로 일어나는 질병이다. 다른 세포와 소통이 안 되고 무리하게 증식해 걸리는 것이 암이다.

Q. 시대가 계속 변한다면 장수 기업에게도 사실 이에 맞는 변신이 중요한 것 아닌가?

조동성: 지금까지 장수 기업은 변신을 안 해도 될 정도로 안정적인 사업을 해왔다. 장수 기업을 연구하다 보면 오래된 기업들은 대부분 의식주에 연관된 사업을 한다. 어느 시대에든 꼭 필요한 분야이기 때문이다. 사실 어디서나 와인 만드는 기업이 제일 오래간다. 와인 제조 기업도 사실 한국말로 하면 술장수 아닌가? 의식주가 아닌 분야는 끊임없이 변화하기 때문에 장수가 어렵다. 하지만 그렇다고 한 우물만 파는 장수 기업만을 연구 과제로 다뤄서는 안 된다. 시대가 변한 만큼 이제는 변신을 하더라도 장수할 수 있는 요건을 찾아야 한다. 그게 장수 기업 연구의 다음 목표다.

박상철: 생물학에는 '혁신'이라는 말이 없다. 점진적으로 환경에 적응해 가는 게 생명의 특성이기 때문이다. 사람이 장수하기 쉬운 가장 좋은 조건이 '한 장소에서 오래 사는 것'이다. 익숙한 환경, 익숙한 주변 인물과 어우러져 사는 게 장수에 큰 역할을 하기 때문이다. 장수를 위해 살던 곳을 버리고 양로원으로 옮기는 건 오히려 장수에 독이 된다. 갑작스러운 환경 변화가 일어나면 신체가 느끼게 되는 후유증이 매우 크다. 가령, 암 수술을 한다거나 이사를 한다든지 하는 경우가 큰 변화다. 하지만 이를 극복해 낼 수 있는 여력을 가진 사람이라면 변화를 겪어도 장수할 수 있다.

조동성: 서울에 사는 장수인들에게는 이웃이 없기 때문에 편안히 생활할 수 있는 경제력이 필요하듯, 그런 '변신을 견딜 수 있을 만한 조건'이 기업에도 갖춰져야 한다.

박상철: 수술대에 올라서기 전에 이 수술을 견딜 수 있는지 여력을 평가하듯 기업도 여력 없이 변신하면 망한다.

Q. 변신의 시기는 언제가 좋을까?

박상철: 세포에도 수명이 있다. 태어나고 역할을 다 하면 늙어 죽는다. 나는 세포의 매트릭스, 즉 기질을 변화시켜 세포를 다시 젊게 만드는 연구를 한다. 그런데 이 매트릭스를 변화시키는 시기가 매우 중요하다. 너무 어린 세포의 매트릭스에 변화를 주면 세포가 완숙하지 못해 기질 변화를 받아들이지 못한다. 반대로 죽기 일보 직전에 매트릭스를 바꾸면 무리수가 있다.

조동성 : 박 교수님 말대로 기업 역시 3쿼터를 찾아내는 게 중요하다. 마지막 쿼터는 너무 늦다. 또 두 번째 쿼터는 지나치게 이르다. 충분히 완숙한 시기에 도전을 해야 시행착오가 없다.

Q. 건강한 장수와 건강한 장수 기업이 되기 위해 제시해줄 별도의 행동 강령이 있나?

박상철: 항상 나는 '하자, 주자, 배우자'를 강조한다. 생명은 움직이는 것이기 때문이다. 혼자 움직이는 게 아니라 세상과 환경 그리고 주변인과 어우러져 움직여야 한다. 생명이라는 단어가 가진 중요한 단어는 존엄성이다. 적응력의 캐퍼시티는 사람마다 다르다. 기업도 마찬가지일 것이다. 자신을 파악하고 심하게 벗어나는 일, 지나친 일은 해서는 안 된다. 산 다는 것에만 그치지 않고 삶의 의미와 보람을 가져야 한다.

조동성: 법적으로 따질 때 사람과 기업은 모두 다 인(人)이다. 자연인과 법인으로 나뉘기 때문이다. 하지만 천부인권이라는 말처럼 사람의 권리가 하늘에서 나온다면 기업의 인권은 상법에 근거해 나온다. 기업은 사회가 만든 것이다. 그게 사람과 기업의 차이다. 과거에 헐리우드 영화 아이로봇을 보면 로봇들이 자기들의 세상을 만들겠다며 독립을 요구한다. 하지만 이들의 독립을 사람들이 지켜

봐야 할 이유는 없다. 사회가 필요해서 만든 것이지 혼자 살려고 만든 게 아니기 때문이다. 박 교수님의 말과도 어느 부분 일맥상통하는 것 같은데 기업도 필요에 의해 만들어진 것이다. 혼자 살려는 사회에 무색무취한 기업은 없애야 한다. 많은 장수 기업도 그렇다. 장수 기업을 연구하다 보면 공통적으로 주변에서 하는 말이 '그 회사는 법 없이도 살 회사'라고 한다. 본인의 회사에 엄격하지만 주변에도 베풀기 때문에 그런 말이 나올 수 있다. 사회적 책임을 보다 적극적으로 해석하고 능동적으로 실천하는 기업만이 의미가 있다.

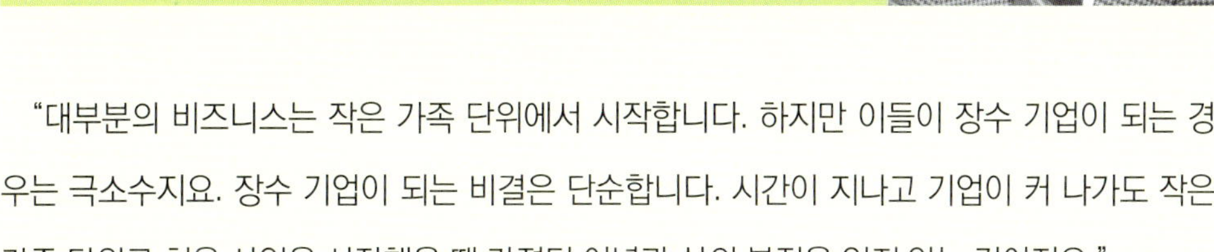

"대부분의 비즈니스는 작은 가족 단위에서 시작합니다. 하지만 이들이 장수 기업이 되는 경우는 극소수지요. 장수 기업이 되는 비결은 단순합니다. 시간이 지나고 기업이 커 나가도 작은 가족 단위로 처음 사업을 시작했을 때 가졌던 이념과 삶의 본질을 잊지 않는 것이지요."

《세계 장수 기업, 세기를 뛰어넘은 성공》의 저자 윌리엄 오하라 교수는 〈매일경제〉와의 이메일 인터뷰에서 장수 기업의 대안을 '가족 기업'이라고 강조했다. 오하라 교수는 미국 브라이언트대 가족 기업연구소 소장을 역임하며 200년 이상 된 장수 기업을 연구하는 장수 기업의 대가다.[79]

가족 기업이 장수 기업의 '대안'이라고 해서 모든 기업의 시작이 가족 기업일 수는 없다. 하지만 오하라 교수가 제시하는 기업들을 살펴보면 200년이 넘은 이 기업들이 지금도 명목을 유지할 수 있는 하나의 공통점을 찾을 수 있다. '한 우물'이다. 오하라 교수는 "대부분의 가족 기업은 하나의 사업 분야 내에서 전통을 계승하면서도 본인들의 울타리 안에서 개발과 혁신의 끈을 놓지 않는다"고 말했다.

"영화 〈러셀웨폰〉의 멜 깁슨이나 〈007 시리즈〉의 제임스본드는 '베레따 권총' 없이는 떠올리기 힘듭니다. 베레따는 1500년대 초 창업주 베레따가 이탈리아의 작은 마을에 세운 총기 제조 사입니다. 이 회사가 설립 500년이 지난 후에도 사업을 계속 유지하며 할리우드의 사랑을 한 몸에 받는 명품으로 자리 잡은 이유가 무엇일까요? 기업 쇄신입니다. 시대에 맞춰 분야에서 가장 최신의 기술을 도입해 지속적으로 변화했지요. 500년이 된 기업이지만 전혀 늙지 않을 수 있었던 비결이죠."

그는 기업이 명맥을 유지하는 데 상생도 빼놓을 수 없는 조건이라고 강조한다. "베레따의 경우는 최고의 품질을 유지하기 위해 총열 식각 등 정밀가공을 하는 많은 숙련공을 보유하고 있습니다. 이 중 땀뻬니 집안의 장인은 세대를 거쳐 200년간 베레따의 공장에서 일하고 있지요. 한 집안의 기업이 또 다른 집안에 보내는 끊임없는 신뢰가 이들의 끈끈한 관계를 만든 것입니다."

장수 기업들이 '늙지 않은 채' 시대에 기민하게 대처하고 자신의 분야에서 최고가 될 수 있는 비결은 무엇일까? 오하라 교수는 이 비결 역시 가족 기업의 특징에서 찾는다. 바로 '빠른 의사결정'과 '투명성'이다.

"멜레리오 디 멜레르는 파리에서 가장 오래된 보석회사입니다(1613년 창업). 이들은 주주 간의 불화를 예방하기 위해 운영위원회를 최대한 활용합니다. 가족들이 주요 주주이므로 연례적 가족 모임도 진행하죠. 대화의 주요 내용은 '기업의 미래'입니다. 이렇든 가족 기업은 직접적이고 시의적절한 의사소통이 가능해요. 고급 포도주를 생산하는 프랑스 기업 위겔 에 피스(1639년 창업)는 매주 월요일 온 가족이 모여 기업의 상황에 대해 이야기를 나눕니다. 가족 모임과 기업의 중역 회의가 일치하다 보니 회의 분위기는 부드럽고 대화는 솔직해집니다. 핵심적인 사안에는 모든 가족이 동의해야 결정되고 의사결정 과정에서는 자신의 생각을 꾸밈없이 이야기를 해도 누구도 뭐라 하지 않아요. 이런 회의는 가족의 화합을 강화할 뿐 아니라 사업에 있어서도 건전한 기초가 됩니다."

그가 주로 소개하고 연구하는 기업들은 대부분 강소 기업이다. 즉, 크기가 작고 대중에게 잘 알려지지 않은 기업이지만 각 산업에 강력한 영향력을 발휘하는 일종의 '히든 챔피언(Hidden Champion)'들이다.

그렇다면 장수 기업의 요건 중 하나가 의사결정이 빠르고 운용이 쉬운 콤팩트한 기업 규모인 것일까? 오하라 교수는 "가족 기업이 대규모로 성장할 수 없는 것은 아니다"라고 설명했다.

"일본의 식료품 회사 기꼬만(Kikkoman), 유럽의 에르메스(Hermes)와 로스차일드(Rothchilds), 미국의 듀퐁(Dupont)과 포드(Ford)도 다 가족 기업으로 시작한 대기업입니다. 이들에게는 모두 공통점이 있어요. 인간의 기본적인 욕구를 충족시켜주는 제품과 신뢰, 좋은 계획이 뒷받침돼 있다는 것이죠. '너무 크게' 성장하는 것에는 위험이 따르지만 불가능한 건 아니에요. 가족 기업의 정신만 잃지 않으면 됩니다. 그 정신이라는 것도 사실은 단순합니다. 최고의 서비스, 양질의 물건, 고객들로부터 인정받는 '신뢰'라는 이미지가 그것이지요. 단순하지만 지키기 어려운 것을 해냈기 때문에 그들이 지금에 이르게 된 것입니다."

가족 경영에 실패한 대표적인 기업에 대해 묻자 그는 의외로 한국의 글로벌 기업 '삼성'을 들었다.

"삼성은 기업의 규모를 보면 성공한 기업일 수 있지만 가족 경영에는 실패한 대표적인 기업입니다. 가족 경영이 망가지기 시작하는 가장 큰 원인은 리더들이 가족보다는 기업을 우선시 여기는 거예요. 또 다른 경우는 실력을 검증받지 않은 가족 구성원들이 비즈니스에 뛰어드는 것이죠. 삼성의 경우는 전자입니다. 기업을 키우기 위해 가족과의 대화와 세대 간의 대화, 또 가족이기 때문에 가질 수 있는 '갈등 관리 능력'을 포기했지요. 그건 아쉬운 부분입니다."

그는 한 우물 기업이 장수 기업이 되는 데 가장 중요한 요건은 '적응력'이라고 강조했다.

"장수 기업, 즉 '성공적인 기업'이라면 전통을 지키려는 의지와 시대의 변화에 적응하는 변화력을 모두 가지고 있어야 합니다. 특히 요즘 같은 상황에서는 지속적인 변화가 필요합니다. 변화란 여러 가지 뜻으로 해석될 수 있는 말이지요. 지속적인 성장을 위해서는 정신과 이념은 그대로 가져가지만 시대상황에 맞춘 변화에는 기민해야 합니다."

Who he is

윌리엄 오하라 교수는 미국 로드아일랜드 주에 위치한 브라이언트대 학장을 지냈으며, 현재 브라이언트대 가족기업연구소 소장으로 재임하고 있다. 저서로는 200년 이상의 역사를 가지고 있는 기업을 4년간 취재·연구한 《세계 장수기업, 세기를 뛰어넘는 성공》이 있다.

장수 기업의 포르트폴리오: 다각화냐, 전문화냐

정갑영 연세대 교수 기고

미국 증권시장의 대표적인 지수인 다우 존스(Dow Jones) 인덱스는 지난 1896년에 처음으로 발표되기 시작하여 2010년 114년째를 맞고 있다. 이 기간 동안 과연 몇 개나 되는 기업이 미국의 대표기업으로 선정되어 이 지수에 계속 남아있었을까? 10개, 아니면 아무리 변동성이 크다고 해도 5개는 되지 않았을까? 미국의 증권거래소는 1996년에 다우 지수 100주년 기념행사를 하며 그런 기업을 찾았는데, 놀랍게도 겨우 하나밖에 대상 기업이 없었다. 바로 에디슨이 발명했던 전등의 특허로 설립된 GE뿐이었던 것이다. 이런 연유로 그 많은 상장 기업 중에서 GE의 당시 회장인 잭 웰치가 100주년을 알리는 개장의 종을 치는 영예를 안을 수 있었다.

미국처럼 안정된 경제에서도 100년 이상을 버텨온 대표적인 상장 기업이 단 하나밖에 없다니, 쉽게 믿어지지 않는다. 그러나 이것은 결코 놀라운 일이 아니다. GE마저도 이번 금융위기에서 자금경색에 쫓기어 연방준비은행(FRB)의 직접적인 도움으로 간신히 살아남지 않았는가? 이는 중앙은행이 기업 자금을 직접 지원했으니 경제학 교과서를 다시 써야 한다는 지적이 나왔던 사건이다. 그만큼 기업이 장수(長壽)하는 것은 힘난하고 힘난한 일이다.

시장의 불확실성과 역동적인 변화로 기업의 내일은 더욱 예측하기 어려워지고 있다. 경제의 글로벌화가 심화됨에 따라 경쟁은 더욱 치열해지고 있고, 기업의 수

명도 더 짧아지고 있다. 시장이 세계화되다 보니 자신의 잠재적 경쟁자가 누군지도 모르는 기업이 부쩍 늘어나고 있다. 실제로 지난 10년 동안 미국의 100대 기업에 신규로 진입한 기업이 213개나 되었지만, 그 지위의 평균수명은 4~8년에 불과했다고 한다.

이와 같이 급격한 변화 속에서 놀라운 것은 오히려 GE의 장수비결이다. GE의 강인한 DNA는 과연 어떤 특성을 갖고 있는 것일까? GE의 성공은 한마디로 끊임없는 변신을 추구한 '다각화'에 있다. 시장의 변화 코드에 맞춰 사업 다각화를 통해 유연하게 대처한 것이 성공의 핵심이었던 것이다. GE는 현재도 핵심 산업과 기술·서비스 분야를 연계한 14개 부문부터 가전·발전·미디어·금융 및 소프트웨어 등에 이르기까지 변신에 변신을 거듭하고 있다. 전임 CEO 웰치는 매일매일 "어떤 사업을 버리고, 어떤 사업에 진입할 것인가"가 가장 중요한 자신의 임무였다고 회상하고 있다.

이런 GE의 전략이 우리 문화에서는 어떻게 평가될까? 국내에서는 전통적으로 다각화는 곧 '문어발식 확장'이고, 대표적인 개혁 대상으로 치부되어 왔다. 물론 GE를 한국의 대기업과 동일선상에서 비교하는 것 자체가 어불성설이라고 주장할 수도 있다. 그럼에도 불구하고 GE가 다각화의 성공모델이라는 사실은 부인할 수 없지 않은가?

물론 다각화 전략만이 기업의 장수를 보장하는 것은 아니다. 햄버거와 프렌치 후라이로 세계의 음식문화를 바꾼 맥도날드나, 청량음료의 코카콜라 등이 한 우물로 성공한 대표적인 사례다. 접착제와 관련된 제품생산과 기술개발에 주력해 온 3M(Minnesota, Mining and Manufacturing)도 전문화로 성공한 기업으로 분류될 수 있다.

또한 세계 최고(最古) 기업 중 하나로 700여 년 역사를 자랑하는 북유럽의 스토라 엔소(Stora Enso)도 창업 당시의 제지 펄프에서 비롯된 사업의 연관성을 아직도 유지하고 있다. 물론 3M이나 스토라 엔소의 현재 사업 포트폴리오는 창업 당시와는 크게 다양화되었지만, 긴 역사 속에서도 관련 산업의 전문성을 추구하여 성공한 기업으로 평가받고 있다.

전문화로 생존하는 기업 수만큼 다각화로 살아남은 기업도 많고, 그 반대의 논리도 성립된다. 우리 경제에서도 대기업의 순위가 얼마나 자주 바뀌어 왔는가? 한때는 대마불사(大馬不死)라고 했지만, 이 신화는 1997년 외환위기 이후 여지없이 무너졌다. 당시 특정산업의 전문화 비율이 가장 높았던 기아와 삼미, 한보가 먼저 쓰러졌고, 다각화된 대우 역시 비운을 맞았다. 따라서 전문화와 사업다각화는 결코 '선'과 '악'의 흑백논리로 다루어질 문제가 아니다.

성공적인 기업모형에는 결코 어떤 정형화된 '틀'이 있는 것이 아니다. 장수 기업의 공통적인 비결이 있다면, 그것은 단지 시장변화에 가장 유연하게 대처해 끊임없는 변신을 추구했다는 사실뿐이다. 다각화에도 시장변화에 앞서가는 변신이 필요하듯 전문화에도 소비시장의 트렌드를 선도하는 리더십이 필요한 것이다. 이와 함께 많은 연구에서 재무구조의 건전성이 매우 중요한 장수의 비결로 지적되고 있다.

따라서 기업의 전략도 유연성이 가장 중요하며, 기업정책 역시 정형화된 틀로 규제해서는 안 된다. 선진국들이 특정한 기업정책의 모델을 갖고 있지 않는 것도 바로 이런 이유 때문이다. 정부는 다만 기업이 끊임없는 변신을 시도할 수 있는 유연한 환경을 조성하는 데 주력해야 한다. 제도의 경직성이 기업의 변신을 가로 막는다면 어떻게 경쟁력을 높일 수 있겠는가? 장수하는 기업은 결코 과거의 정형화된 패턴을 따라가지 않는다. 오히려 시장의 치열한 경쟁을 통해 날마다 새로운 성공모델을 창조해 나가는 기업만이 장수할 수 있다.

Chapter 3

M&A는 축배인가, 독배인가

M&A 성공 키워드는 합병 후 조직통합

2011년 한국 재계와 금융계는 우리금융 민영화와 현대건설, 외환은행 등 대어급 인수·합병(M&A) 이슈가 계속해서 시장을 뜨겁게 달굴 예정이다. 그러나 M&A는 딜(Deal)이 성사됐다고 끝나는 게 아니다. 가격 경쟁에 혈안이 돼 과도한 자금을 부은 탓에 합병 시너지는커

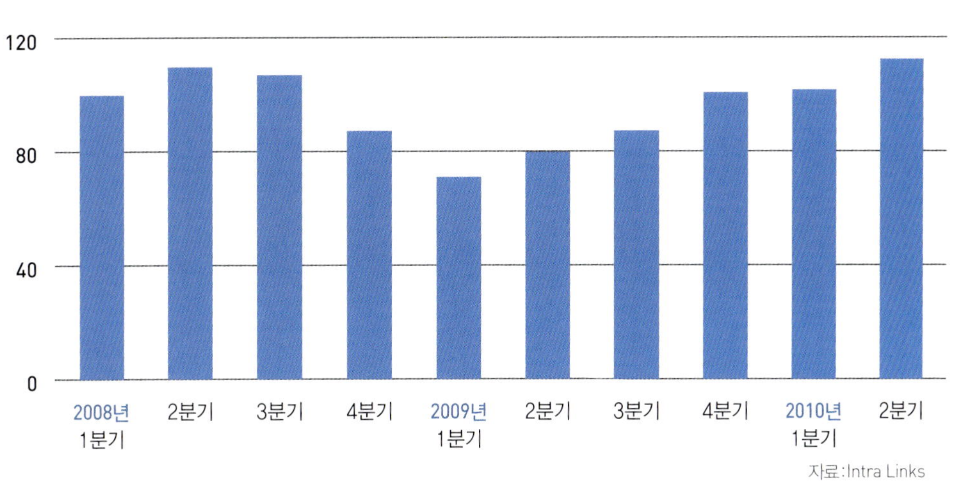

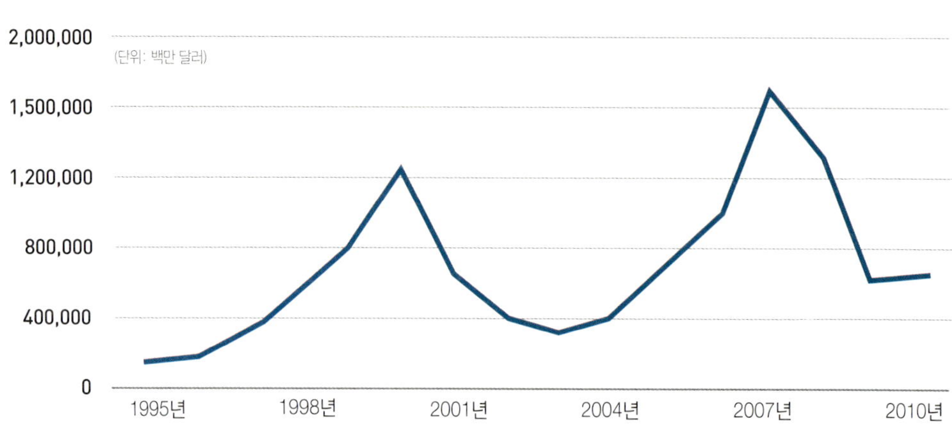

넝 기업 본체마저 흔들린 사례가 셀 수 없이 많다.

미국의 타임워너는 아메리카 온라인(AOL)을 인수하는 데 2,840억 달러(317조 2,280억 원)를 투입했지만 최악의 실적에 시달리다 결국 10년 만에 AOL과 결별했다. 제럴드 아돌프 부즈&컴퍼니 글로벌 M&A 부사장은 승자의 저주를 피하려면 CEO들은 입찰에 들어갈 때 "언제 (인수를 포기하고) 빠져나올지를 매순간 마음에 새겨야 한다"고 강조한다. 실제로 애플은 현금이 넘치지만 다른 회사를 인수하지 않는다. 아직까지는 M&A 없이도 기업의 목표를 이룰 수 있다고 판단하기 때문이다.

업계에서는 M&A의 핵심 성공 전략으로 '합병 후 통합(PMI, Post Merger Integration)' 과정이 부각되고 있다. 독일의 도이치텔레콤은 인수 당시 자유분방한 문화에 익숙한 티온라인 직원들이 불만을 표시하자 그들의 개방적인 문화도 허용하고 도이치텔레콤 직원으로서 받아야 할 혜택도 그대로 줬다. 언뜻 보면 '불만 달래기'에 나선 것 같지만 이는 '인수 후 매뉴얼'에 따라 치밀하게 계획된 시나리오다.

칼 에이크 도이치텔레콤 최고재무책임자(CFO)는 "합병 뒤에 어떻게 통합할 지에 대해 M&A 첫 단계부터 미리 준비해야 한다"고 강조했다. 인수 결정 시점에 시너지가 발현될 수 있는 모든 계획과 로드맵이 그려져야 한다는 것이다.

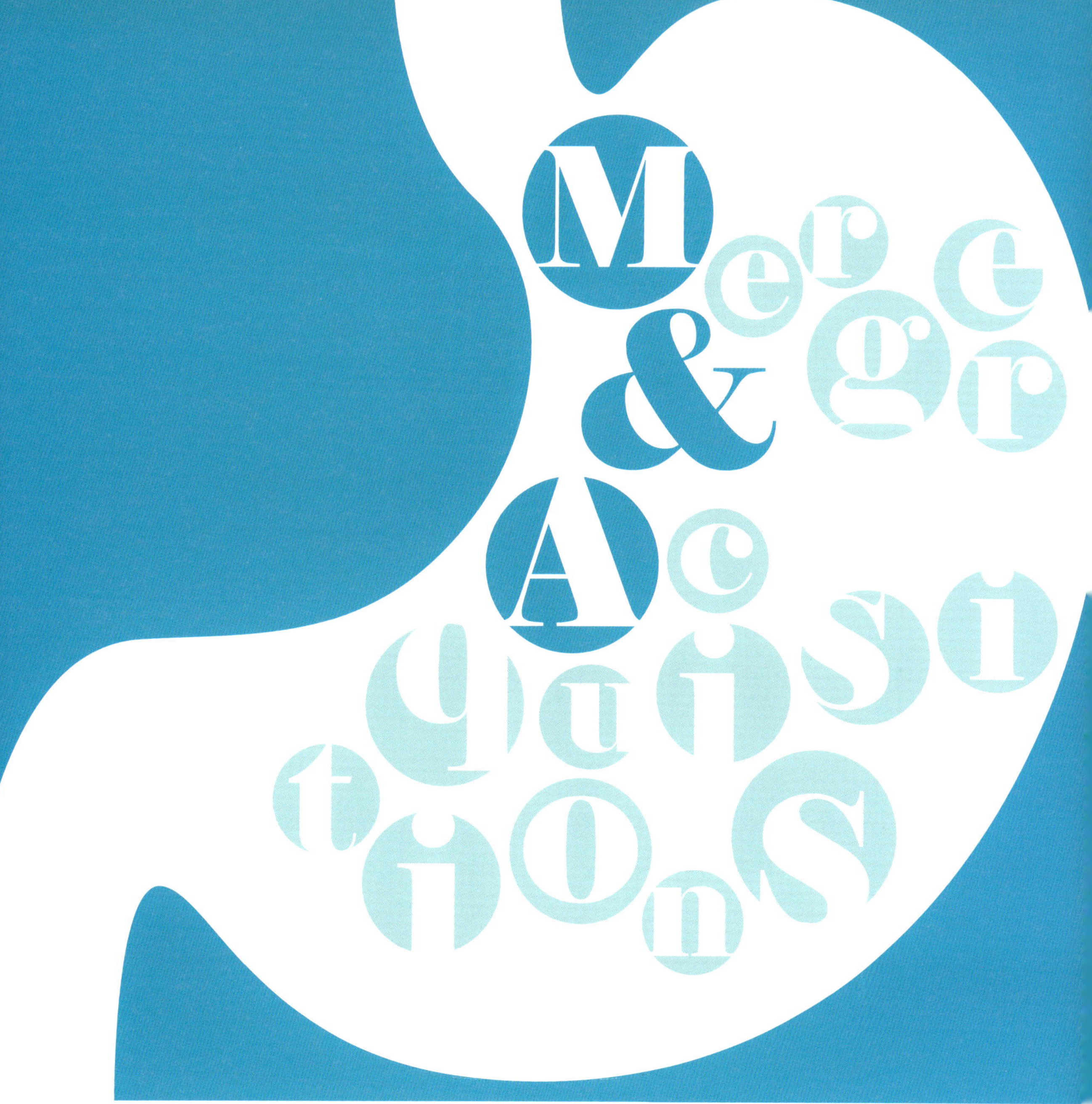

손은 잡았다? 더 중요한 건 손잡은 뒤다

'강한 자가 살아남는 것이 아니라 살아남는 자가 강한 자다.'

시대가 변해도 적자생존에 대한 본능과 찬사는 변하지 않는다. 1944년 독일 시인 브레히트는 세계대전을 겪으며 느낀 '살아남은 자의 슬픔'을 이와 같이 표현했지만 위의 문구는 곧잘 현대 기업들의 생존 의지를 불사르는 슬로건으로 등장한다. 인수·합병(M&A)은 수많은 기업 생존전략 가운데 '꽃'이라고 불릴 정도로 매력적이고 혁신적인 수단이다.

1990년대까지만 해도 한국의 두산그룹은 맥주와 햄버거를 파는 식품회사 이미지가 강했지만 1997년 외환위기를 계기로 핵심 사업인 OB맥주를 매각하고 대신 두산중공업(한국중공업), 두산인프라코어(대우종합기계), 미국의 건설 중장비 업체인 밥캣 등을 잇달아 인수했다. '더 이상 소프트(Soft)한 사업만으론 안 된다'는 판단에 따라 위기 국면에서 가장 잘나가는 사업을 팔고 그룹 이미지를 탈바꿈했다. M&A가 기업의 미래 비전에 맞게 작동한셈이다.

2008년 글로벌 금융위기에서 리먼 브러더스를 인수한 노무라 홀딩스도 위기에서 결단을 내리고 글로벌 투자은행(IB) 반열에 올랐다. 흔히 노무라가 천재일우의 기회를 잡았다고 평가하지만 정작 당사자는 발끈한다. 어디까지나 "월드 클래스가 되기 위해 꾸준히 준비해서 나온 결과"라는 것이다.

반면 M&A 이슈가 말 그대로 '살아남은 슬픔'이 돼 버린 경우도 즐비하다. 가격 경쟁에서 이기기 위해 여기저기서 감당도 못할 돈을 끌어들여 기업을 인수하거나 뚜렷한 합병 시너지 분석도 없이 몸집 불리기에만 신경 쓴 것이 주된 원인이었다. 이른바 '승자의 저주(The winner's curse)'로 불리는 상황은 사모펀드(PEF), 기업인수목적회사(SPAC) 등 M&A 기법이 한껏 발달한 현대에도 왕왕 발생하고 있다. 2006년 대우건설 인수전에 6조 원을 들인 금호아시아나그룹, 홈에버를 인수한 이랜드, 2007년 명지건설과 남광토건을 인수한 대한전선, 2008년 하이마트를 인수한 유진그룹도 M&A 승자였지만 무리한 자금조달에 곤욕을 치렀다.

글로벌 화학회사인 바스프(BASF)의 커트 벅 최고재무책임자(CFO)는 "인수 뒤에 얼마나 많은 돈을 벌어들일 수 있을지 구체적인 계산이 나오지 않는다면 절대로 목표물(인수 대상)을 건드리지 말라"고 말했다. 제이 닐리 부즈&컴퍼니 기업인수팀 부사장 역시 "많은 M&A가 처음에는 아주 건전하고 합리적으로 설계되고 출발을 하지만 막상 실행 단계에 들어가면 과거와 똑같은 실수를 저지르곤 한다"고 지적했다.

무리하게 자금을 퍼붓지 말라

'무리하게 자금을 퍼붓지 말라(Never overpay).'

현대건설과 외환은행 등 굵직한 매물이 쏟아지고 있는 한국 M&A 시장도 귀담아들어야 할 말이다. 김영진 M&A연구소 대표는 "한국은 여전히 M&A를 기업을 사고파는 정도로만 생각한다"며 "인수가격도 인수 뒤 시나리오를 너무 긍정적으로만 보기 때문에 과다하게 책정하는 경향이 있다"고 말했다.

진짜 게임은 M&A 이후에 시작된다는 점도 분명히 인식해야 한다. 업계와 경영학계에서 '합병 뒤 통합'의 중요성을 부르짖는 것도 같은 맥락이다. 앨버트 비스치오 부즈&컴퍼니 컨설턴트는 "가장 성공한 회사들은 합병 뒤에 '예상치 못한 상황'을 받아들이고 이를 토대로 조직을 재설계할 오픈 마인드를 가지고 있다"고 분석한다. 또 "시간 낭비 없이 시너지를 낼 수 있는 가치를 찾아내려고 공격적으로 달려든다"고 전했다. 비전을 설정하는 단계부터 협상과 기획안 짜기, 마지막 통합 과정까지 인수 회사와 피인수 회사의 인력이 함께 참여하는 것도 좋은 방법이다.

M&A 시장이 점점 커지면서 그 목적도 몸집 불리기나 공급 채널 확보가 아닌 신사업 진출이나 시너지 창출에 맞춰지고 있다. 유동성(돈)만 오가던 M&A에서 '전략과 콘텐츠'를 주고받는 통합으로 진화하고 있는 것이다. 기업의 최종 목표 설정부터 M&A 기획과 실행, 합

M&A 추진과정

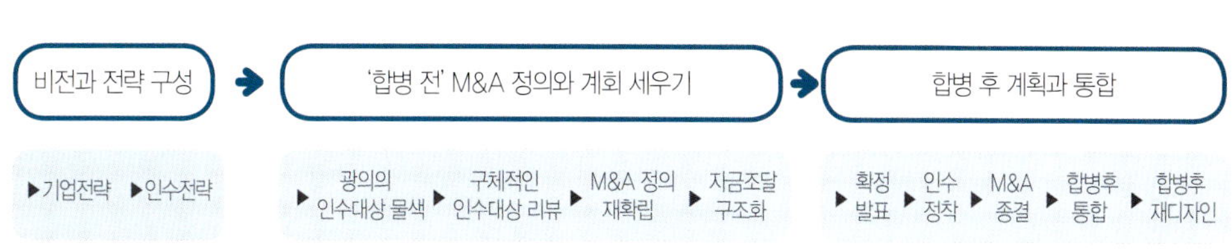

자료: 부즈앤컴퍼니

병 뒤 완전한 통합까지 '승자의 기쁨'을 누리기 위한 기업의 노력도 한층 거세질 것으로 보인다.

:: M&A 협상의 배후 해결사 CFO

인수합병(M&A) 계획이 한창 추진 중인 한 기업의 회의실.

"능력 있는 임원 한 명을 지명해 A기업 인수로 인해 발생하는 비용을 줄이라고 맡기시죠."

"합병 후 글로벌 전략은 인수 대상 기업이 성장할 수 있는 쪽으로 무게를 둡시다."

"주주명부에 올라있는 주주는 한 명도 빼놓지 말고 특징을 파악해 우리 편으로 포섭해야 합니다."

세부 전략 수립부터 협상 과정, 비용 절감 문제까지 하나도 빼 놓지 않고 진두지휘하는 이 사람은 기업 최고재무책임자(CFO)다. 모든 M&A의 최종 의사 결정자는 최고경영자(CEO)이지만 배후의 해결사(Deal Maker)는 바로 CFO다. 과거 CFO의 역할은 결산과 원가 심사, 재무제표 작성 등에 국한됐지만 이제는 기업 의사결정을 직접적으로 지원하고 그 결정에 참여하는 최고경영인으로 중요성이 갈수록 커지고 있다.

스페인의 산탄데르은행은 20여 년 동안 기업 인수를 통해 글로벌 랭킹을 52위에서 10위로 끌어올렸다. 지난 1994년 바네스토 인수를 시작으로 센트럴 히스파뇨(1999년), 영국의 애비(2004년), 미국의 소버린뱅크(2006년), 네덜란드 ABN암로 매수 컨소시엄(2007년)까지 은행의 역사가 곧 인수의 역사다. 산탄데르의 호세 안토니오 알바레즈 CFO는 은행의 핵심 인수 전략을 설계하고 실행하는 데 결정적인 해결사 노릇을 해왔다.

대표적인 것이 '멀티-로컬(Multi-local)' 전략이다. 비용을 절감하고 체제를 효율적으로 운영하는 방침은 전 세계적으로 같지만 지리적인 위치에 따라 전략을 바꾸자는 것이다. 알바레즈가 강조하는 '지역화'는 지역 문화에 맞추기가 아니라 '그 지역에서 1등하기'다.

"우리는 소매 중심 리테일 은행이라서 시장점유율이 중요합니다. 최소한 시장점유율이 10%는 돼야 사업을 지속할 수 있다고 봅니다. 물론 중국이나 미국같이 큰 나라에서는 주별로, 지역별로 잘라서 목표를 정합니다."

산탄데르의 타 기업 인수는 CFO를 포함해 주요 임원들과 CEO가 주도적으로 결정하지만 일단 인수가 마무리된 기업들은 일반적인 안건과 마찬가지로 대하고 '그 부서에서 맡은 사람이 알아서 잘 해라'는 방침을 적용한다.

다만 합병 뒤 2~3년 동안은 CFO를 중심으로 "좀 더 신경을 써서 적응을 돕는다"고 했다. CFO가 '합병 후 통합'에서도 핵심 역할을 담당하는 것이다. 독일 도이치텔레콤의 CFO인 칼 에이크는 "CFO가 절대로 계산기만 두드려서는 안 된다"고 강조한다. 그는 2000년부터 도이치텔레콤에서 CFO로 일하면서 24개의 크고 작은 인수를 겪었다.

이 회사의 M&A전략은 '잘하는 것을 더 잘하자'다. 미국의 보이스스트림 와이어리스, 영국의 원투원, 헝가리의 마자르텔레콤 인수도 이 같은 비전 아래 이뤄졌고 현재 전체 영업이익 중 절반 이상이 외국에서 들어오고 있다.

에이크 CFO는 "기업을 인수할 때 가장 중요한 질문은 바로 시너지가 무엇인가"라며 "인수하는 과정 안에 모든 시너지가 발현될 수 있는 계획과 로드맵

이 그려져야 한다”고 강조했다. 특히 “인수를 할 때 CFO는 모든 복합적이고 종합적인 면을 담당해야 한다”며 “자기 회사는 물론이고 피인수 회사의 조직문화전문가·전략가·혁신가가 돼야 시장에서 이 내용을 팔 수 있다”고 덧붙였다. 그는 “반면 자기 자리와 권력만 믿고 ‘입으로만 떠드는’ 임원은 인수에 별 도움이 되지 못한다”고 지적했다.

M&A는 사례마다 지향하는 목적도 다르고 적용되는 전략과 법칙도 다를 수밖에 없다. 그러나 협상을 성공적으로 이끌어내고 ‘합병 후 통합’을 이뤄내기까지 CFO가 핵심적인 역할을 한 것은 어느 회사든 공통적이다.

:: 이런 CFO가 M&A 성공 이끈다

숫자에만 밝은 재무전문가는 필요 없다. 바야흐로 인수·합병(M&A)을 성공적으로 이끌기 위해 CFO가 여러 가지 ‘통합적인 덕목’을 갖춰야 하는 시대다. 물론 여기서 말하는 덕목은 철저하게 업무와 관련된 능력이다. 부즈&컴퍼니는 바이엘, 머크, 유나이티드헬스그룹, 듀크에너지 등 전 세계 15개 그룹의 M&A 사례를 분석하면서 CFO들의 세 가지 역할과 이를 위한 여섯 가지 법칙들을 제시한다.[80]

첫째, CFO는 기업의 핵심적인 합병 전략가가 돼야 한다. 늘 CEO와 함께 이번 M&A가 과연 회사의 거시적인 비전이나 목표에 부합하는지 곱씹어봐야 한다. 그의 역할은 단지 ‘재무적으로 건전한가’에 제한되지 않고 보다 ‘질적인 질문’까지 확장된다.

피터 켈로그 머크 사(社) CFO는 “갈수록 M&A는 한 기업이 다른 기업을 먹어버리는 차원이 아니라 라이센싱, 공동개발 등 파트너십을 통한 ‘윈-윈’을 위한 목적이 많아지고 있다”고 말했다.

두 번째 역할은 M&A의 시너지를 찾아내고 확대하는 시너지 매니저다. 이는 CFO가 ‘합병 후 통합’ 계획을 세울 때 핵심적으로 고려해야 할 사항이기도 하다. 두 기업이 합병한 뒤 시너지를 창출해낼 수 있는 시간은 의외로 짧다. 오랜 준비를 통해 재빠르게 이 기회를 포착해야 하는 것이다. 특히 합병 첫 해에는 통합 노력이 잘못 흘러갈 위험 요소가 너무나 많다.

셋째, CFO는 비즈니스 통합자로서 인사와 조직 구성 등 재무 부문 외의 부서 통합에 대한 책임도 져야 한다. 특히 인수에 들인 돈을 정당화할 수 있는 성과 도출 시스템을 만들게 되는데 이 경우 CFO는 보상과 인센티브 제도를 설계하고 실행하는 핵심 책임자가 될 수밖에 없다. 심지어 직원들을 대상으로 기업의 핵심 가치에 대해 교육도 해야 한다.

이름가르트 하인츠 컨설턴트는 "CFO가 M&A에 따른 위험요인을 치밀하게 계산하고 혁신적인 전략과 수단을 동원하면 대부분의 협상은 성공한다"며 "결국 M&A 성공 기회는 발전하고자 하는 회사의 '의지(Willingness)'가 만들어 내는 것"이라고 갈음했다.

세계적인 컨설팅 기업인 부즈&컴퍼니의 제럴드 아돌프 수석 부사장은 인수·합병(M&A)과 구조조정 관련 컨설팅 분야에서 널리 이름이 알려진 베테랑이다. 아돌프는 뉴욕 본사에서 사실상 회사 전체 글로벌 M&A 업무를 총괄하고 있다.

공학도로 출발해 산업계와 경영업계를 두루 거친 그는 M&A 시장의 현주소를 어떻게 해석하고 있을까? 내로라하는 기업들이 M&A를 시도했다가 실패를 경험하는 와중에 어떤 전략을 '최선의 룰(Golden Rule)'로 꼽을까?

아돌프 부사장은 일단 현재 시장에 대해 1~2년 전보다 기업 인수를 생각하기 좋아졌다고 평가한다. 동시에 "입찰가격을 절대 오버해서 쓰지 말라"고 당부한다. 무리한 가격경쟁은 예나 지금이나 현명한 딜(Deal)을 흐리는 최대 장애물이다. 특히 "훌륭한 기업과 최고경영자(CEO)는 M&A 후에도 조직을 성공적으로 통합시켜야 한다"며 "결정을 내릴 타이밍을 놓치지 말아야 하고, 인수당한 회사 사람들도 제대로 인생 계획을 짤 수 있게 신경을 써야 한다"고 강조했다.

승자의 저주 피하려면, 승리의 쾌락에서 벗어나라

Q. 2010년 상반기 들어 많은 회사들이 M&A에 나섰거나 고려하는 분위기다. 2011년 M&A 시장은 어떻게 보는가? 인수를 생각하기에 적당한 시점일까?

"최근 1년 사이 딜(Deal) 환경이 개선된 게 사실이다. 여전히 불확실성이 많지만 세계 경제는 완만하게 안정됐고 채권시장도 나쁘지 않다. 기업들도 다시 다양한 계획을 구상하기 시작했다.

시장에는 기업이나 바이아웃펀드(Buy-Out Fund, 기업을 사들인 뒤 구조조정을 통해 가치를 높여 되파는 것)에 산더미처럼 현금이 몰리면서 이미 M&A 자금이 세팅됐다는 얘기가 많다. 1~2년 전과 비교해 보면 확실히 M&A를 고려하기 좋은 시점이다. 실제 대부분의 산업 분야에서 계약 건수가 증가하고 있다. 지금 같은 시점에선 M&A를 통한 '통합'이 혼자 살아남기 버거운 사업에 새로운 가치를 더하고 장기 성장 가능성을 높여주는 역할을 하고 있다. 사모펀드(PEF) 중에서도 2008년 글로벌 경제위기 직후에 사들인 기업들이 몇 번의 경기 사이클을 거치면서 가장 좋은 수익률을 냈다. 여전히 거대한 불확실성도 남아있다. 아일랜드 구제금융에 대한 염려, 미국과 중국 사이의 경제적 마찰이 대표적이다. 특히 미국은 장기간에 걸쳐 디플레이션과 인플레이션 사이에서 균형 잡기에 나설 것이다. 그러나 불확실성에도 불구하고 적절한 의도(Right Intent)와 적절한 가격의 조합이라면 인수 성공 가능성은 매우 높다고 전망한다."

Q. 2009년 타임워너와 아메리카온라인(AOL)이 결국 갈라섰다. 세기의 M&A에서 최악의 딜로 전락한 이 사례가 주는 교훈은 무엇일까?

"인수가격이 너무 높았다. 과거 '닷컴(.com)시대'에는 콘텐츠나 인터넷, 디지털 컨버전스 등을 이유로 인수가에 프리미엄이 아주 높게 붙었다. 그래서 최종 인수가도 회사 보유금이나 통합 시너지 수익을 넘어서는 경우가 허다했다. 하지만 닷컴 버블 붕괴 이후 많은 것이 변했다. 이제는 전략적 논쟁보다는 명백한 시너지를 가질 수 있느냐가 훨씬 중요해졌고 딜의 질도 아주 좋아졌다. 인수경쟁이 치열해질수록 인수가를 자꾸 높이려는 압력도 강해질 수 있다. 하지만 '가격 한도'를 지키는 것이 정말 중요하다. 자신이 손을 털고 나올 포인트, 그 가격을 마음속에 확실히 새기고 인수 전 승리가 주는 다이내믹함, 즉 승리의 쾌락에 사로잡히지 말아야 한다."

인수를 생각한다면 '9가지 황금룰'을 새겨라

Q. 어떤 대상을 인수하려는 기업이 기억해야 할 '룰(Rule)'이 있는가?

"수백 가지 합병사례를 분석해 보면 '9가지 반드시 지켜야 할 룰'이 M&A 성공의 핵심이라는 것을 알 수 있다. 9가지 법칙은 ① M&A의 전략적 의도(Strategic Intent) 명확히 설정하기, ② 주주 이해 충족시키기, ③ 하나의 회사 만들기, ④ 가치 포착, ⑤ 직원들에게 활력 불어넣기, ⑥ 전반적인 영업 안정성 확보, ⑦ 딜의 세심한 마무리, ⑧ '결정적 순간' 놓치지 않기, ⑨ 숙련된 프로그램에 따라 실행하기 등이다. 이 같은 차원에서 M&A를 계획하고 진행시키는 회사는 아주 성공적인 통합을 이뤄낼 수 있다."

Q. M&A 계약의 성사만큼 중요한 것이 '합병 후 통합(PMI)'이다. 이 과정에서 CEO가 가장 흔히 하는 실수는 무엇인가? 어떻게 하면 이런 실수를 피할 수 있을까?

"앞서 언급한 '9가지 룰' 가운데 무언가를 빠뜨리면 실수가 될 수 있다. 그중 리더의 결단력 부족이야말로 M&A 성사를 좌우하는 결정적 순간을 놓치게 하는 원인이다. 합의한 사항이 괜찮은지, 논의할 가치가 있는지 등에 대한 의사결정 타이밍을 놓치면 조직이 불안해지고 가치를 포착하는 데 어려움이 생긴다. 이외 인사고과 등 사람 문제에 충분히 신경을 쓰지 않는다거나 주요 주주들을 포섭하는 데 실패해도 문제가 생길 수 있다."

합병 후 의사소통 "하나의 통로로 빨리, 정확하게 알려라"

Q. 많은 전문가가 합병 후 통합(PMI)의 가장 중요한 요소로 '효과적이고 효율적인 커뮤니케이션'을 꼽는다. 하지만 이를 실천하기는 쉽지 않은데 좋은 방법이 있을까?

"커뮤니케이션이야말로 상황을 주도하고 개선하는 데 반드시 필요한 영역이다. 최악은 그저 반응을 요구하고 기다리는 것이다. 특히 M&A 이후로 벌어지는 커뮤니케이션 규모나 확산 양상을 고려할 때 '한결 같은 일관성(Consistency)'이 중요하다. 이를 위해서 실질적으로 공통의 메시지 플랫폼을 구축하면 도움이 될 수 있다. 여러 이해관계자가 하나의 커뮤니케이션 툴(Tool)을 쓰게 하면 효과적이다."

Q. 많은 회사가 인수 후에는 피인수 회사의 우수한 인적 자원을 잃고 만다. 이런 손실을 막을 방안이 있을까?

"인적 자원은 M&A 후에도 가장 중요한 자산이다. 그러나 M&A 과정에서 직원 모두를 지켜내는 것은 현실적으로 불가능하다. 인적 자원을 유지하는 키워드는 인력 전략을 '신중하되 선제적으로' 마련하는 것이다. 이때 인사 전략이 전체 M&A의 전략적 의도와 실행 궤도에서 벗어나지 않는 것이 중요하다. 만약 M&A 이후에도 전원이 그대로 남게 될 그룹이 있다면 직원들이 '나는 안 잘리는구나'라고 안도의 한숨을 쉴 수 있도록 빨리 알려주는 편이 좋다. A와 B집단이 섞이는 형태로 남게 될 그룹이라면 인력 선발 과정과 타임 스케줄에 대해 되도록 빨리, 명확한 커뮤니케이션을 하는 것이 최선이다. M&A라는 큰 변화를 위해 지금은 꼭 필요하지만 변화 이후에는 존속을 장담할 수 없는 그룹이라면 회사에 머무는 동안 '유종의 미'를 거둘 수 있도록 인센티브를 줘야 한다."

해외 M&A, 진짜 문제는 문화가 아니라 '운영 모델의 차이'

Q. 완전히 다른 문화를 가진 해외 기업을 인수하려고 한다면 어떤 점을 신경 써야 할까? 아직도 물리적인 '거리'가 인수에 걸림돌이 된다고 생각하나?

"국경 간 M&A는 여전히 만만치 않은 작업이다. 대표적으로 언어와 사회규범의 차이가 장벽이 될 수 있다. 하지만 정작 중요한 것은 M&A로 인해 사업과 사업이 어떻게 연계되고 운영되는 지에 대한 인식 차이이다. 이럴 경우 가치를 창출하기 위해 반드시 요구되는 '근본적 변화(Fundamental Change)'가 막히거나 장애에 부딪히게 된다. 따라서 해외 M&A 작업을 한다면 이런 이슈들에 대한 인식을 높이는 것이 중요하다. 예를 들어 A라는 회사가 전통적으로 자원을 국내에서 조달해 기업을 꾸려오다가 국적이 다른 B회사에 인수됐다고 치자. B가 자원을 글로벌 차원에서 조달하려고 한다면 이런 모델 자체가 진짜 걱정거리나 역풍이 될 수 있다. 이 경우 많은 사람들이 '문화적 차이'를 문제점으로 꼽겠지만 문제의 진짜 핵심은 '운영 모델의 차이'라고 봐야 한다."

Q. 버진그룹 CEO인 리처드 브랜슨은 그룹의 핵심 경쟁력이 브랜드와 문화(Culture)라고 했다. 그는 새로운 사업을 인수할 때마다 피인수 기업의 문화를 받아들여 성공적으로 정착시켰다고 말했다. 이런 M&A 전략에 대해선 어떻게 생각하나?

"어떤 기업이든지 자신들이 어떤 핵심 역량을 가지고 있는지, 그 장점을 M&A에 지렛대로 활용해 어떻게 시너지를 일으킬 것인지도 뚜렷하게 인식하면 좋다. 다만 브랜드나 문화는 범위가 광대하기 때문에 M&A에서 어떻게 가치를 창출하는 지 계산하기가 다소 어렵다. 하지만 조금만 범위를 축소시키면 문화적 변화나 브랜드 콘셉트를 기업의 고유한 표식으로 활용할 수 있다. 예를 들어 M&A 후에 좀 더 즐거운 분위기에서 사업을 영위할 힌트를 얻을 수 있고, 새로운 고객을 끌어들이기 위한 브랜드 활용법도 좀 더 쉽게 찾을 수 있다."

Who he is

제럴드 아돌프 부즈&컴퍼니 뉴욕본사 수석 부사장은 매사추세츠공과대(MIT)에서 조직심리학과 화학공학을 전공했다. 이후 하버드비즈니스스쿨에서 MBA를 수료하고 폴라로이드 제조팀에서 공학 연구원을 지냈다. 부즈&앨런 해밀턴부터 부즈&컴퍼니까지 20년 넘게 컨설턴트로 경력을 쌓았는데 주로 금융업과 제약산업 분야에서 활약하고 있다. 특히 고객들에게 있는 것을 지키고 유지하는 것보다 '어떻게 하면 성장할 수 있는가', '신사업 기회는 어디에서 찾을 수 있는가', '산업 혁신은 어떻게 이룰 수 있는가' 등의 이슈를 전략적으로 컨설팅하는 것으로 유명하다.

Chapter 4

무엇이 위대한 이사회를 만드는가

이사회의 슬픈 역설을 아시나요

이사회의 슬픈 역설(Sad paradox of board governance)을 아시나요? 능력 있는 이사회가 필요한 회사일수록 이사회가 무능하며, 이사회가 별로 필요하지 않은 회사일수록 이사회가 유능하다는 역설이다. 〈타임〉이 뽑은 50대 경영사상가 중 한 명인 로저 마틴 캐나다 토론토대 경영대학원 교수가 만든 말이다.[81]

그렇다면 왜 이사회에는 슬픈 역설이 존재하는 것일까. 미국에서도 최고경영자(CEO)가 마음만 먹으면 이사회 구성에 직간접으로 영향을 끼칠 수 있기 때문이다.

마틴 교수에 따르면 CEO가 독단적이고 다수 주주를 무시하는 기업일수록 경영진을 감시하는 유능한 이사회가 필요하다. 그러나 독단적인 CEO는 자신의 입맛에 맞게 거수기 역할을 할만한 사람들로 이사회를 채운다. 이런 이들은 이사회 이사라는 특권적 지위에 눈 먼 사람들이며 이사회는 결국 고급사교클럽으로 전락한다.

반면 CEO가 이사회로부터 도움을 받는 데 적극적인 기업은 유능한 이사회가 덜 필요하다. 이사회의 감시 대상인 CEO 스스로가 주주 가치 보호에 적극적이기 때문이다. 그러나 이 같은 CEO일수록 유능한 경영 전문가들로 이사회를 채운다. 덕분에 상대적으로 이사회가 덜 필요한데도 유능한 이사회가 자리 잡게 된다.

기업 지배구조가 우수하다는 미국에서도 이사회의 슬픈 역설이 현실이라면 한국은 더욱더 슬픈 역설이 적용되고 있을 것 같다. 이사회에 책임을 제대로 묻지 않는 한국의 기업 환경이 슬픈 역설을 심화시킨다. 기업을 위기에 몰아넣은 경영전략을 이사회가 승인했을 때에도 책임은 CEO나 오너에게 집중될 뿐이다. 금호그룹이 대우건설 인수로 유동성 위기에 빠졌을 때에도 그랬고, 한화그룹이 무리하게 대우조선해양 인수를 추진했을 때에도 그랬다. 이사회 이사들에게는 법적인 책임 이상을 묻지 않으려는 듯하다.

1998년 외환위기 이후 한국은 기업지배구조 개선을 위해 사외이사 제도를 의무화했다. 그 결과 주요 기업 이사회에는 명망가들의 이름이 많이 올라가 있었다. 그러나 이사회는 명망가로 채워진 멤버십 클럽이어서는 안 된다. 램 차란 차란어소시에이츠 대표는 〈매일경제〉와 인터뷰에서 "이사회는 CEO를 선임하고 경영전략을 적극적으로 따져서 승인하는 게 기본 역할"이라고 밝혔다. 따라서 이사회는 명망가가 아니라 현장 경험이 풍부한 전문 경영인 출신이 다수를 차지해야 한다.

그러나 최고의 인재로 이사회를 구성한다고 해서 이사회가 제대로 작동하는 것은 아니다. CEO가 마련한 경영전략의 옳고 그름을 묻고 논쟁하는 소셜 시스템이 이사회에 뿌리 내려야 한다. 이 같은 문화가 없다면 최고의 인재로 구성된 이사회 역시 고급사교클럽으로 전락할 가능성이 높다.

무엇이 위대한 이사회를 만드는가, 묻고, 따지고, 반대하라

1998년 외환위기 이후 한국은 이사회를 정점으로 하는 기업 지배구조 개선을 위해 몇 가지 제도적 개혁을 단행했다. 이사회가 주주를 대신해 경영진을 제대로 감독할 수 있도록 사외이사 선임을 의무화한 게 대표적이다.

그러나 2009년과 2010년 KB금융지주와 신한금융지주의 경영권 다툼은 이사회가 제대로 작동하는지 의구심이 들게 만들었다.

라응찬 전 회장 등 핵심경영진이 모두 검찰 수사를 받고 있던 신한금융지주는 경영진을 감독할 책임이 있는 이사회가 자신의 책무를 검찰에 떠넘긴 듯 했다. 핵심 경영진의 위법 혐의가 있다면 이사회가 잘잘못을 따져 주주의 이익을 보호하는 게 당연한데도 규제기관이 진실 규명에 더욱 적극적으로 보였다.

KB금융지주는 2009년 강정원 국민은행장을 새 회장으로 선임했으나 정부 압박 속에서 강 회장이 퇴진하고 새 회장을 선임하는 진통을 겪었다. 이사회가 본질적인 기능인 최고경영자(CEO) 선임마저 제대로 해내지 못한 것이다.

충격적인 사실은 신한금융지주와 KB금융지주는 이사회가 모범적인 기업으로 정평이 나 있었다는 것. 신한금융지주는 5년 연속, KB금융지주는 모태가 되는 국민은행이 3년 연속 한국지배구조원으로부터 지배구조가 우량한 10대 기업 중 한 곳으로 꼽혔다.[82] 모범기업의 이사회마저 제대로 작동하지 못하는 상황에서 일반 기업의 이사회가 효과적으로 운영되기를 기대하는 것은 무리일 것 같다.

이제부터라도 이사회를 제대로 운영하려면 어떻게 해야 할까. 제도를 바꾸고 규제를 강화해야 하는 것일까. 그러나 최근 미국에서 흘러나오는 반성을 보면 그렇지도 않은 것 같다.

미국은 2000년대 초 엔론, 월드콤 등이 잇따라 무너지자 지배구조 개선을 위해 2002년 사베인 옥슬리법(SOX)을 제정했다. 이사회 멤버의 80%를 독립적인 사외이사로 채우는 등 개혁조치를 단행했다.

그러나 2007년 글로벌 금융위기를 거치면서 SOX 개혁이 효과가 없었다는 반성이 나왔다. 로저 마틴 캐나다 토론토대 경영대학원장은 대형 금융기관의 경영진이 위험한 파생금융상품에 엄청난 돈을 투자하는 것을 이사회가 제대로 제어하거나 감독하지 못했다는 점을 지적한다. 그렇다고 이들 이사회가 SOX 개혁을 어긴 것은 아니다. 오히려 충실히 지켰다. 시티그룹 등은 사외이사 비율이 80%를 넘었으며 이사회에 보상위원회, CEO 추천위원회 등 여러 소위원회를 설치했다.

그렇다면 미국의 SOX 개혁이 왜 효과를 보지 못했을까. 이에 대해 로버트 포젠 미국 하버드대 경영대학원 교수는 '빅 아이디어: 프로페셔널 이사회를 위한 제안'이라는 글에서 이렇

게 썼다.[83]

"SOX 개혁은 이사회에 관여하는 사람들의 행동을 바꾸지 못한 채 단순히 법적인 규제만 덧붙였기 때문에 효과적이지 못했다."

결국 문제의 본질은 법적인 제도·규제라기보다는 이사회를 운영하는 사람들과 그들이 행동하는 방식인 '소셜 시스템(Social System)'이라는 것이다.

아무리 이사회 관련 규제와 제도가 잘 정비돼 있더라도 이사회가 오너의 입맛에 맞는 사람들로 구성된다면 이사회가 제대로 기능할 수가 없다. 예를 들어 국내 대기업 H사는 오너가 이사회 의장이면서 사외이사추천위원회 위원장까지 맡고 있다. 오너에게 반대 의견을 제시할 수 있는 사외이사 선임 가능성이 낮아 보인다. 그러나 경영진과 오너로부터 독립된 사외이사를 선임했다고 해서 이사회가 정상화되는 것은 아니다. 이사회 멤버들이 기업 경영에 대한 전문적인 식견이 없다면 말이다.

시티그룹은 16명이 사외이사 가운데 1명만이 금융기관에서 일한 경험이 있었다.[84] 결국 시티그룹의 사외이사들은 경영진이 위험한 파생상품에 투자하는 게 옳은지 그른지 판단할 전문성이 떨어졌다.

그러나 이사회가 독립적이고 전문성이 뛰어난 인재들로 구성됐다고 해도 이사회가 제대로 작동하는 것은 아니다. 경영진이 마련한 경영전략을 논쟁하지 않고 수동적으로 쫓아가기만 하는 문화가 이사회에 배어 있으면 말이다.

대표적인 사례가 회계 부정 스캔들로 파산한 엔론이다. 엔론만큼 뛰어난 금융전문가가 많은 이사회를 찾기 힘들 정도라고 제프리 소넨펠드 미국 예일대 경영대학원 교수가 '무엇이 위대한 이사회를 위대하게 만드는가'라는 글에서 썼다.[85] 소넨펠드 교수에 따르면 엔론 이사회에는 보험회사 전직 CEO, 국제 금융을 하는 은행의 전직 CEO, 헤지 펀드 매니저, 미국 상품선물거래위원회 전직 헤드 등이 포진해있었다. 그러나 엔론은 경영진에게 반대 의견을 제시하는 이사는 이사회에서 떠나는 분위기였다.

문제는 제도나 규제가 아닌, 바로 사람들이 일하는 방식이다

미국은 이사회를 정점으로 하는 기업 지배구조의 모범 국가로 꼽힌다. 그러나 미국도 위기 때마다 이사회가 제대로 역할을 하지 못했다는 비판이 제기됐다. 2001년 월드콤, 엔론 등이 잇따라 무너질 때도 그랬고, 2008년 금융위기로 시티그룹 등 금융기관들이 파산 위기에 직면할 때도 그랬다.

하지만 제도를 바꾸고 규제를 강화했지만, 계속 이사회의 무능이 지적되면서 제도나 규제가 문제의 본질이 아니라는 깨달음이 나왔다. 이사회 이사로 올바른 사람을 뽑아야 한다는 '사람의 문제'와 함께 뽑힌 이사들이 어떤 방식으로 함께 일하는냐는 '운영의 문제'가 제도나 규제보다 훨씬 중요하다는 깨우침이었다. 본서는 위대한 이사회를 만드는 2가지 원칙과 4가지 액션을 제시한다.

:: 원칙 1: 전문 경영인으로 이사회를 채우세요

2006년 금호그룹은 지나치게 높은 값에 대우건설을 인수해 그룹이 위기에 처하게 된다. 당시 대우건설 인수에 뛰어든 금호그룹 컨소시엄을 대표한 기업은 금호산업.

이 회사는 2006년 6월 9일 컨소시엄 대표자 자격으로 대우건설 인수를 위한 최종 입찰서를 제출했으며, 2006년 11월 15일에는 대우건설 인수 계약을 공시한다. 공시 당일 금호산업 이사회는 대우건설 주식 매매계약 체결의 건을 가결하게 된다.

2006년 금호산업 기업보고서에 따르면 당시 금호산업 사외이사는 7명으로 검사 출신 2명, 언론인 2명, 토목공학 전공 대학교수 1명, 관료 출신 1명, 금융인 출신 1명 등으로 구성돼 있었다.

이들이 명망가임은 틀림이 없지만 대우건설 인수 가격의 적절성을 평가할 능력을 갖춘 경영 전문가였는지는 의문이다. 만약 인수합병의 적절성을 따질 수 있는 전문성 있는 사외이사가 경영진이 내놓은 인수안에 소신껏 '노(No)'라고 외칠 수 있는 문화가 있었다면 금호그룹이 대우건설 인수로 휘청대는 위기는 피할 수 있지 않았을까.

영국과 미국은 이사회 구성이 한국과 전혀 다르다. 리처드 돕스 맥킨지 서울 사무소 디렉터는 2010년 5월 한국이사협회 주최로 열린 '전문 경영의 시험대, 민영화 기업' 심포지엄에서 "영국과 미국은 풍부한 사업 경험과 상업적 백그라운드를 가진 경영인 출신으로 이사회를 구성한다"고 밝혔다.

이사회는 경영진이 마련한 주요 경영 전략을 검토해 승인 여부를 결정하는 게 핵심 역할이다. 따라서 풍부한 기업 운영 경험을 갖춘 전문 경영인 출신이 많아야 한다는 것은 당연하다. 미국 콘·페리 연구소 조사에 따르면 미국 기업의 78%는 다른 기업의 최고경영자(CEO) 또는 최고운영책임자(COO)를 사외이사로 선임할 정도로 전문 경영인을 이사회 멤버로 영입하는 데 적극적이다.

그렇다면 구체적으로 어떤 방식으로 이사회 멤버를 선택해야 할까. 세계적인 경영 구루(Guru) 램 차란은 '스킬 매트릭스(Skill Matrix)'를 활용하라고 제안한다.[86] 이사회가 필요한 여러 자질을 가로 축에 놓은 다음, 이사회 멤버들마다 해당 자질을 갖추고 있는지 표시하는 것이다. 그러면 지금 우리 이사회는 어떤 자질이 부족한지가 분명하게 드러난다. 이런 자질을 갖춘 이사를 찾아 선임하라는 게 램 차란의 충고다.

로버트 포젠 미국 하버드대 경영대학원 교수는 '빅 아이디어: 프로페셔널 이사회를 위한 제안'이라는 글을 통해 이사회는 최고경영자(CEO) 1명과 6명의 사외이사로 구성하자고 제안했다. 이들 사외이사는 기업의 라인 비즈니스에 대해 폭넓은 전문성을 갖춘 프로페셔널

이사회 이사의 스킬 매트릭스(Skill Matrix) 예시

구분	CEO 경험	M&A 경험	CFO 경험	경영진으로부터 독립성	혁신 능력	생산관리 전문성	신흥시장 전문성	정보통신 전문서	브랜드 마케팅 전문성	대정부 업무 전문성
이사 A		●		●	●	●			●	
이사 B	●		●	●						
이사 C	●	●	●	●				●	●	
이사 D				●						
이사 E	●			●	●					●

※ 평가: 이 이사회는 신흥시장에 전문성을 갖춘 이사가 없다. 따라서 차후에 이사 선임 때는 신흥시장 전문 성을 갖춘 인재를 영입할 필요가 있다.
자료 : 램 차란 저서 "오우닝 업"에서 제시된 샘플을 일부 수정해 작성

이어야 한다는 게 프로즌 교수의 주장이다.

그러나 한국은 반대 방향으로 가고 있다.

경제개혁연구소가 2009년 4월을 기준으로 81개 기업집단 계열사 263곳을 분석한 결과, 사외이사 중 기업인 출신은 전체의 27.8%에 불과했다.[87] 여기에 계열사 임직원 출신인 7.9%를 제외하면 독립적인 사외이사 구실을 할 수 있는 경영인은 19.9%에 불과해 사외이사 10명 중 2명꼴이었다. 오히려 대학 교수가 전체의 30%에 이르며 가장 높은 비중을 차지하고 있다.

한국에서는 기업체마다 교수가 사외이사로 끼지 않은 기업을 찾기 힘들지만 미국은 절반 정도의 기업은 학계 출신이 아예 이사회에 전혀 참여하지 않고 있다. 예를 들어 미국 최대 기업 월마트는 사외 이사 16명이 전문경영인이거나, 투자자, 은행가 등으로 구성돼 있으며 교수는 단 한 명도 없다.

액션 1: 은퇴한 CEO를 활용하세요

"한국은 사외이사의 인적 풀이 매우 제한적입니다. 많은 분들이 스스로 할 수 있다고 말하지만, 경영자 입장에서 바람직한 분을 택하려고 한다면 굉장히 제약적입니다." 이구택 전 포스코 회장이 2010년 5월 한국이사협회 주최로 열린 '전문경영의 시험대, 민영화 기업' 심포지엄에서 밝힌 말이다. 한국 기업들은 이사회 멤버가 될 자질을 갖춘 인재를 찾기가 매우 힘들다고 말한다.

그러나 인재를 찾고자 한다면 못 찾을 리가 없다. 로버트 프로즌 미국 하버드대 교수는 주요 기업에서 은퇴한 CEO 출신을 인재풀로 활용하라고 충고한다. 실제로 콘·페리 연구소에 따르면 미국 기업의 96%가 다른 회사의 은퇴한 임원을 사외이사로 활용하고 있다. 오랫동안 삼성전자의 성장을 이끌었던 윤종용 삼성전자 전 부회장, 이학수 삼성물산 고문 등을 사외이사로 영입한다면 이들이 쌓은 귀중한 경험과 노하우를 얻을 수 있을 것이다.

액션 2=멤버십 클럽으로 여기는 이사는 쫓아내세요

미국이나 한국이나 일부 이사들은 이사회를 고급 사교클럽 또는 멤버십 클럽으로 생각한다. 주요 기업의 이사회 멤버라는 자리가 제공하는 사회적 특권과 급여 때문에 사외이사 자리를 탐내는 이들이다. 이런 이들은 가려내서 이사회에서 쫓아내야 한다.

하지만 어떻게 이런 이들을 가려낼까. 경영 구루(Guru, 스승)로 꼽히는 로저 마틴 캐나다 토론토대 경영대학원 교수는 자신의 블로그에 올린 '나쁜 이사회를 구분할 수 있는 6가지 방법'이라는 글에서 이사회를 멤버십 클럽으로 여기는 나쁜 이사들의 특징을 제시했다.[88] 이사회 멤버가 됐다며 지나치게 자부심을 표시하거나, 이사회의 사교적 분위기를 열정적으로 좋아하거나, 사외이사 급여에 대해 불평하거나, 평균보다 훨씬 높은 급여를 받으려 한다는 것이다.

:: 원칙 2: 'No' 할 수 있는 문화를 만드세요

제프리 소넨펠트 미국 예일대 경영대학원 교수는 '무엇이 위대한 이사회를 위대하게 만드는가'라는 글을 〈하버드 비지니스 리뷰〉에 기고했다. 그가 제시한 답은 이랬다. "그것은 규정과 규제가 아니다. 그것은 사람들이 함께 일하는 방식이다(It's not rules and regulations. It's the way people work together)."

그렇다면 이사회 멤버들이 어떤 방식으로 일해야 위대한 이사회를 만들 수 있을까. 소넨펠트 교수는 '무엇이 위대한 이사회를 위대하게 만드는가'라는 글에서 20년간 홈데포의 최고경영자를 거쳐 홈데포의 이사회의장을 역임한 버니 마르쿠스의 입을 통해 해답을 제시한다. 다음은 버니 마르쿠스가 했다는 말이다.

"나는 (이사회 이사로서) 많은 질문을 (경영진에게) 할 것이다. 만약 답을 얻지 못한다면 나는 자리에 앉지 않을 것이다. 바로 이런 유형의 이사를 내가 홈데포 이사회에 앉히려고 했기 때문이다."

이사회는 경영진이 승인을 요청한 경영 전략과 현안에 대해 적극적으로 논쟁을 벌이는 것을 의무로 삼아야 한다는 것이다. 이사회 이사가 경영진에게 적극적으로 질문하고 잘못된 경영 전략이라고 판단하면 적극적으로 '노(No)'라고 말할 수 있는 있어야 한다는 뜻이기도 하다. 오너와 경영진의 거수기에 그치는 젠틀맨 그룹이어서는 안 된다는 얘기다.

액션 1: 적극적으로 정보를 요구하세요

보잉은 2000년대 초 회사의 미래를 좌우할 중요한 전략적 선택 앞에 직면해 있었다. 경쟁사인 에어버스가 555명의 승객을 태울 수 있는 수퍼점보 여객기인 A380 개발을 결정한 상황에서 보잉 역시 미래 투자를 집중할 핵심 기종을 선택해야 하는 상황이었다. 결국 보잉은 200~300명의 승객을 태우되, 운항 비용은 20% 절감할 수 있는 중형 787여객기를 개발하기로 결정했다. 에어버스와는 정반대 결정이었다.

보잉 경영진은 787여객기 개발안을 들고 이사회의 승인을 신청했다. 보잉 이사회는 거수기가 아니었다. 이사회는 787여객기 개발 결정의 바탕이 된 여러 가정들의 근거를 요구했다. 787여객기의 각종 기능에 대한 구체적인 실험 데이터도 요구했다. 엄청나게 많은 실험 데이터와 사실에 입각한 시장 예측을 확인하고 나서야 보잉 이사회는 787개발을 승인했다.[88]

이사회가 경영진이 제시한 경영전략에 대해 적극적으로 논쟁하고 때로 '노(No)'라고 얘기할 수 있으려면 충분한 정보가 있어야 한다. 그러나 경영진은 대체로 이사회에 정보 제공을 꺼리는 경향이 있었다. 따라서 이사회는 적극적으로 경영진에 정보를 요구하고 이 정보를 바탕으로 경영진이 제시한 경영전략의 옳고 그름을 따져야 한다.

경영진으로부터 이사회로 충분한 정보가 제공되려면 이사회와 경영진 간에 신뢰가 형성돼야 한다. 합리적인 논쟁을 위해서는 이사회 멤버 간에 신뢰도 중요하다. 경영진이 일부 이사들만을 대상으로 비공식적인 채널을 유지한다거나, 이사회 내부에서 여러 정치적인 분파가 생긴다면 신뢰관계가 유지될 수 없다.

액션 2: 사외이사 개인별로 찬반을 공개하세요

2006년 11월 금호산업 이사회가 대우건설 인수계약건을 가결할 당시 사외이사 가운데 누가 찬성하고 누가 반대했을까? 그러나 당시 금호산업 기업보고서에는 사외이사 개인별로 찬반에 대한 정보는 담겨 있지 않다. 만약 기업의 주요 현안에 대해 사외이사의 찬반을 기록하고 기업보고서에 공개를 의무화하면 어떨까?

신시아 몽고메리 하버드 경영대학원 교수는 '이사회의 잃어버린 링크'라는 글에서 "이사들의 투표 내용을 공개하면 이사들이 좀 더 신중하게 결정하게 되고 주주들에 대해 더욱 책임 있게 행동할 것"이라고 밝힌 바 있다.[89] 이사들과 경영진이 이사회에 승인을 요청한 경영전략에 대해 이사들이 더욱 적극적으로 정보를 요구하고 반대의견을 제시할 수 있기 때문이다. 2010년 하반기 현대건설 인수에 참여한 현대상선이 기업보고서를 통해 사외이사의 찬성 여부를 공개한 것은 그나마 다행이다.

그러나 현대상선 사외이사들이 경영진과 오너의 결정에 적극적으로 반대의견을 제시할 수 있는 문화였는지는 의문이다. 현대상선 사외이사 5명 중 이사회에 참석한 4명 모두가 경영진이 내놓은 현대건설 인수 원안에 찬성했다. 현대건설 인수 가격·방법의 적절성을 놓고 엄청난 사회적 논란이 일고 있다는 점을 감안할 때 참석 사외이사 100% 찬성률은 지나치게 높은 감이 없지는 않다. 현대상선 사외이사들이 주주를 대신해 현대건설 인수안을 꼼꼼히 따졌는지 의문이 제기되는 이유다.

이그제큐티브 세션: 막힌 입이 뻥 뚫린다

이사회 회의에 경영진이 참석하지 않으면 어떻게 될까? 때때로 독립된 사외이사로만 이사회를 개최하자는 아이디어다. 그렇게 하면 이사들이 오너나 경영진의 눈치를 보지 않고 자유롭게 회사 현안에 대해 토론할 수 있을 것이다. 이사회가 경영진이나 오너의 거수기 역할로 전락하는 것도 막을 수 있을 것이다.

실제로 미국에서는 증권거래위원회(SEC)가 2003년부터 상장회사는 정기적으로 독립적인 사외이사들로만 이사회 회의를 개최하도록 의무화했다. 이런 회의를 미국에서는 '이그제큐티브 세션(Executive Session)'이라고 부른다.

이그제큐티브 세션은 2000년대 초 엔론 등 대기업이 회계부정 스캔들을 일으키며 무너진 데 따른 반성으로 도입된 여러 지배구조 개선 조치 가운데 가장 성공했다는 평가를 받는다. 세계적인 경영 컨설턴트 램 차란은 "이그제큐티브 세션은 유일하고도 가장 중요한 이사회 제도의 혁신"이라고 평가했을 정도다.[90]

이처럼 이그제큐티브 세션이 높은 평가를 받는 이유는 무엇일까. 사외이사들의 막힌 입을 트이게 했기 때문이다.

한국이든 미국이든 사외이사들은 최고경영자(CEO) 앞에서는 입을 다무는 경향이 있다. 기껏해야 한 달에 한두 차례 열리는 회의에서 막강한 정보력을 갖고 있는 CEO의 의견을 반박하기란 상당한 용기가 필요하다. 자칫 경영 현안에 무지하다는 낙인이 찍힐까 걱정도 된다. 사외이사 선임에 영향력을 행사할 수 있는 CEO의 눈 밖에 나면 사외이사에서 물러나야 할 수도 있다. CEO의 약점, CEO의 급여, CEO 승계 등 현직 CEO와 관련된 현안을 현직 CEO 앞에서 거론하는 것도 불편하다.

그러나 CEO와 경영진이 회의에 참석하지 않으면 사외이사들이 경영진의 눈치를 볼 필요가 없어진다. 경영진의 눈치를 보느라 말하지 못했던 온갖 현안을 자유롭게 토론할 수 있게 된다. 회사의 약점과 문제점, CEO의 약점, 불리한 경영환경 등에 대해 아무런 제약 없이 솔직한 언어로 토론할 수 있게 된다.

특히 경영진이 참여하는 정식 회의에 앞서 열리는 이그제큐티브 세션의 효과는 매우 크다. 정식 회의에서 의제로 다룰 경영 현안에 대해 사외이사들이 미리 인식을 공유할 수 있기 때문이다. 사외이사들은 공유된 인식을 기반으로 정식 회의에 참여해 경영진에 해당 현안의 문제점을 적극적으로 질문하고 경영전략의 수정을 요구할 수 있다. 덕분에 이그제큐티브 세션은 이사회가 주주를 대신해 경영진을 감독하는 데 큰 역할을 하게 된다.

하지만 CEO가 참석하지 않는 이그제큐티브 세션에 부작용이 없는 것은 아니다. 이그제큐티브 세션에 논의된 내용이 CEO에게 전달되는 과정에서 왜곡될 가능성이 있기 때문이다. 그러나 부작용보다 장점이 훨씬 많다는 게 미국에서 실시한 경험이다. 한국에서도 경영진이나 오너가 참여하지 않고 사외이사들로만 이사회 회의 개최를 의무화하는 방안을 검토할 필요가 있다.

" 이사회 스스로 자신의 역할과 힘 깨달아야 "

이사회는 때때로 경영진이 제출한 경영 전략을 수동적으로 승인하는 역할을 한다. 주주를 대신해 적극적으로 경영진이 제출한 경영 전략이 옳은지 따지는 역할을 하지 못할 때가 있다. 이 같은 상황을 극복하려면 어떻게 해야 할까?

영국 〈타임〉이 세계 50대 경영 사상가 중 한 명으로 꼽은 램 차란 박사는 최근 〈매일경제〉와 전화 인터뷰에서 "이사회 제도는 나라마다 다르지만 이사회는 해야 할 일을 할 수 있는 힘을 갖고 있다"며 "단지 그 같은 사실을 깨달을 필요가 있을 뿐"이라고 말했다.

먼저 이사회 스스로가 자신의 역할과 힘을 깨달아야 한다는 뜻이다. 이사들이 수동적인 존재에 머물지 말고 적극적으로 자기 역할을 찾으라는 뜻이기도 하다. 이사회가 단순히 어깨 너머로 경영진을 모니터링하는 수동적인 역할에 그쳐서는 안 된다고 램 차란이 강조하는 것도 같은 맥락이다.

그렇다면 램 차란이 말하는 이사회의 역할은 무엇일까? "최고 경영자(CEO)를 선임하고 경영진이 마련한 경영 전략을 승인하는 게 핵심이지요."

그러나 램 차란은 이사회가 경영 전략을 수동적으로 승인하는 데 그쳐서는 안 된다고 말한다.

"경영진이 급격하게 변화하는 경영 환경 속에서 기회를 포착할 수 있도록 도와야 합니다. 경영진은 매일 매일 일상적인 비즈니스 활동을 하다보면 그 같은 기회를 포착하기가 어려우니까요. 또 급속하게 변하는 외부 환경의 위협으로부터 회사를 보호해야 하지요."

이사회가 경영진이 마련한 경영 전략을 승인하는 과정에서 적극적으로 경영진을 돕고 회사를 보호하는 역할을 할 수 있다는 뜻이다.

하지만 때때로 이사회 멤버들이 경영에 대한 전문적인 식견이 부족할 때가 많다. 이에 대해 램 차란은 "이사들이 대학교의 집중적인 교육 과정에 참여해서라도 경영에 대한 지식을 높여야 한다"고 강조했다.

Who he is

램 차란 박사는 세계에서 가장 바쁜 컨설턴트로 통한다. 비로소 67세가 돼서야 미국 달라스에 첫 아파트를 장만할 정도로 전 세계를 바삐 돌아다니며 글로벌 기업을 컨설팅했다. 잭 웰치 GE 전 CEO가 가장 존중하는 컨설턴트로 알려져 있다. 《실행에 집중하라》 등 세계적인 베스트셀러를 썼다.

1) Daniel Goleman and others, 《Primal Leadership: Realizing the Power of Emotional Intelligence》,(Harvard Business Press, 2009. 05)

2) 앨런 조지 래플리(Alan George Lafley)가 P&G를 턴어라운드한 과정은 그가 쓴 "What Only the CEO Can do"(Harvard Business Review, 2009년 5월)라는 글에 잘 드러나 있다. 이 책의 관련 내용도 이 글을 참조했다.

3) Robert Sutton,《Good boos, Bad boss》, (Business Plus, 2010. 05) p.170~173

4) 〈Harvard Business Review〉, 2007. 01, Robert S Kaplan, "What to Ask the Person in the Mirror"

5) 〈Harvard Business Review〉, 2005. 02, Ram Charan, "Ending the CEO Succession Crisis"

6) 〈Business Week〉, 2009. 04, Matthew Boyle, "The art of CEO succession"

7) 골게이트 사례는 램 차란(Ram Charan)이 쓴 'Ending the CEO Succession Crisis(Harvard Business Review, 2005년 2월)'을, GE 사례는 크리스토퍼 바렛(Christopher A. Bartlet) 등이 쓴 'GE's Jeff Immelt: The Voyage from MBA to CEO(Harvard Business School, 2007년 5월)'을 참조했다.

8) 〈Harvard Business Review〉, 2005. 02, Ram Charan, "Ending the CEO Succession Crisis"

9) 〈Harvard Business Review〉, 2005. 02, Ram Charan, "Ending the CEO Succession Crisis"

10) 〈Harvard Business Review〉, 2009. 01, Dennis Carey, "Picking the Right Insider for CEO Succession"

11) 〈Time〉, 2010.09.01, Belinda Luscombe, "Workplace Salaries: At Last, Women on Top"

12) 〈HR인사이트〉, 2010. 6

13) 이명희,《여자로 태어나 미친년으로 진화하다)》, (열림원, 2007), p.138

14) 〈Fortune 〉, 2008.01.07, Patricia Sellers, "Melinda Gates goes public"

15) 메리케이 애시,《핑크리더십》, (씨앗을 뿌리는 사람, 2009), p.30

16) 여성관리자패널 학술포럼, "여성친화제도 활용과 작업장 특성", 민현주,임희정,이택면, 2009

17) 〈Journal of Economics〉, 2008, Cullen F. Goenner, "Investing in Fortune's 100 Best Companies to Work for in America"

18) 〈2010 Global Workforce Study〉,Towers Watson,

19) 본서는 서튼 교수가 사용한 'asshole'은 악질로, 서튼 교수의 베스트셀러《No Asshole Rule》은 '악질금지 규정'으로 번역했다. 그러나 'asshole'은 종종 '또라이'로 번역되기도 한다. 'No Asshole Rule' 역시 국내에서는 '또라이 제로 조직'으로 번역됐다.

20) Will Felps and others, 'How, When, and Why Bad Apples Spoil the Barrel: Negative Group Membersand Dysfunctional Groups', Research in Organizational Behavior volume 27, 2006년, p.175-213

21) Dacher Keltner, 'The Power Paradox' Greater Good, Winter 2007-2008,

22) 로버트 서튼,《또라이 제로 조직(No Asshole Rule)》, 이실MBA, 서영준 역, 2007년 5월, p.16

23) 로버트 서튼,《또라이 제로 조직(No Asshole Rule)》, 이실MBA, 서영준 역, 2007년 5월, p.72

24) Roy F. Baumeister and others, "Bad Is Stronger Than Good", Review of General Psychology 5, 2001년, p.329

25)Alice Schroeder, "The Snowball: Warren Buffett and the Business of Life", Bantam, 2008년 9월, p.388

26)〈Business Week〉, 2006. 04, "Barclays: Anything But Stodgy"

27) Robert Sutton,《Good Boss, Bad Boss》, (Business Plus, 2010) p.99~100

28) 〈매경이코노미〉, 2009.07.08, 채수환 "프리터족 노년되면 사회 대혼란"

29) 매일경제 산업부,《1등기업의 비밀》, (매일경제신문사, 2010), p.195.

30) 존 R.카첸바흐,《열정컴퍼니(Peak Performance)》, (세종서적, 2002), p.89,

31) 〈Insights From the 2010 Global Workforce Study〉, 2011,Towers Watson

32) 〈NHS〉, 2008.11, NHS Employers, "Staff Engagement in NHS"

33) 안드레 타피아,《포용의 시대가 온다》, (청림출판, 2010), p.399

34) Tom Palmer, "Employment Relations Occasional Papers", Department of Trade and Industry, UK, 2004 .4, p.4~10

35) 〈McKinsey Quarterly〉, 2010.08, Jacques Bughin Michael Chul, and James Manylka, "Clouds, big data, and smart asserts: Ten tech-enabled business trends to watch"

36) 〈Social media〉, 2010.07, JD Lasica, "The story of Intelpedia: A model corporate wiki"

37) 〈TwinCities〉, 2009.04, Dan Haugen, "Welcome to Blue Shirt Nation"

38) 〈Business Innovation Factory〉, 2008.09, Chris Flanagan, "Best Practices in Social Networking: Best Buy's Blue Shirt Nation"

39) Andrew McAfee,《Enterprise 2.0: New Collaborative Tools for your Organization's Toughest Challenge》, (Harvard Business School Press, 2009),

40) 〈Business Digest〉, 2008. 6, "Bell Canada's Idea Management System"

41) 딘 스태몰리스,《임원평가,기업 성공의 핵심(Seniror Executive Assessment)》, (틔움출판,2010)

42) 〈2001 Research Report on Developing Leaders for 2010〉,The Conference Board

43) 마셜 골드스미스,《일 잘하는 당신이 성공을 못하는 20가지 비밀》, (리더스 북, 2008) p.78

44) Oded Shenkar, 《Copycats: how smart companies use imitation to gain a strategic edge》, (Harvard Business Press, 2010), p.147

45) Oded Shenkar, 《Copycats: how smart companies use imitation to gain a strategic edge)》, Harvard Business Press, 2010) p.65

46) 〈The Economist〉, 2007.06, "Lessons from Apple"

47) Continetal Airlines Form 10-K(Annual Report) Filed 4/13/95 for the Period Ending 12/31/94

48) Oded Shenkar, 《Copycats: how smart companies use imitation to gain a strategic edge)》, (Harvard Business Press, 2010), p.15

49) Oded Shenkar,《Copycats: how smart companies use imitation to gain a strategic edge)》, (Harvard Business Press, 2010), p.153

50) 〈Harvard Business Review〉, 2010.04, "Imitation is more valuable than innovation"

51) 〈매일경제〉 온라인 뉴스, http://news.nate.com/view/20050505n02682

52) 〈American Psychologist〉, 2009. 05, Daniel Kahneman and Gary Kein, "Conditions for Inutitive Expertise"

53) 〈Harvard Business Review〉, 1990.03, Henry Mintzberg, "The Manager's Job: Folklore and Fact"

54) 〈American Psychologist〉, 2009. 05, Daniel Kahneman and Gary Kein, "Conditions for Inutitive Expertise"

55) 〈Harvard Business Review〉, 2007.09, "Gary Klein, "Performing a Project Premortem"

56) 〈Mckinsey Quarterly〉, 2010.03, "Strategic Decisions: When can you trust your gut?"

57) 〈Journal of Financial Economics〉, 2008.07, Ulrike Malmendier and Geoffrey Tate, "Who Makes Acquisitions? CEO Overconfidence and the Market's Reaction"

58) 〈Mckinsey Quarterly〉, 2010.3, "Strategic Decisions: When can you trust your gut?"

59) 〈Harvard Business Review〉, 2006.01, Robert Sutton and Jeffrey Pfeffer, "Evidence-Based Management"

60) 〈Mckinsey Quarterly〉, 2009.04, "Surveying the economic horizon: A conversation with Robert Shiller"

61) 〈Fast Company〉, 2008.02, Chuck Salter, "Marissa Mayer's 9 Principles of Innovation"

62) 〈Harvard Business Review〉, 2006.01, Robert I. Sutton and Jeffrey Pfeffer, "Evidence-Based Management"

63) 〈Harvard Business Review〉, 2006. 01, Max H. Bazerman and Dolly Chugh, "Decisions Without Blinders"

64) 〈Harvard Business Review〉, 2006.01, Robert Sutton and Jeffrey Pfeffer, "Evidence-Based Management"

65) 장 끌로드 라레슈, 《모멘텀 이펙트》, (교보문고, 2009)

66) 〈매일경제〉, 2009.12, 김정욱, "가장 사고 싶은 차 10년 내 만들겠다"

67) 장 노엘 카페레, 뱅상 바스티엥, 《럭셔리 비즈니스 전략》, (미래의 창, 2010), p.87~91

68) 리처드 매킨지, 《팝콘과 아이패드》, (비즈니스 맵, 2010)

69) Burson-Marsteller, 〈The Global Social Media Check-up〉, 2010.03

70)〈매일경제〉, 2010.05, 김대영, "이건희 회장의 새로운 도전"

71)상당수 학자들은 신사업 성공 조건으로 초과 자산이라는 개념 대신, 핵심 역량(core competency)라는 개념을 활용한다. 핵심역량은 경쟁기업이 모방할 수 없는 고유의 역량을 뜻한다. 아닐 카나니 미국 미시간대 교수는 기존 사업의 핵심역량을 신사업에 적용해 시너지를 낼 수 있을 때라야 신사업 진출을 정당화할 수 있다고 설명한다.

72) Constantinos C. Markides, 《Game-Changing Strategies》, (Joessy-Bass, 2008)

73) 〈매일경제〉, 김대영, 2010.03, "지금이 진짜 위기다. 삼성 다시 시작해야"

74) 〈Business Insider〉, 2009.04, John Carney, "Jim Rogers: Diversification Is a Scam,"

75) James C.Collns, 《Built to last》, (Harper, 1997)

76) 매경 이코노미, 한일 장수 기업 DNA 세미나, 2009.6.17

77) 염동호, 〈일본 100년 기업의 장수요인〉, 2009. 6

78) 한국은행, 〈일본기업의 장수요인 및 시사점〉, 2008.5

79) 윌리엄 오하라(William T. O'Hara), 《세계 장수 기업, 세기를 뛰어넘은 성공(Centuries of Success) 》, (예지,2007)

80) 〈Strategy+business Reader〉, 2008, Irmgard Heinz, Jens Niebuhr and Justin Pettit, "The CFO as Deal Maker", p.10~18

81) Roger Martin, 'Why Good Boards Aren't There When You Need Them', 2010.09, http://blogs.hbr.org/martin/2010/09/why-good-boards-are-never-ther.html

82) http://www.cgs.or.kr/eval/cgsEvalGrade.asp

83) 〈Harvard Business Review〉, 2010.12, Robert Pozen, "The Big Idea: The Case for Professional Boards"

84) 〈Harvard Business Review〉, 2010.12, Robert Pozen, "The Big Idea: The Case for Professional Boards"

85) 〈Harvard Business Review〉, 2002.09, Jeffrey A. Sonnenfeld, "What Makes Great Boards Great"

86) Ram Charan, 《Owning Up》, (Jossey-Bass, 2009), p.17

87) 이수정, 〈사회이사의 실질적 독립성 분석: 상호출자제한기업집단 소속 상장회사 중심으로〉, (경제개혁연구소, 2009)

88) 〈Harvard Business Review〉, 2006.11, Micahel Useem, "How Well-Run Boards Make Decisions"

89) 〈Harvard Business Review〉, 2003.03, Cynthia A. Montgomery, The Board's Missing Link"

90) Ram Charan, 《Owning Up》, (Jossey-Bass, 2009), p.137